Metro
politan

Renate Hauser

Dialog-Management

Soziale Kompetenz
und emotionale Intelligenz
für Führungskräfte

Metropolitan Verlag
Düsseldorf · Regensburg

Die deutsche Bibliothek – CIP-Einheitsaufnahme

Hauser, Renate:
Dialog-Management: soziale Kompetenz und emotionale
Intelligenz für Führungskräfte / Renate Hauser. –
Düsseldorf ; Regensburg :
Metropolitan-Verl., 1997
ISBN 3-89623-107-3

Umschlaggestaltung: Gruber + König, Augsburg
Printed in Germany
ISBN 3-89623-107-3

Verlagsverzeichnis schickt gerne:
Metropolitan Verlag
Uhlandstraße 44, 40237 Düsseldorf
http://www.metropolitan.de

Inhalt

Vorwort

Dieses Buch ist nicht nur eine Bestandsaufnahme der eigenen Entwicklung, sondern im wesentlichen das Resümee vieler intensiver Gespräche, die ich mit Klienten und Klientinnen geführt habe. Anlässe für diese Gespräche waren in den meisten Fällen Umbruchsituationen – auf der privaten wie auf der beruflichen Ebene. Das Scheitern einer Beziehung, der Verlust des Arbeitsplatzes, Krankheiten oder Konkurse: Dies sind nur einige Beispiele für Krisen, die die Beteiligten dermaßen unter Druck setzten, daß sie sich für ein Hinterfragen ihrer Situation und die Überlegung öffneten, wie sie mit den vielen Veränderungen in ihrem Leben sinnvoll umgehen könnten.

Ausgangspunkt des Prozesses, der damit in Gang kommt, ist die – gerade für Manager und Unternehmer bittere – Erkenntnis, daß sie zunächst nichts mehr oder kaum noch etwas *machen* können. Sie fühlen sich der eigenen Hilflosigkeit um so mehr ausgeliefert, je angestrengter sie sich bemühen, sich und ihre Lage endlich wieder erfolgreich in den Griff zu bekommen. Auf Effizienz getrimmt und von der Einstellung geprägt, Leistung sei das ganze Leben, sehen sie sich nun mit einer Art Leere konfrontiert, die sich offenbar nicht mehr auf der Basis der alten Erfahrungen und mit Hilfe der vertrauten Patentrezepte füllen läßt. »Nur« zu *sein*, sich aus dem Sein heraus neu zu definieren und zu akzeptieren und sich den Möglichkeiten zu überlassen, die sich daraus – unabsehbar – ergeben: Das haben sie nicht gelernt. Allein die Ahnung von etwas, was ihnen intellektuell zunächst nicht zugänglich ist, erfüllt sie mit tiefem Unbehagen und Mißtrauen.

Direkt hinter den Vorwürfen, die sie zunächst an ihre Umgebung richten, von der sie sich mißverstanden und ganz und gar ungerecht behandelt glauben, lauert der Schmerz über das eigene Versagen. Diesen Schmerz nicht verdrängen oder abkürzen zu wollen, sondern sich ihm zu stellen, in ihn hineinzugehen, ist die erste Voraussetzung dafür, in der entstandenen Leere Möglichkeiten zu entdecken, die die ursprünglichen Vorstellungen der Leistungsträger von Erfolg und Glück weit übertreffen.

Die Erkenntnis dieser Chancen läßt sich freilich nicht auf Knopfdruck und mit der gewohnten Power herstellen; sie ist das Ergebnis eines Prozesses, der von vielen *Dialogen* geprägt ist: z. B. mit anderen Menschen, die aus ihren eigenen Veränderungsprozessen heraus von neuen Erfahrungen mit sich selbst und ihrer Umwelt berichten können. Wesentliche Grundlage dafür, die Chancen zu erkennen, die aus der Veränderung erwachsen, ist der *Dialog mit sich selbst.* Daß es sich hierbei keineswegs um ein inneres Monologisieren handelt, wird deutlich, wenn in ein und derselben Persönlichkeit zwei Stimmen miteinander zu streiten beginnen, die zwei völlig verschiedene Welten und Werte zu repräsentieren scheinen.

Die eine – sehr vertraute – Stimme vertritt eine Logik, die darauf baut, daß die alten Denk- und Handlungsmuster absolut vernünftig und unwiderlegbar seien. Deshalb könne es auch gar keine andere Basis geben als diese, um neue Lebens- und Arbeitsziele zu definieren und unmittelbar danach die optimale Strategie, um diese Ziele so schnell und so erfolgreich wie möglich zu verwirklichen. Die andere Stimme vertritt ein

Wissen, für das es zunächst keine Erklärungen gibt. Es ist also eher eine Ahnung, ein Gefühl, eine Sehnsucht: nach Übereinstimmung, nach innerem Frieden und einem Sinn für die eigene Existenz. Deren bisherige Basis hält diese Stimme offenbar durchaus nicht mehr für schlüssig und ausreichend.
Diese beiden Stimmen miteinander in Verbindung zu bringen heißt, das tief sitzende Vorurteil zu überwinden, Gefühle, Ahnungen und Sehnsüchte seien etwas zumindest für den Bereich des Managens höchst Unzweckmäßiges, ja Gefährliches. Sich Gefühlen zu überlassen, würde ja bedeuten, ein Sicherheitsrisiko einzugehen, Unkalkulierbarem Tür und Tor zu öffnen. Es hieße auch, aufgrund fehlender eindeutiger Bewertungskriterien nicht mehr klar einschätzen zu können, worauf eine Entwicklung eigentlich hinauslaufe. Man müßte eventuell mit einem Ergebnis fertigwerden, auf das man sich gar nicht richtig habe vorbereiten können. Erst die Überwindung dieser gerade bei Leistungsträgern profunden Angst vor der Unversicherbarkeit schafft ein neues Bewußtsein für die Chancen, die aus der Synthese von Logik und Intuition erwachsen. Emotionale Intelligenz wird zur Basis für Freiräume, in denen sich wirklich Neues finden und gestalten läßt – für den privaten wie für den beruflichen Bereich.
Um zur Erfahrung dieser Freiräume und der ihnen innewohnenden, oft sehr überraschenden Möglichkeiten zu gelangen, bedarf es einer Menge an Mut, an Geduld, an Vertrauen und auch an Neugierde. Sind in der Persönlichkeit die Voraussetzungen dafür geschaffen, die Freiräume wahrnehmen zu können, dann übersteigt diese Wahrnehmung eindeutig die einstige Skepsis und die quälenden Zweifel. Bis dahin gilt es freilich eine Strecke zurückzulegen, die es erforderlich macht, viele alte Schuttberge aus dem Weg zu räumen, um Platz zu schaffen für das Neue.
Die Situation dieses Übergangs wird als schwierig und schmerzhaft empfunden. Im Rückblick wird deutlich, daß die Vergangenheit sich von vielen ihrer Grundvoraussetzungen

her nicht mehr fortsetzen läßt. Außerdem bedarf es der Trauerarbeit, um dies in seinem ganzen Umfang zu begreifen und dem Schmerz über das Verlorene ein Ende setzen zu können. Während der Phase der Aufarbeitung der Vergangenheit erscheinen selbst unangenehme Erfahrungen aus dieser Zeit in einem eher milden Licht, denn immerhin sind sie der Persönlichkeit vertraut, deren »heile« Welt aus den Fugen zu geraten droht oder bereits geraten ist.

Ist erst einmal klar geworden, daß es den Weg zurück nicht gibt, wird deutlich, daß sich mit dem Blick auf die Zukunft durchaus nicht gleich alle neuen Perspektiven eröffnen, die man sich in seiner von Unsicherheit geprägten Verfassung so dringend gewünscht hätte. Anstatt nun endlich zu erkennen, was sie eigentlich wollen, was für sie sinnvoll und machbar zugleich sein könnte, fällt den Menschen im Umbruch zunächst nur ein, was sie auf keinen Fall mehr (machen) wollen – eine für Leistungsträger wiederum äußerst unbefriedigende Situation, in der das vertraute Umfeld übrigens keineswegs immer unterstützend und ermutigend wirkt.

Familienmitglieder, Freunde und Kollegen pflegen sich jetzt zunehmend beunruhigt danach zu erkundigen, was die Persönlichkeit im Veränderungsprozeß nun eigentlich zu *machen* gedenke, und natürlich sparen sie nicht mit guten Ratschlägen. Da sie alle auf »der sicheren Seite« zu stehen scheinen, bleibt leicht verborgen, daß ihre Beunruhigung und Sorge sehr viel mit latenten Ängsten vor Umbruchsituationen in ihrem eigenen Leben zu tun hat. Kaum jemand fragt den Menschen, in dessen Leben sich so viel verändert und dem alle Felle der Vergangenheit wegzuschwimmen scheinen, danach, wie er sich *fühlt*: Auch das wird ihm oder ihr schmerzlich bewußt, ohne daß er oder sie sich bereits über das Potential der Erfahrung, auf der emotionalen Seite etwas zu vermissen und Schmerz darüber zu empfinden, klar wäre.

Ermutigung findet die Person auf der Suche nach einer Neuorientierung möglicherweise bei Mitmenschen, die einen ähnlichen Prozeß durchlaufen haben. Wenn sie offen dafür ist, werden ihr mehr und mehr Begegnungen dieser Art widerfahren. Jede dieser Begegnungen kann das Vertrauen in die innere Stimme vertiefen, für die sich das Gehör nun mehr und mehr schärft. Der wachsenden Intuition, dem Gefühl dafür, was richtig sein könnte, zu folgen, heißt, vieles in Zweifel zu ziehen, was der Verstand für richtig hält. Aber da der Verstand nur das zu analysieren und hochzurechnen versteht, was auf den Erfahrungen der Vergangenheit beruht, kann er nicht mehr allein gültiger Wegweiser in eine Zukunft sein, die sich unter Umständen nach ganz anderen Maßstäben ausrichtet.

Das, was sich dann wirklich als das Neue oder der Beginn einer neuen Lebensphase herausstellt, ist nicht allein das Resultat einer eingehenden Analyse. Es ist auch eine Konsequenz, die sich aus dem Zulassen der Intuition, dem vertrauensvollen Sich-fallen-Lassen in die Intuition ergibt – erneut eine für Leistungsträger fast unerhörte Situation. Wenn sie sich aber wirklich auf den eigenen Veränderungsprozeß eingelassen haben, dann empfinden sie in dieser Phase – vielleicht zum ersten Mal in ihrem Leben – Freude: an sich selbst, an den Möglichkeiten, die ihnen offen stehen und deren Gestaltung sie sich nun mehr und mehr zutrauen. Und auch Freude an der Freiheit, etwas für sie in Wahrheit Sinnvolles wählen zu können, ohne sich ausschließlich an der Konvention, den üblichen Denk- und Handlungsmustern, orientieren zu müssen.

Ihre Intuition ist gefragt und natürlich auch ihr Verstand. Beides miteinander zu verbinden ist die Voraussetzung für ein erweitertes, bereichertes Bewußtsein. Die Persönlichkeit, der es gelungen ist, die beiden Stimmen in sich miteinander in Harmonie zu bringen, ruht in sich selbst. Gleichzeitig versetzen ihre Neugierde auf die Erfahrungen der Veränderung, ihr Mut und ihre Lebensfreude sie selbst in eine Schwingung, die

auch ihre Umgebung beteiligt, ermutigt und begeistert. Genau daraus erwachsen immer wieder neue, sinnvolle Ziele und Lösungen. Wer das Vertrauen in seine emotionale Intelligenz entwickelt, lernt, liebevoll mit sich umzugehen. Das ist die einzige und beste Voraussetzung für eine soziale Kompetenz, die durch ihre Echtheit überzeugt und alle Menschen des privaten und beruflichen Umfeldes miteinbezieht.
Ziel und Sinn dieses Buches ist es, zur emotionalen Intelligenz, zum Dialog mit sich selbst und mit vielen anderen zu ermutigen und – wenn möglich – dafür zu begeistern. Ich bin der vollen Überzeugung, daß echt begeisterte und begeisternde Manager und Unternehmer die allerbesten Voraussetzungen dafür haben, um aus den Krisen wirkliche Chancen erwachsen zu lassen. Vielleicht bedarf es in einer Zeit, die uns dazu zwingt, uns in Veränderungen bewegen zu lernen, zunehmend weniger der ausgewachsenen Krisen, sondern nur der Wachheit für Veränderungen, um die daraus entstehenden Chancen zu erkennen und zu verwirklichen.
Allen Klientinnen und Klienten, die ich ein Stück auf ihrem Weg begleiten und durch deren Beispiele ich immer wieder erfahren durfte, wie beglückend es ist, Verständnis für emotionale Intelligenz zu entwickeln und ihr mehr und mehr zu vertrauen, sei an dieser Stelle sehr herzlich gedankt. Im Austausch mit ihnen habe ich viel für meine eigene Entwicklung gelernt, und in dem Wunsch nach kontinuierlicher Erweiterung hoffe ich auf viele weitere, spannende Dialoge.
Ein Wort zur Sprache: Sie werden im Buch von Unternehmern und Managern lesen und nicht von UnternehmerInnen und ManagerInnen. Dies bedeutet sicherlich nicht, daß sich das Buch ausschließlich an die Herren in den Führungspositionen wendet. Ich habe mich vielmehr für die rein maskuline Sprachform entschieden, da sie das Lesen angenehmer und flüssiger macht – für selbstbewußte Frauen sicher kein Problem.

1
Endzeit für Monologe

Manager und Unternehmer unserer Zeit stehen vor einer gewaltigen Herausforderung. Nach einem Jahrzehnt der »Verschlankung« ihrer Firmen durch den Abbau von Hierarchie-Ebenen und Privilegien, durch die Freisetzung von Abertausenden von Mitarbeitern und durch die teilweise Verlagerung der Produktion ins Ausland – um nur einige »Patentrezepte« zu nennen – ist immer noch kein Durchbruch erzielt. Trotz aller Anstrengungen, die Kosten um jeden Preis zu senken, wird Deutschland ein Hochlohnland bleiben. Trotz aller Anstrengungen, im internationalen Wettbewerb weiter auf den vordersten Rängen liegen zu wollen, setzt sich die Erkenntnis durch, daß irgend etwas fehlt, um diesen Anspruch zu verwirklichen.

Zweifellos: Nach dem Prinzip des Shareholder value sind die Aktiengesellschaften, in denen der Rotstift der Kostensparer vieles Überflüssige gestrichen hat, nun attraktiver für Anleger geworden, die kurzfristig auf profitable Erträge setzen. Doch den Aktionären, die an mittel- und langfristigen Renditen interessiert sind, wie auch den umsichtigeren Managern der abgespeckten Unternehmen wird klar, daß Betrieben, deren Mitarbeiter auf Dauer-Diät gesetzt sind, in bezug auf Arbeitsfreude und Kreativität der Hungertod droht.

Im Grundsatz wissen alle: Wenn sich die deutsche Wirtschaft

auf Produkte und Dienstleistungen mit höchstem innovatorischem Anspruch konzentrierte, die von anderen Volkswirtschaften und Unternehmen nicht so leicht erbracht oder kopiert werden können, müßte es gelingen, neuen Schwung zu erzeugen. Die dafür notwendigen Voraussetzungen bei den Belegschaften wie beim Management – Innovationsgeist, Originalität, die Fähigkeit zum Querdenken und die Begeisterung über die Möglichkeiten, die eine wachsende Komplexität versprechen – sind jedoch Produktionsfaktoren, die sich nicht einfach einfordern oder erzwingen lassen. Im Gegenteil: Unter Druck läuft gar nichts. Angst – zum Beispiel davor, den Arbeitsplatz und viele andere Sicherheiten zu verlieren – läßt jeglichen Erfindungsreichtum versiegen.

Die Angst als Wegweiser

Angst ist das Schlüsselwort für Ratlosigkeit und Stagnation, die in allen Bereichen der Gesellschaft spürbar sind. Auch viele Manager und Unternehmer fühlen sich verunsichert und handeln eher aus der Defensive heraus, anstatt die anstehenden Herausforderungen aktiv mitzugestalten. Je mehr aber die Angst davor wächst, die Situation nicht mehr in den Griff zu bekommen, desto weniger kann es gelingen, flexibel auf Verhältnisse zu reagieren, die sich ständig verändern. Solange immer noch die Tendenz siegt, sich an bestimmte Besitzstände, Strukturen, Einstellungen und Handlungsmuster klammern zu wollen, desto entschiedener führen die Wege in die Sackgasse.
Das untauglichste Mittel gegen die Angst ist der Versuch, sie möglichst zu ignorieren und sie durch ein Höchstmaß an Aktivismus verdrängen zu wollen – und viele Manager und Unternehmer sind darin Meister. Der Grund liegt auf der Hand: Eine Emotion – und noch dazu eine so starke wie Angst – kann und darf sich nicht leisten, wer in der Welt des Business

erfolgreich sein will. So die gängige Auffassung. Dennoch grassiert auch im Management – zugegeben oder nicht – eine Vielzahl von Ängsten. Und aus Furcht davor, das Gesicht zu verlieren, wird kaum jemand diese Gefühle eingestehen.
Da gibt es zum Beispiel Angst davor, den Arbeitsplatz zu verlieren. Sicherlich müssen Manager in einer Zeit der Umstrukturierungen damit eher rechnen als früher. Die damit einhergehende Angst vor Verarmung – also eine echte Existenzangst – mag in den meisten Fällen unberechtigt sein, auch wenn der vergleichsweise hohe Lebensstandard nicht immer auf Dauer gehalten werden kann. Verarmung wird vielmehr im Hinblick auf soziale Kontakte und auf Akzeptanz befürchtet. Und je stärker sich Manager und Unternehmer über ihre Funktion als Leistungsträger der Gesellschaft definiert haben, desto größer ist ihre Angst, jenseits der Funktion und der allein daraus erwachsenden Erfolge vor dem Nichts zu stehen.
Außerdem gibt es – gerade im Business – die Angst vor Alter und Krankheit. Je mehr Probleme zur Bewältigung anstehen – so die gängige Meinung –, desto mehr Dynamik, Zuversicht und Handlungsstärke müßten Führungskräfte ausstrahlen. Und das unabhängig davon, wie ihnen wirklich zumute ist. Hinter der Fassade uneingeschränkter Vitalität lauern Gefühle der Verunsicherung und Ratlosigkeit, der Erschöpfung und des unaufhaltsamen Verschleisses. Solange Menschen im Management bereits ab 40 Jahren zum alten Eisen gezählt werden, solange das Älterwerden Leistungsein- und -abbrüche bedeuten, ist es kein Wunder, wenn die entsprechenden Ängste zunehmen – und in Wahrheit Krankheiten ebenso wie beschleunigten Alterungsprozessen Vorschub leisten.
Doch damit sind noch nicht alle Ängste beschrieben, die bei Managern und Unternehmern auftreten können. Die Angst vor Vorgesetzen gehört ebenso dazu wie die Ängste vor Kollegen und Mitarbeitern. Im Hintergrund steht dabei immer die Befürchtung zu versagen, bestimmten Erwartungen nicht

gerecht werden zu können, dem Leistungsdruck fachlich wie nervlich nicht gewachsen zu sein – und alles dies nicht offen zugeben zu dürfen.
Angst vor dem Wettbewerb, vor internationaler Zusammenarbeit, vor technologischen Weiterentwicklungen, vor Versetzungen, Beförderungen, vor Umstrukturierungen, vor Be- und Verurteilungen münden schließlich in die Angst vor jedweder Neuerung und Veränderung: völlig unangemessen für Menschen, die sich dem permanenten Wandel nicht nur stellen, sondern die ihn managen müssen.
Es gilt, der Angst ins Auge zu sehen und sie zuzugeben, um sie verwandeln zu können. Doch gerade davor haben Manager und Unternehmer am meisten Angst – Männer möglicherweise noch mehr als Frauen. Als Macher sehen sie sich verpflichtet, den Weg aus der Krise zu managen, selbst dann, wenn sie um den Weg vielleicht ebensowenig wissen wie um das Ziel.
Ihr Ziel ist, auf jeden Fall etwas zu *unter*nehmen, auch wenn sie sich damit völlig *über*nehmen. Ihr Ziel ist auch, verfahrene Situationen oder Probleme durch noch mehr Leistung in Bewegung zu bringen; sich selbst und andere ständig zu noch mehr Leistung anzufeuern, um endlich Resultate zu zeitigen, die nachhaltig aus der Krise führen. Nicht in der Lage zu sein, den Aufschwung richtig in Gang zu bringen und trotz aller Anstrengungen irgendwie ins Leere zu laufen, ist die schlimmste Niederlage, die Managern und Unternehmern widerfahren kann.
Die Einsicht in die Niederlage ist es jedoch, die alle Chancen bietet, entscheidende, wegweisende Veränderungen zu erzielen. Dann ist es möglich, aus der Ausweglosigkeit heraus Grenzen zu überschreiten, Resignation in neuen Mut zu verwandeln und aus Angst ein erweitertes Selbstvertrauen zu schaffen. Vor der Niederlage definierten sich die Macher über fest umrissene Karrierewege, Aufgabenstellungen, Positionen, Einkommen und daraus folgend über ein Image, das ih-

nen zur allgemeinen Anerkennung verhalf und nicht zuletzt zur Anerkennung vor sich selbst. In der Niederlage verbindet sich die Einsicht, daß nichts mehr funktioniert – nicht einmal sie selber – mit der schmerzlichen Erkenntnis, daß hinter den Funktionären in ihnen ein tiefes Loch klafft, in dem sie alle Mühe haben, sich selber und zu sich selbst zu finden. Nach der Niederlage haben sie sich neu entdeckt: als Persönlichkeiten, die die Kraft besitzen, zu ihren Emotionen zu stehen, durch die Angst hindurchzugehen und neue Richtungen wahrzunehmen, die ihre Vorstellungen bei weitem übertreffen.

Plötzlich *sind* sie jemand, auch ohne daß sie gleich wieder eine gesellschaftlich sanktionierte Aufgabe in Angriff nehmen oder ein bestimmtes Image vorweisen müßten. Plötzlich strahlen sie eine Erfahrung aus, vor der viele in ihrer Umgebung noch Angst haben: sich der Niederlage erfolgreich gestellt zu haben und hindurchgegangen zu sein, anstatt die Angst mit allen Mitteln besiegen zu wollen. Plötzlich gelingt es ihnen, kraft ihrer eigenen Ausstrahlung Richtungen zu weisen. Aus den einst so brillant funktionierenden Managern unter ständigem Leistungsdruck sind Wegweiser geworden. Sie motivieren andere durch ihre Authentizität und Glaubwürdigkeit, durch Selbstvertrauen, Gelassenheit, Toleranz und Humor zu Höchstleistungen, die nun aus Überzeugung und mit Freude erbracht werden.

Leader statt Bosse

Innovationsgeist, Kreativität, Originalität, Querdenken und die Kunst, die Grenzen vorhandener Denk- und Handlungsstrukturen zu überschreiten, können in Unternehmen durchaus gelebt und verwirklicht werden – ganz ohne Druck und in einem Klima der permanenten Ermutigung. Garanten für dieses Klima sind Führungskräfte, die zur inneren Ruhe und

zu einer Selbstakzeptanz gefunden haben, die weit jenseits der Arroganz liegt.
Diese Führungskräfte, die Leader der Zukunft, wissen um ihre Schwächen und können damit umgehen, ohne dauernd darauf bedacht zu sein, sie vor ihrer Umwelt zu kaschieren. Sie haben sich aber auch in ihren Stärken erfahren und sind nun in der Lage, ihre Kraft voll in ihre Aufgaben einzubringen, weil sie keine Energien mehr darauf verschwenden müssen, ihr Ego zu bestätigen. Sie können sich und ihre Tätigkeit und selbst ihre Erfolge in Frage stellen (lassen), ohne deshalb in Panik zu geraten. Diese Führungskräfte handeln nicht mehr nur aus rationalen Gesichtspunkten heraus, sondern sie haben es gelernt, ihrer emotionalen Intelligenz zu vertrauen und sich auch von ihrer Intuition leiten zu lassen.
Ihre Autorität funktioniert nicht mehr ihres Amtes wegen. Sie beruht auf dem tiefen inneren Wissen, daß nichts in unserer Zeit mehr versicherbar ist – aber unendlich viel neu zu gestalten. Die Angst vor dem Verfall von etablierten Strukturen und tradierten Werten ist der Neugierde gewichen, eine multidimensionale Zukunft zu entdecken und mit der wachsenden Vielfalt schöpferisch und im Vertrauen auf die eigenen Potentiale umzugehen. Die ständige Beunruhigung durch nicht enden wollende Veränderungen hat sich in ein Bewußtsein von Bereicherung durch Veränderung verwandelt.
Aus den Machern sind Gestalter geworden, die andere überzeugend und mit einem hohen Maß an sozialer Kompetenz führen können, weil sie sich selbst zu führen in der Lage sind. »Sire, Ihr beherrscht ein großes Reich, nur einen beherrscht Ihr schlecht, das seid Ihr selber«, sagt Marquis Posa in Schillers »Don Carlos« zu König Philipp. Der Vorwurf mag für eine Reihe von Managern und Unternehmern nach altem Muster gegolten haben. Die Leader der Zukunft verwirklichen den scheinbaren Widerspruch, zu führen und gleichzeitig ihre Macht mit anderen zu teilen, d. h. auf unwiderrufliche Machtansprüche zu verzichten.

Leadership bedeutet, Verantwortung zu übernehmen und sie auch wieder loszulassen, sie also zu delegieren oder auch ganz abzutreten, wenn andere – und sei es für eine bestimmte Situation oder Phase im Unternehmen – damit sinnvoller umgehen können. Weil die Leader um ihre Stärken wissen, kennen sie auch ihre Grenzen. Und weil Leader mit der Vielfalt des Lebens vertraut sind, ist ihnen klar, daß sich auch Leadership auf ganz verschiedene Weise manifestiert. Eine einzige Persönlichkeit kann keine Generalvertretung für alle Manifestationen von Leadership sein.

Wo der eine als Visionär neue Impulse setzt, wirkt ein anderer eher als Stabilisator, wenn ein Unternehmen in Turbulenzen gerät. Wo der Motivator gefragt ist, kann dieser nicht gleichzeitig als beinharter Sanierer fungieren, ohne unglaubwürdig zu werden. Wenn ein Controller seiner Aufgabe gerecht werden will, besteht kaum Gelegenheit, daß er sich gleichzeitig als Philosoph profiliert, der im Unternehmen Sinnfragen stellt. Und wer als Forscher mit Chaos und Komplexität experimentiert, ist deshalb nicht unbedingt ein Genie der Kommunikation oder ein weiser Integrator widersprüchlicher Interessen – und dies alles gilt für Männer wie für Frauen im Business.

Die Leader der Zukunft sind klug genug, nicht mehr permanent allen – und notwendigerweise widersprüchlichen – Managementaufgaben gleichzeitig gerecht werden zu wollen. Ihr gesundes Selbstvertrauen ist die beste Voraussetzung dafür, von der Selbstüberschätzung abzusehen, alle Managementaufgaben gleichermaßen erfolgreich bewältigen zu können. Sie sind sich einig darüber, daß das Sanieren und das Entwickeln einer Vision ebenso zum Managen gehört wie das Stabilisieren und das Motivieren. Es ist ihnen bewußt, daß die Integration der verschiedenen Interessen ebenso wichtig ist wie die Erfolgskontrolle und daß es nicht nur gilt, neue Wege herauszufinden, sondern daß es auch darauf ankommt, sie zu kommunizieren und immer wieder zu hinterfragen.

Keine dieser Managementaufgaben ist höher zu bewerten als die anderen. Meistens werden im Unternehmen alle mehr oder weniger gleichzeitig bewerkstelligt werden müssen. Dennoch wird es Phasen geben, in denen die eine oder andere Aufgabe Vorrang hat, um die Voraussetzungen zu schaffen für andere. Leader zeichnen sich dadurch aus, daß sie erkennen, in welcher Phase sich ihr Unternehmen gerade befindet und welcher Managementqualität in dieser Phase eine (vorübergehende) Hauptrolle zufällt. Um sich in der Konzentration auf diese Phase aber nicht darin zu verlieren, ist es erforderlich, immer den gesamten Prozeß im Auge zu behalten. Umsicht heißt, sich ständig darüber bewußt zu sein, daß Rücksicht ebenso wichtig ist wie Voraussicht. Die Übersicht über das Ganze in allen seinen Teilaspekten zwingt zur Einsicht, daß niemand alle daraus resultierenden Aufgaben allein zu meistern vermag.

Leadership wird dann zum Mastership, wenn alle Meister ihres Faches – und zwar im Dialog – zusammenwirken und zulassen, daß das Ganze mehr ist als die Summe seiner Teile. Niemand hat das Können und die Weisheit der Unternehmensführung für sich gepachtet. Alle Leader gemeinsam, jeder mit den ihm eigenen Qualitäten, sind an der Gestaltung und Weiterentwicklung ihres Unternehmens beteiligt – aufeinander angewiesen und voneinander lernend.

Die Führungskräfte der Zukunft setzen nicht nur in ihren Unternehmen auf das Management eines kontinuierlichen Veränderungsprozesses. Sie sind vielmehr offen dafür, sich auch auf einen persönlichen Entwicklungsprozeß einzulassen, dessen Ende nicht absehbar ist, der aber immer neue persönliche Stärken zur Entfaltung zu bringen vermag. Motor dieses Prozesses ist der Wunsch, im Rahmen vieler Dialoge mit und von Menschen auf allen Ebenen und aus allen Bereichen zu lernen – auch und gerade dann, wenn sie einen mit den eigenen Schattenseiten oder Defiziten konfrontieren. Ein Leader, der nicht mehr bereit ist zu lernen, verliert sein Charis-

ma. Hingegen strahlen Leader, die sich für eigene Verwandlungen öffnen und an immer neuen Dimensionen ihrer Persönlichkeitsentwicklung interessiert sind, diese Fähigkeiten auf ihre gesamte Umgebung aus. Durch das eigene charismatische Vorbild eröffnen sie ihrer Umgebung die Möglichkeit, sich zu verwandeln und die jeweiligen Horizonte Schritt für Schritt zu erweitern.
Der Produktivfaktor der Zukunft ist das Humankapital – Mitarbeiter wie Führungskräfte. Die Ressourcen liegen nicht in immer neuen Managementtechniken, sondern in den Menschen, die sich in der Arbeit verwirklichen, weil sie es nicht mehr nötig haben, sich allein durch ihre Arbeit zu verwirklichen. Ein Gespür für qualitatives Wachstum zu besitzen setzt voraus, den eigenen Wachstumsprozeß zu begrüßen und die Angst vor dem Unbekannten, Unvertrauten, das sich herausstellen könnte, nach und nach zu überwinden.
Ein Leader ruht in seiner eigenen Mitte, weil er die Angst vor dem Neuen zugeben kann, aber auch zu vermitteln versteht, daß gerade die Angst wie ein Katalysator in Freiräume führt, in denen sich das Neue entfalten kann. Unternehmerischem Wachstum steht dann nichts mehr im Wege, wenn es von Persönlichkeiten beflügelt wird, die dem eigenen Wachstum keine Grenzen setzen.

2
Die Führungskraft im Dialog

Manager und Unternehmer – Männer wie Frauen – müßten eigentlich Meister des Dialogs sein, schließlich agieren sie nicht als Einzelkämpfer oder als Experten. Sie stehen inmitten eines sozialen Kontextes – innerhalb ihrer Unternehmen und darüber hinaus in der Öffentlichkeit. *Da* sie das Sagen haben, wird sehr genau darauf geachtet, *was* sie zu sagen haben. Wenn sie sich zu etwas überhaupt nicht äußern, wird auch das Aufmerksamkeit in ihrer Umgebung finden – und zu diversen Interpretationen führen.

Gerade weil eine breite Öffentlichkeit zunehmend den Eindruck gewinnt, hinter den staatstragenden Worten vieler Politiker stünden nichts als hohle Phrasen und dahinter Personen, die längst nicht mehr an das glauben, was sie formulieren, wächst die Erwartung an Manager und Unternehmer, mit Worten und Werken Auswege aus der immer verfahreneren Lage zu weisen. Wohlgemerkt: Die Sehnsucht nach glaubwürdigen Persönlichkeiten läßt sich nicht durch große Worte erfüllen. Der Eindruck von Glaubwürdigkeit entsteht dann, wenn ein Publikum merkt, daß ein Redner es ernst meint, sich auf die Fragen der Zuhörer einläßt und zuzugeben vermag, wenn er oder sie auf die eine oder andere Frage auch einmal keine Antwort weiß.

Auf Fragen keine Antworten zu wissen, glauben sich viele

Führungskräfte unserer Gesellschaft nicht leisten zu können. Deshalb haben sie in der Regel eine profunde Scheu davor zu schweigen, weil sie fürchten, dies erwecke bei ihren Gesprächspartnern den Eindruck von Hilflosigkeit und Inkompetenz. Profilierung durch möglichst viele Worte scheint oberstes Gebot zu sein – bei jeder Unterredung, in jeder Konferenz, bei jedem Auftritt vor einem kleineren oder größeren Publikum. Ein Manager, der sich einfach den Worten seines Vorredners anschließen könnte, vermeidet dies meist, um deutlich zu machen, daß auch er jemand sei, der etwas zu sagen habe – und selbstredend Wichtiges. Damit wird nicht nur unendlich viel Zeit aller Beteiligten verschwendet, sondern auch nichts oder nur wenig zur Sache beigetragen. Doch statt aus diesem Teufelskreis auszubrechen, besuchen weniger sprachbegabte oder zurückhaltendere Führungskräfte eifrig Rhetorikkurse, um ihre Ansichten in Zukunft verbal geschliffener und damit eindrucksvoller vortragen und sich selbst besser vermarkten zu können.

Echte Identifikation statt bloße Rhetorik

Was sie dabei außer acht lassen, ist das feine Gespür von Menschen für Echtheit. Echtheit ist aber weniger eine Frage der Wortgewandtheit als vielmehr der Austrahlung einer Persönlichkeit und ihres Interesses am Gegenüber. Unternehmer genießen in der Öffentlichkeit bezüglich der Echtheit ihrer Kommunikation im allgemeinen mehr Reputation als Manager. Das liegt vermutlich daran, daß sie sich mit ihren Unternehmen, deren Schicksal und dem ihrer Mitarbeiter sehr verbunden fühlen. Das Unternehmen ist ein Teil von ihnen; ihre Persönlichkeit hat die des Unternehmens geprägt. Deshalb sind sie auch in der Lage, dieser Persönlichkeit glaubwürdig Ausdruck zu verleihen.
Natürlich gibt es auch viele Manager, die sich mit ihrem Un-

ternehmen identifizieren und unternehmerische Verantwortung nicht nur im Munde führen. Dennoch entsteht bei den öffentlichen Auftritten von angestellten Führungskräften des öfteren der Eindruck, hier nehme ein Mensch Stellung, der eigentlich auch für ein ganz anderes Unternehmen tätig sein könnte. Es müßte ihn nur ein Headhunter davon überzeugen, daß dort eine noch angesehenere und lukrativere Position winkte.

Der Effekt einer Nicht-Identifikation ist der der Unpersönlichkeit, der Glätte und Verwechselbarkeit und letztendlich der Unwahrhaftigkeit. Es steht nicht zur Debatte, daß ein Manager sein ganzes Arbeitsleben lang für ein Unternehmen arbeiten müsse, um innerhalb und außerhalb seiner Firma Glaubwürdigkeit zu genießen. Was die Menschen intern und extern allerdings erwarten, ist eine nachvollziehbare, spürbare Identifizierung mit einem Unternehmen, solange er dort arbeitet.

Daß es keine Selbstverständlichkeit ist, daß sich Manager auf ihr Unternehmen auch emotional einlassen, zeigt das Spiel »Ihr Unternehmen als Persönlichkeit«. Dabei sind die Mitspieler aufgefordert, den Betrieb, in dem sie an leitender Stelle tätig sind, ausführlich zu personalisieren. Sie sollen also – unter anderem – schildern, ob es sich dabei um einen Mann handele oder eher um eine Frau, wie alt diese Person sei, in welchen Verhältnissen sie lebe und arbeite, wie und wo sie wohne. Außerdem sollen sie beschreiben, mit wem sie Kontakt habe, welche Hobbies sie pflege, welche Automarke sie fahre, wo sie ihren Urlaub verbringe, welchen »Botschaften« sie folge und was sie für sich als Sinn des Lebens erachte.

Am Ende dieses Spiels steht immer eine sehr klar umrissene und in sich stimmige »Persönlichkeit«. Oft ist es aber so, daß die Mitspieler ganz und gar kein Interesse daran haben, sich mit dieser »Persönlichkeit« – also ihrem Unternehmen – zu identifizieren. Im Gegenteil – meistens kommt zumindest die eine oder andere »Eigenschaft« ans Tageslicht, die als ausge-

sprochen unsympathisch empfunden wird. Das erscheint um so erstaunlicher, als es sich bei den Mitspielern ja keineswegs um Opfer der Unternehmenspersönlichkeit handelt. Als Führungskräfte haben sie im Prinzip Tag für Tag die Chance, an dieser Persönlichkeit zu arbeiten, statt nur in deren Auftrag. Sie haben jederzeit die Wahl, aktiv als Gestalter ihres Unternehmens zu wirken – oder es zu verlassen, wenn die Chemie offensichtlich nicht stimmt. Beides wäre besser, als in der inneren Passivität zu verharren und daneben Managementaktionismus zu verbreiten.
Fazit: Wer als Führungskraft in den Dialog mit der Öffentlichkeit tritt und als Vertreter seines Unternehmens ernst genommen werden will, sollte sich gründlich überlegen, ob er auch innerlich dazu bereit ist. Ist dies nicht der Fall, wird auch eine noch so gut geölte Public-Relations-Maschinerie keine glaubwürdigen Wirkungen zeigen.

Todsünden der internen Unternehmenskommunikation

Auch im Rahmen der internen Kommunikation sind echte Dialoge keineswegs selbstverständlich. Im schlimmsten Fall erfolgen von seiten der Unternehmensspitze Anweisungen an die Mitarbeiter, ohne nähere Erklärungen darüber, auf welcher Basis diese »Verordnungen« entstanden sind und welche Gründe dafür sprechen. In autoritär geführten Unternehmen werden die Mitarbeiter diesen Anweisungen mehr oder weniger Folge leisten. Wenn sie dies tun, dann unter Druck und aus der anerzogenen Gewohnheit heraus, bloß nichts kritisch zu reflektieren, was »von oben« kommt. Wenn nicht, dann ist dies den Mitarbeitern, die sich hier verweigern, oft gar nicht so sehr bewußt, zumal sie im Rahmen einer solchen Befehlskultur schon aus »Überlebensgründen« offenen Widerstand gar nicht riskieren würden. Es ist der Mangel an innerer Überzeugung, der sie nicht wirklich hinter der Sache

stehen läßt und ihnen nur gerade soviel Engagement abfordert, wie unbedingt notwendig erscheint, um nicht unangenehm aufzufallen.
Manager und Unternehmer, die es am liebsten bei einsamen Entscheidungen belassen und lieber Monologe führen, anstatt in Kontakt mit den Menschen in ihren Unternehmen zu treten, sind glücklicherweise mehr und mehr eine Seltenheit. Die wenigen »Dinosaurier der Monologe«, die es noch auf den Topetagen gibt, sind auf dem besten Wege, ihre Firmen restlos zu ruinieren. Ein innovativer, zu Mitverantwortung und Engagement bereiter Mitarbeiter – Mann wie Frau – kann nur ein mündiger Mensch sein. Einer, der lieber geht, als sich den Mund und die eigene Meinung verbieten zu lassen. Solche Mitarbeiter tragen zum Unternehmenserfolg bei. Bei den »Dinos« bleiben nur die Duckmäuser und solche Mitarbeiterinnen und Mitarbeiter, die aus Angst vor dem Verlust ihres (vermeintlich) sicheren Arbeitsplatzes selbst die Sinnlosigkeit ihres Tuns und den alltäglichen Frust in Kauf nehmen.
Im zweitschlimmsten Fall existiert im Unternehmen eine gut funktionierende Informationspolitik, die von den Führungskräften des Hauses gerne als interne Kommunikation mißverstanden wird. Wichtige Entscheidungen der Geschäftsleitung bleiben der Belegschaft keineswegs vorenthalten; sie kann sie in Rundschreiben oder an schwarzen Brettern, in der Mitarbeiterzeitschrift oder auf ihren Bildschirmen nachlesen.
Wenn der Vorstand Unternehmensgrundsätze oder Führungsrichtlinien formuliert hat – meistens mit Hilfe eines tüchtigen PR-Beraters – kommt das Personal irgendwann in den Genuß, die entsprechende Hochglanzbroschüre oder den Folder in edlem Design auf dem Schreibtisch zu finden. Ob das Machwerk dann auch gelesen wird, bleibt fraglich. Die meisten Mitarbeiter beschleicht schon nach anfänglicher Lektüre das dumpfe Gefühl, die ausgefeilten Formulierungen hätten eigentlich wenig mit ihnen zu tun – ungeachtet der Tatsache,

daß sie in einem Begleitschreiben darum gebeten werden, den Text mit Leben zu erfüllen.
Was eine solche Informationskultur völlig außer acht läßt, ist der Dialog, der Wunsch nach einem Feedback, das Interesse an der möglicherweise ganz anderen Meinung. Selbstverständlich haben die Menschen im Unternehmen, auf deren Meinungsäußerung offenbar wenig Wert gelegt wird, dennoch eigene Ansichten – unabhängig davon, ob die Geschäftsleitung davon nun Kenntnis erlangt oder nicht. Da diese Meinungen aber ebensowenig in einen Dialog gebracht werden wie die Anlässe dafür, entstehen an allen Ecken Mutmaßungen und Gerüchte, die erheblich in den Arbeitsalltag eingreifen und ihn belasten können.
Manager und Unternehmer, die es bei der Information belassen, übersehen völlig, daß es nie beim Sachgehalt dieser Information bleibt, wenn sie beim Empfänger landet. Jeder Mensch, der mit einer Information konfrontiert wird, verbindet damit bestimmte eigene Erfahrungen, Bilder, Vorstellungen, Erwartungen und Muster. Dies alles entlädt sich in bestimmten Emotionen und führt zu einer bestimmten Meinung. Diese Meinung kann an der Sache, so wie sie ursprünglich gemeint war, völlig vorbeigehen und sich erheblich von der anderer Kollegen und Mitarbeiter unterscheiden. Damit sind Mißverständnisse und Konflikte programmiert.
Im drittschlimmsten Fall ist sich das Management durchaus bewußt, daß ein Feedback von seiten der Mitarbeiter wünschenswert ist – schon um die Meinungsvielfalt zu bündeln und den potientiellen Gerüchteküchen möglichst wenig Nahrung zukommen zu lassen. Darüber, wie ein lebendiger Kommunikationsfluß in Gang zu bringen und zu halten sei, hat man alles im Kopf – und doch fehlt etwas an der Verwirklichung aller guten Absichten. Denn: Es reicht nicht aus, einen Dialog zu wollen. Man muß auch wissen, wie man ihn führt und warum es unerläßlich ist, daß sich beide Seiten vorbehaltlos dafür öffnen.

Vier Schritte zum Dialog

Achtsamkeit und Respekt vor dem Gegenüber – ob es sich nun um einen einzelnen oder eine Gruppe handelt – ist der erste Schritt zum echten Dialog. Der zweite Schritt bedeutet, zugeben zu können, daß jeder Dialog Konflikte offenlegen kann. Der Verstand weiß damit umzugehen, denn ein Konflikt läßt sich schließlich erst ausräumen, wenn er zur Sprache kommt. Ist dies nicht der Fall, vermag er im Verborgenen recht unangenehme Blüten zu treiben. Dennoch: Die Scheu vor Konflikten und davor, sie offen anzusprechen oder unerwartet damit konfrontiert zu werden, ist groß – auch bei Managern und Unternehmern. So besteht immer latent die Gefahr, daß sich beide Seiten nicht wirklich ihre Ansichten mitteilen, weil sie befürchten, kritische Bemerkungen könnten das Gegenüber verletzen, unwillige Gegenreaktionen oder Gesprächsblockaden auslösen. Nicht ganz ausschließen läßt sich umgekehrt die Befürchtung, im Verlauf des Dialogs ein sehr kritisches und damit für das eigene Ego durchaus nicht gerade schmeichelhaftes Feedback zu erhalten.

Mit dem dritten Schritt zum Dialog verbinden sich einige ganz praktische Regeln. So sollte es zur Gesprächskultur gehören, das Verhalten der Gesprächspartner möglichst nicht zu bewerten, sondern es so sachlich wie möglich zu beschreiben. Gleichzeitig sollte deutlich werden, daß sich mit der Beschreibung immer eine subjektive Wahrnehmung verbindet, die keineswegs Anspruch auf absolute Gültigkeit haben kann.

Jeder, der ein Feedback gibt, kann sich täuschen, indem er eigene Bewertungsmuster auf sein Gegenüber projiziert. Deshalb empfiehlt es sich, wann immer dies möglich ist, mehrere Personen in den Dialog miteinzubeziehen. Ein Feedback wird zwar auch nicht objektiver, weil mehrere dieselbe Meinung äußern, denn auch Gruppen können projizieren. Aber sie sind immerhin in der Lage, rein individuelle Wahrneh-

mungen und Urteile zu korrigieren, so daß man der objektiven Wahrheit immerhin ein gewisses Stück näherkommt.
Sinnvoll ist es, ein Feedback möglichst auf konkrete Situationen oder Anlässe zu beziehen und Generalisierungen grundsätzlich zu vermeiden. Außerdem lohnt es, nicht allzuviel Zeit verstreichen zu lassen, bis man auf bestimmte Situationen oder Anlässe reagiert, da sich die Beteiligten dann noch am besten an Einzelheiten erinnern. Dennoch gibt es für diesen Fall Ausnahmen. Wenn ein Dialogpartner sehr heftig reagiert, sich also in einer schlechten emotionalen Verfassung befindet, ist er kaum aufnahmefähig – es kann also günstig sein, auf eine bessere Gesprächsvoraussetzung zu warten. Wenn Aufgeregtheit, Zorn oder eine depressive Verstimmung den Dialog jedoch regelmäßig zu verhindern drohen, sollte dies offen angesprochen werden.
Selbstverständlich kann niemand zum Dialog gezwungen werden. Aber es gibt im Unternehmen eine Reihe von Möglichkeiten, eine Dialogkultur zu etablieren, bei der es auffällig wird, wenn sich ihr jemand permanent entzieht. Beurteilungsgespräche, Abteilungssitzungen oder andere, regelmäßig stattfindende Besprechungen sind klar zu definierende Situationen, in denen ein Feedback zur Tagesordnung gehören kann – und zwar von seiten aller Beteiligter: Schließlich verlangt der Dialog auch ein Feedback auf das Feedback.
Der vierte Schritt zum Dialog ist der wesentliche, und bei aller Konzentration auf die Gesprächspartner gerät er meistens in Vergessenheit, obwohl er eigentlich die Voraussetzung dafür ist, alle weiteren Schritte gehen zu können. Wer mit anderen in Dialoge eintreten will, die durch ihre Echtheit überzeugen, muß in der Lage sein, den Dialog mit sich selbst zu führen. Genau das haben die meisten Menschen in der Hektik ihres Alltags verlernt – insbesondere Manager und Unternehmer, denn deren Alltag zeichnet sich meistens durch besonderen Stress und jede Menge Ablenkungen aus. Den Dialog mit sich selbst zu vermeiden ist jedoch nicht nur eine

Frage der Hektik oder der Ablenkungen. Der Dialog mit sich selbst bedeutet, sich selbst auf die Spur, auf die Bewegründe des eigenen Denkens und Handelns zu kommen. Und für den einen oder die andere mag es viele Gründe dafür geben, genau davor zurückzuschrecken.

Der innere Dialog

Der Dialog mit sich selbst beginnt mit der Frage »Wer bin ich eigentlich?«, und bereits auf diese so simpel anmutende Frage finden viele Menschen keine Antwort. Statt dessen können sie ausführlich berichten, was sie gerade machen und welche Leistungen sie in ihrem Leben schon vollbracht haben – also definieren sie ihr Sein über ihre Leistung. Dieser scheinbare Ausweg funktioniert allerdings nur so lange, wie sie als Leistungsträger gefragt und in Aktion sind.
So sind gerade Manager, die arbeitslos geworden sind, oder Unternehmer, die Konkurs anmelden mußten, besonders hilflos, wenn sie – zumindest vorübergehend – nichts mehr machen können, sondern auf sich selbst zurückverwiesen sind. So unangenehm und beschämend sie diese Situation zunächst empfinden mögen, so bietet ihnen die Krise, die von außen erzwungene Pause, doch eine wunderbare Gelegenheit, endlich den Dialog mit sich selbst zu riskieren – auch wenn sie dies in der Anfangsphase noch ganz und gar nicht zu schätzen wissen.
»Warum bin ich so geworden, wie ich bin?« ist eine der nächsten »lästigen« Fragen, die nun ins Bewußtsein drängen. Der Ex-Manager oder der Unternehmer ohne Unternehmen stellt nun plötzlich fest, daß er seinen Lebensweg gar nicht aus freien Stücken gewählt hat. Vielmehr hat er bestimmten »Aufträgen« – zum Beispiel denen der Eltern oder eines Partners – Folge geleistet.
An dieser Stelle kann schmerzhaft klar werden, daß dieser

Beruf oder die Position, in der er schließlich landete, überhaupt nichts mit dem Gefühl zu tun hat, dazu wirklich berufen zu sein. Er erkennt, daß der Sinn dahinter fehlt und daß alles Bemühen, beruflich erfolgreich zu sein, nur dazu gedient hat, bestimmten von außen aufoktroyierten Vorstellungen und Rahmenbedingen zu genügen.
Sich dessen bewußt zu werden, was man eigentlich *nicht* mehr will, ist die eine Sache; eine ganz andere ist es, auf die Spur dessen zu kommen, was man *wirklich* möchte. Sich selbst auf die Spur zu kommen, in den Dialog mit sich selbst einzutreten, haben Leistungsträger nicht nur nicht gelernt. Es ist vielmehr gründlich dafür gesorgt worden, daß sie diese Art von Selbstanalyse gar nicht erst in Erwägung zogen. Sich selbst und das eigene Tun in Frage zu stellen: Das hätte eine Gefährdung ihrer Effizienz, ihres Durchsetzungswillens und ihrer Handlungsstärke zur Folge haben können, und alle drei Qualitäten gehören schließlich zu den Tugenden, die zu ihrem Erfolg beigetragen haben. Doch was tun, wenn sie merken, daß ihre ganzen Bemühungen, ihr unentwegter Einsatz, ihr strategisches Talent und die vorbehaltlose Anpassung an ihre Rolle offenbar nicht ausreichten, um auf Dauer Erfolge zu erbringen?
In die Resignation und in die Trauer mischt sich langsam aber sicher eine andere Emotion: Wut – und zwar auf die anderen wie auf sich selber. Warum hat man der inneren Stimme, die jetzt deutlicher wird, die die Wahrheit sagt und auch fordert, nicht schon eher Gehör geschenkt? Warum hat man es dazu kommen lassen, daß es ein Privatleben ebensowenig gab wie Freunde, die einen einfach als Mensch akzeptieren? Warum hat man nicht auf die immer deutlicher werdenden Zeichen wie Krankheitssymptome oder Unfälle geachtet, die einem längst signalisierten, daß etwas ganz und gar nicht mehr in Ordnung war?
Wer den Dialog mit sich selbst jetzt nicht abbricht, hat das Gefühl, an einer Grenze zu stehen. Da ist einerseits das, was

hinter einem liegt. Und auch dann, wenn einem vieles davon durchaus nicht mehr als sinnvoll erscheint, so ist es einem doch vertraut. Es nie mehr so erleben zu können, wie man es erlebt hat, von nun an diese innere Stimme hören zu müssen, die eigentlich immer recht hat und die sich guten Gewissens nicht mehr verdrängen läßt, macht Angst.

Andererseits erzeugt das, was vor einem liegt, noch mehr Angst. Es ist überhaupt nicht deutlich, um was es sich eigentlich handelt, auf das man sich einstellen und das man endlich wieder in den Griff bekommen könnte. Einfach Vertrauen zu haben angesichts dieser völligen Ungewißheit: das ist man nicht gewohnt, das traut man sich einfach nicht zu. Allein die Vorstellung, daß man jenseits der Grenze etwas geschenkt bekommen könnte, verursacht heftiges Unbehagen, denn schließlich ist man auf die These gedrillt, vor den Erfolg hätten die Götter den Schweiß gesetzt, und das einzige, was zähle, sei die eigene Leistung.

Jetzt ist der Punkt erreicht, an dem der Ex-Manager oder der Unternehmer ohne Unternehmen seinen alten Leistungsbegriff über den Haufen wirft. Der Mensch an der Grenze begreift, daß er eigentlich noch nie so herausgefordert worden ist, wie von seiner eigenen inneren Stimme. Er erkennt, daß er noch nie so hart gearbeitet hat wie an seiner eigenen persönlichen Entwicklung – und das völlig ohne Bestätigung von außen. Hinter der Angst keimen nun ganz andere Emotionen auf wie die Neugierde auf das, was noch alles vor ihm liegt. Und auch eine immer größere Freude, sich nicht mehr den alten Zwängen unterwerfen zu müssen, sondern die Freiheit der Wahl zu haben, sein Schicksal endlich eigenverantwortlich in die Hand nehmen zu können – und genau das zu wollen.

Wenn der Dialog so weit vorangeschritten ist, gibt es keine Sehnsucht nach dem Gestern mehr. Die Zukunft wird als ein Freiraum empfunden, der nach eigenem Ermessen und ohne Druck und Hektik gestaltet werden kann. Plötzlich ist die alte

Kraft wieder da, und doch steht sie nun anders zur Verfügung als vor der Krise. Der Ex-Manager oder der Unternehmer ohne Unternehmen weiß nun, wer er ist. Er sieht ein, daß alles in seiner Biographie Sinn gemacht hat – nicht zuletzt die Niederlage, an der er nun nicht mehr leidet. Und natürlich gilt auch das nicht nur für Männer.

Der Dialog mit sich selbst hat sich längst ausgeweitet zu vielen Dialogen mit anderen Menschen. Zunächst mit denen, die selbst Veränderungsprozesse durchlaufen und dann auch mit solchen, die noch gemäß ihrer alten Muster für alles kämpfen und Leistung um jeden Preis erbringen müssen. »Wartet nicht ab, bis eine Krise euch zwingt, eure innere Stimme kennenzulernen!« möchte der Ex-Manager oder der Unternehmer ohne Unternehmen letzteren zurufen. Aber gleichzeitig merkt er, daß es des ausdrücklichen Zurufs eigentlich gar nicht mehr bedarf. Es ist seine Austrahlung, die des inneren Wachstums und der Sinnhaftigkeit jeder Veränderung, die etwas beim Gegenüber bewirkt.

Es ist die Ausstrahlung eines Siegers, der durch die Niederlage hindurchgegangen ist und es nicht mehr nötig hat, sich als Sieger zu profilieren. Es ist die Ausstrahlung eines Menschen, der vom Beruf zur Berufung und längst wieder seinen Platz im Berufsleben gefunden hat – als bewußter Gestalter, als Anreger und als Ermutiger zu den vielen Dialogen, die für ihn oder sie und seine oder ihre Umwelt jetzt und in Zukunft angesagt sind.

3
Dialoge im Prozeß

Die Fähigkeit, Dialoge zu führen, mag durchaus etwas sein, was uns in die Wiege gelegt wurde – und zwar jedem von uns –, aber im Verlauf unserer Entwicklung, vom Kind zum Erwachsenen, von der angepaßten bis hin zur befreiten und offenen Persönlichkeit, durchläuft auch unsere Dialogfähigkeit verschiedene Phasen. Der eine könnte seit längerem in einer bestimmten Phase steckengeblieben sein, der andere mag zwischen verschiedenen Phasen schwanken, und vielleicht haben die wenigsten schon erfahren, was es heißt, in der vierten Phase, in der sich die Dialoge vollenden und immer wieder von neuem beginnen – ganz und gar zu Hause zu sein.

Phase 1: Anpassung

Die Phase beginnt mit der Geburt und kann sehr lange andauern – bei manchen Menschen ein Leben lang. Kennzeichnend für diese Phase ist, daß es hier eigentlich überhaupt keinen Dialog gibt – zumindest dann nicht, wenn man ihn als den Austausch zwischen zwei jeweils eigenständigen Indivi-

duen und deren Meinungen begreift. Am Anfang steht die Anpassung an die Werte, Normen, Bilder und Vorschriften, mit denen wir als Kinder konfrontiert sind. Wir brauchen diesen begrenzten Rahmen, weil wir selber zunächst nichts dagegen zu setzen haben, was uns zu einer Orientierung in dieser Welt verhelfen könnte. Wir brauchen diesen Rahmen auch, weil wir uns, je mehr wir ihn ausfüllen, der Liebe und Anerkennung unserer Eltern sicher sein können, derer wir schließlich bedürfen, um zu überleben.
Zur Individualität finden wir in diesem Rahmen nicht. Unsere Identität ist eine übernommene und abgeleitete, eine, die vorgegebenen, tradierten, konventionellen Mustern Folge leistet. Ihnen möglichst zu entsprechen und bei niemandem in unserer Umgebung anecken zu wollen ist Teil einer Überlebensstrategie und des Wunsches, in dieser Welt einen Platz zu finden, an dem wir willkommen sind.
Die Angst davor, eine eigene Identität zu entwickeln und damit in einen Konflikt mit der übernommenen zu geraten, kann so groß sein, daß wir auf die Entwicklung von Eigenständigkeit verzichten. Statt dessen geben wir uns dem Glauben hin, unsere abgeleitete Identität entspreche uns so sehr, daß es gar keiner anderen bedürfe. Wir entscheiden uns damit dafür, die Grenzen des Systems nicht zu überschreiten, innerhalb dessen wir aufgewachsen sind.
Damit machen wir uns für die Ansprüche dieses Systems ganz und gar verfügbar. Ein Höchsteinsatz für dieses System erscheint uns selbstverständlich. Die vertrauten Belohnungen, die es bietet, sind es uns wert, daß wir mehr und mehr davon in Abhängigkeit geraten. Da wir noch nie darüber nachgedacht haben, was wir eigentlich wollen und ob wir vielleicht etwas ganz anderes wollen könnten, beziehen wir unser Selbstwertgefühl ausschließlich und immer wieder aus allein diesem System. Wir stehen in unserem eigenen Schatten und fühlen bisweilen, daß es so ist, aber es fehlt uns an Mut, diese Situation zu verändern. Schließlich wissen wir

nicht, ob wir irgendwo außerhalb ebenfalls Anerkennung finden könnten.

Wir sind keine eigenständigen Dialogpartner, wir kennen keine wirklich eigene Meinung, und deshalb fühlen wir uns dann am wohlsten, wenn ein Mensch eben die Standpunkte vertritt, die wir selbst so verinnerlicht haben. Je älter wir werden – und es immer noch an der Suche nach einer eigenständigen Identität vermissen lassen –, desto mehr Wert werden wir darauf legen, möglichst nur solchen Menschen zu begegnen, die unseren konventionellen Rahmen nicht zu sprengen drohen.

Wir werden immer intensiver und nachhaltiger die Normen des Systems verteidigen, dessen Grenzen wir immer weniger zu überschreiten wagen. Von Zeit zu Zeit mögen wir spüren, wie abhängig wir davon geworden sind. Und weil wir dieses Gefühl nicht ertragen, verdrängen wir es nach Möglichkeit und erheben die Normen des Systems gleichzeitig zur Doktrin, um unser Überleben darin möglichst auch für die Zukunft zu sichern.

Phase 2: Rebellion

Diese Phase beginnt dann, wenn uns das Gefühl beschleicht, mit unseren bisherigen Wertvorstellungen und unserem bisherigen Dialogverhalten könne es einfach nicht sein Bewenden haben. Wir spüren, daß wir im Grunde unentwegt anderen nach dem Munde reden, weil wir selbst nichts zu sagen haben. Es wird uns zunehmend bewußt, daß wir mit uns absolut nicht identisch sind, sondern daß wir uns eine andere, fremde Identität zu eigen gemacht haben. Der wachsende Eindruck, etwas Wichtiges verpaßt zu haben, deprimiert, macht ungeduldig und führt zu dem dringenden Bedürfnis, diese

Situation so schnell und so entschieden wie möglich zu verändern.
Unsere innere Ruhelosigkeit läßt uns gar nicht dazu kommen, eine eigene Identität und die Fähigkeit, diese in einen Dialog einzubringen, mit Bedacht zu suchen. Es gelingt uns auch nicht, sie in Ruhe und Gelassenheit wachsen zu lassen. Um uns endlich von der Identität abzusetzen und zu unterscheiden, die wir bislang für unsere eigene gehalten haben, machen wir eine Kehrtwendung um 180 Grad. Alles, was wir bisher für richtig gehalten haben, kann nur noch falsch sein: also wird nun genau das Gegenteil vertreten. Unsere Aggressivität nimmt zu, je mehr wir merken, wie abhängig wir in unseren Meinungen und in unserem Verhalten bislang waren. Anerkennung suchen wir nun vorzugsweise bei Menschen, die entweder grundsätzlich gegen alles sind oder aber mit Vehemenz genau die Ansichten verteten, die möglichst nahtlos zu unserer – vermeintlich – neuen Identität passen. In der Aufbruchsstimmung, in der wir uns befinden, bleibt uns zunächst völlig verborgen, daß wir im Grunde immer noch abhängig sind. Das Gegenteil dessen zu vertreten, was man einst fraglos übernommen hat, bedeutet ja noch keineswegs, schon etwas wirklich Neues entwickelt zu haben.
Die Radikalität der Abwehr der alten, geborgten Identität zieht meistens eine Reihe von Konflikten und Störungen in allen Lebensbereichen nach sich. Bestehende Beziehungen werden unter Umständen ohne Rücksicht auf Verluste abgebrochen. Dialogpartner von einst werden nicht mehr ernst genommen, wortreich angegriffen oder mit Schweigen »bestraft«. Stößt unser Verhalten auf Unverständnis, oder führt es zu Auseinandersetzungen, reichen unsere Reaktionen von unverhohlener Aggressivität bis zur Larmoyanz darüber, eigentlich von niemandem mehr verstanden zu werden.
Immer wieder kommt es zu Momenten der Angst und dem Bedürfnis, endlich wieder in den alten, vertrauten Identitäts-

rahmen zurückzukehren. Ob es nun ein fremdbestimmter war oder nicht: Immerhin war innerhalb dieser Grenzen die Welt noch in Ordnung. Daneben steht jedoch die Ahnung, daß es nie mehr gelingen könne, in den alten Mustern wieder Ruhe, Ausgeglichenheit und Frieden zu finden. Es steht an, in die innere Mitte zu kommen, anstatt zwischen zwei Extremen hin- und herzupendeln, von denen eines im Grunde so fremd ist wie das andere.

Phase 3: Interesse

Phase 3 kennzeichnet das Erwachsenwerden der eigenen Dialogfähigkeit. Es ist nicht mehr notwendig, sich anzupassen um zu überleben. Ebensowenig ist es notwendig, sich ständig durch Anderssein legitimieren zu müssen. Das Verhaftetsein an ein altes Muster, das in den ersten beiden Phasen der Fall war, wird mehr und mehr deutlich. Das mag zwar frustrierend oder gar beschämend sein, aber dadurch, daß die Zusammenhänge zwischen den alten Denk- und Verhaltensmustern mit den entsprechenden Vorbildern sichtbar werden, wird die Möglichkeit zu einer umfassenden Verarbeitung der Vergangenheit eröffnet.
Dabei geht es nicht darum, Inhalt und Form der Dialoge von gestern nun grundsätzlich für falsch zu halten. Manches davon kann durchaus wieder als sinnvoll erscheinen. Der Unterschied liegt darin, daß die eigene Identität es jetzt erlaubt, aus der Unabhängigkeit heraus eine Wahl zu treffen, anstatt hilflos zwischen zwei Extremen hin und her zu irren, die nichts anderes sind als die zwei Seiten ein und derselben Medaille.
Ein erfülltes und harmonisches Leben und Arbeiten erweist sich oftmals als schwierig, denn das private und das be-

rufliche Umfeld schwanken zwischen Verwunderung und Schockiertheit über die Wankelmütigkeit und Unzuverlässigkeit einer Persönlichkeit, die auf der Suche nach sich selber ist. Denn auf dieser Suche wird sie immer offener für die vielen Möglichkeiten einer Selbstverwirklichung, die sich ihr anbieten. Je konventioneller und unumstößlicher der Rahmen ist, innerhalb dessen sich das Umfeld bewegt, desto mehr Wert wird es darauf legen, daß die nach ihrer unverwechselbaren Identität suchenden Persönlichkeit keine Grenzüberschreitungen vornimmt. Denn eine solche könnte das ganze System aus den Fugen geraten lassen – oder zumindest unangenehm berühren.

Nicht nur mit Interesse, sondern auch mit Wehmut und Trauer stellt die Persönlichkeit auf der Suche nach einer unverwechselbaren Dialogfähigkeit fest, daß sie die Erweiterung ihres Horizontes offenbar mit Verlusten zu bezahlen hat. Dazu gehört eventuell die – zumindest zeitweilige – Abkehr des Partners, der sich in seiner Verständnismöglichkeit überfordert fühlt, ebenso wie der Verlust einer Arbeitsumgebung, die sich solche Experimentierfreude nicht leisten mag. Beides kann dazu führen, daß die suchende Persönlichkeit Reue und Schuldgefühle entwickelt. Möglicherweise unternimmt sie einen erneuten Versuch, sich wieder in vertrauten und fest umrissenen Grenzen einzurichten.

Früher oder später wird sie dies aber nicht aushalten und es sich nicht nehmen lassen, das Leben in seiner Vielfalt weiter kennenlernen zu wollen – auch um den Preis zeitweiliger Einsamkeit. Ihre inzwischen erweiterte Dialogfähigkeit wird sie zumindest immer wieder den Versuch unternehmen lassen, den verständnislosen und enttäuschten Menschen ihres Umfeldes klarzumachen, worum es ihr geht: Nämlich nicht darum, etwas *gegen* diese zu unternehmen, sondern einzig und allein darum, zu Werten zu finden, hinter denen sie ganz und gar und *für* sich stehen kann.

Am besten kommt die Persönlichkeit in dieser Phase mit

Menschen zurecht, die sich, wie sie selber, in einer sehr lebhaften Phase des Aufbruchs und der Entwicklung befinden. Dabei erfährt sie, daß es möglich ist, in der Sache durchaus nicht immer einer Meinung zu sein, aber doch in etwas Entscheidendem übereinzustimmen: im Interesse am Lernen und an der Erweiterung der Horizonte und in der Sehnsucht nach Authentizität. Schwierigkeiten wird sie dagegen mit Menschen haben, die ihr eine eindeutige Entscheidung abverlangen: für ein bestimmes Wertesystem mit allen Konsequenzen für das eigene Denken und Verhalten, die daraus unvermeidlich folgen.

Eine Persönlichkeit in dieser Phase erkennt meistens noch nicht, daß diese – vermeintlich von außen kommende – Forderung nichts anderes ist als ein Spiegel ihres eigenen Bedürfnisses, endgültig zu einer Entscheidung für eine bestimmte Identität unter den gebotenen Möglichkeiten zu kommen – und Sicherheit zu gewinnen in einer Welt, deren Grenzen sich immer weiter hinausschieben.

Phase 4:
Vertrauen

Es gibt nur wenige von ihnen, aber es gibt sie: Persönlichkeiten, die die vierte Phase glaubwürdig repräsentieren. Bei ihnen spürt man, daß sie und ihr Leben im Innersten stimmig sind. Sie haben sich etwas anderem, das über die Vielfalt hinausgeht, anvertraut und leben in einer unmittelbar überzeugenden Harmonie mit sich und ihrer Umwelt. Irgendwie verkörpern sie einen tieferen Sinn und trotzdem stehen sie zweifellos mitten im Leben. Ihre Ausstrahlung läßt niemanden auf den Gedanken kommen, dieser Mensch sei gegen ihn, müsse mit Mißtrauen betrachtet, abgelehnt oder gar bekämpft werden. Im Gegenteil: Wer solchen Persönlichkeiten begegnet,

gewinnt den Eindruck, ganz und gar von ihnen angenommen zu werden.
Dieser Eindruck der totalen Akzeptanz weicht auch dann nicht, wenn diese Persönlichkeiten sich in einer Art äußern, die unter anderen Umständen als unzumutbare Kritik verstanden werden könnte. Man hört ihnen zu, weil man fühlt, daß sie wirklich etwas zu sagen haben, ohne daß sie dies irgend jemandem aufdrängen wollten. Sie machen ihrer Umwelt Angebote, etwas mitgeteilt zu bekommen, was vielleicht über deren Erfahrung hinausgeht. Aber es steht jedem und jeder völlig frei, das Angebot anzunehmen oder auch nicht.
Diese Menschen wirken verwurzelt und unbegrenzt zugleich. Sie strahlen eine Art sanfter Absolutheit aus, die niemanden unterdrückt, und gleichzeitig Freiheit in einer Konsequenz, die nicht mehr der Bestätigung oder des Kampfes dafür bedarf. Diese Menschen sind machtvoll, und sie sind es deshalb, weil sie ihre Macht nicht mehr dazu benötigen, sich selbst zu bestätigen. Im Umgang mit ihnen wächst das Vertrauen, daß alles Neue, Unbekannte, Unversicherbare und damit immer noch Beängstigende die eigenen Vorstellungen absolut positiv übertreffen könnte. Sie sind Vorbilder, die niemanden einschüchtern, sondern jeden dazu ermutigen, die eigene Kraft zu entdecken und sie sinnvoll einzusetzen.
Bei diesen Persönlichkeiten handelt es sich übrigens nicht um Sonderlinge, die der Welt entsagt hätten und nun jenseits von Gut und Böse lebten. Es kann die Stewardeß sein, die einem auf einem langen Flug ermutigend zulächelt, oder der Mann hinter irgendeinem Schalter, der einen an einem ganz und gar trüben Tag fröhlich werden läßt, oder ein längst verstorbener Dichter, dessen Worte einen plötzlich tief berühren. Und natürlich können es auch Manager oder Unternehmer sein, die ausstrahlen, durchaus nichts besser wissen zu wollen, aber mit sich und der Welt vollends im reinen zu sein.
Was hat diese Menschen dazu gebracht, so zu sein, wie sie

sind, nämlich ganz und gar identisch mit sich selbst? Vielleicht war es die Erkenntnis, daß es nichts bringt, die Erfüllung eigener Defizite durch andere zu erstreben. Selbst wenn man diese Erfüllung fände – außerhalb der eigenen Person –, es bliebe doch das Bewußtsein der eigenen Lücke. Hinzukommen würde über kurz oder lang das Gefühl der Abhängigkeit von einem Gegenüber, das genau das zu haben scheint, was einem selber fehlt. In sich selber, und nur dort, finden zu wollen, was man vermißt, sich zur Integration des Fehlenden zu entschließen: Dies könnte der erste Schritt sein – zur Freiheit, zur Unabhängigkeit, zu einer unbegrenzten Identität, die zwar weiß, was sie jeweils ausmacht, die aber gleichzeitig dazu bereit ist, zu lernen und sich weiterzuentwickeln.

In der eigenen Persönlichkeit alles für möglich zu halten – das könnte eine wichtige Voraussetzung dafür sein, auch in der näheren und weiteren Umgebung alles Mögliche zuzulassen – und auch nebeneinander bestehen zu lassen. Bestimmte Wertvorstellungen nicht gleich abzulehnen, bedeutet ja nicht, sie für sich ganz und gar und für alle Zeiten zu akzeptieren, sich unwiderruflich danach richten zu müssen. Sie sich aber aus einer Grundeinstellung der Toleranz und Offenheit heraus anzuschauen, könnte immerhin bedeuten, daraus etwas für sich zu lernen, den eigenen Horizont zu erweitern. Damit würde die Vielfalt – auch von Gegensätzen – nicht mehr als Bedrohung empfunden, sondern als Bereicherung.

In der Konsequenz heißt das, daß eine Persönlichkeit ein so hohes Maß an Selbstwertgefühl entwickelt hat, daß sie es sich leisten kann, völlig offen zu werden für immer neue Eindrücke. Sie kann es wagen, sich einem Veränderungsprozeß anheim zu stellen, der nie endet. Da sie alle Phasen der Veränderung auf einer hohen Bewußtseinsstufe wahrnimmt, läuft sie nie Gefahr, Opfer der Veränderung zu werden. Identität und die Freude an der Gestaltung und Umgestaltung des

Lebens – ohne irgendeine Begrenzung – sind eins. Was aber ist es, das einer solchen Persönlichkeit Sicherheit verleiht angesichts der Tatsache, daß sie sich einer Welt zu stellen vermag, in der kaum noch etwas sicher zu sein scheint, und noch dazu Lust daran hat, sie immer wieder neu zu prägen und sich dabei immer wieder neu prägen zu lassen? Das Schlüsselwort lautet Vertrauen.

Selbstvertrauen ist der Anfang, und Selbstvertrauen hat zur Folge, anderen vertrauen zu können und mit ihnen gemeinsam etwas gestalten zu wollen. So werden die jeweils eigenen und damit auch die Grenzen der Gemeinschaft sinnvoll erweitert.

Ob und was wirklich sinnvoll ist für die Gemeinschaft, ob nicht wieder nackte Machtinteressen der Beteiligten ins Spiel kommen und damit erneute Abhängigkeit: Dies bleiben Fragen, die immer wieder der uneingeschränkten Klärung und eines unbestechlichen Bewußtseins bedürfen. Garant dafür ist der Dialog mit der inneren Stimme, die weiter reicht, als es bestimmte moralische Doktrinen suggerieren.

Was diese innere Stimme, die jeder in sich erfahren kann, zum Klingen bringt, was die Sicherheit verursacht, sich auf sie zu verlassen, ist eine Grundfrage, mit der sich zum Beispiel die Religionsgründer, die Philosophen, die Wissenschaftler und die Künstler aller Zeiten auseinandergesetzt haben und mit der sie sich vermutlich immer wieder auseinandersetzen werden. Letztendlich suchen sie alle nach einer Ordnung, die der unseren, jenseits aller Zeitalter, Traditionen und Konventionen, übergeordnet ist, unvergänglich in ihren Gesetzen, maßgebend und ein für allemal richtungweisend.

Wer in die Phase des Vertrauens eintritt, macht die Erfahrung, plötzlich in diesem Vertrauen *sein* zu können, ohne etwas dafür *machen* und *leisten* zu müssen. Sobald die Ratio nach Erklärungen dafür zu suchen beginnt, verfliegt das intuitive Bewußtsein, daß es für alles Erklärungen gibt und daß eigentlich nur eines gilt: sie zuzulassen; ganz gleich, auf welchen Ebenen sich Erkenntnisse verwirklichen. Emotionale Intelligenz im Dialog will weder recht haben noch richten. Sie ist fähig, die Geschenke zu erkennen, die bereit liegen – wenn wir zulassen, daß wir nicht immer etwas dafür *tun* müssen.

4
Von der Beziehung zur Gemeinschaft

Soziale Kompetenz

Menschen sind soziale Wesen und nicht von Natur aus Eremiten. Selbst Einzelgänger brauchen ein Du, um sich zu spiegeln im anderen, um Bestätigung zu finden und um an der Fremdheit des Gegenübers zu lernen. Menschen bedürfen aber auch einer Struktur, um die Lernerfahrungen zu verkraften, um in dem ständigen Wechselspiel zwischen Vertrautheit und immer wieder neuen Einsichten und Erlebnissen ein Mindestmaß an Sicherheit und Geborgenheit zu finden.
Auch Unternehmen geben den Menschen, die dort arbeiten, Ordnung, Struktur und Sicherheit. Ob es die Tradition einer Firma ist, ihre Kultur, das Gehaltsgefüge, die Hierarchie-Ebenen oder die Aufstiegsmöglichkeiten: bei alledem handelt es sich um fest umrissene Faktoren, an denen sich die Mitarbeiter orientieren können.
In einer Zeit des Wandels ist jedoch selbst auf diese Strukturen kein Verlaß mehr, so etabliert sie auch über viele Jahre gewesen sein mögen. Übernahmen und Fusionen – zumal von oder mit ausländischen Unternehmen – vermögen eine Kultur radikal zu verändern. Somit sind die Menschen, die sich damit identifiziert haben, dazu gezwungen, sich völlig neu zu orientieren. Im Zuge des Lean-Management und der damit

einhergehenden Einsparungsmaßnahmen werden Tarife und Tantiemen neu definiert. Die Altersversorgung ist nun ebensowenig eine Selbstverständlichkeit wie Gewinnbeteiligungen. Durch den Fortfall von Hierarchie-Ebenen ändern sich auch die Karrierewege, und viele, die auf höhere Positionen und wohlklingende Titel gesetzt haben, sehen sich in ihren Erwartungen enttäuscht.

Die Zeit des Wandels ist eine Zeit der permanenten Verunsicherung. In dieser Zeit sind sie stärker gefordert denn je: Führungskräfte mit sozialer Kompetenz. Das, was das Unternehmen in der Umstrukturierungsphase nicht mehr bieten kann – Sicherheit, Verbindlichkeit und Sinngebung –, wird nun von ihnen erwartet. Sie sind unmittelbar damit konfrontiert, daß die Menschen in ihren Verantwortungsbereichen eigentlich nur ein Interesse haben: möglichst viel von dem Alten, Vertrauten zu bewahren und zu erhalten. Sie versuchen, sich inmitten aller Turbulenzen und Neuerungen eine ruhige Nische einzurichten, in der alles möglichst so bleiben soll, wie es war und ist.

Für die Manager unserer Zeit stellt dies eine enorme Herausforderung dar, und manche unter ihnen empfinden sie als Überforderung. Einige von ihnen können sich nicht einmal des eigenen Arbeitsplatzes sicher sein, und gleichzeitig wird von ihnen gefordert, daß sie Mitarbeitern deren Freisetzung oder zumindest den Fortfall einstmals sanktionierter Ansprüche »verkaufen« sollen. Nicht die Geschäftsleitung, nicht die Personalabteilung, sondern sie sind die Ansprechpartner für alle Fragen, die Anlaufstelle für alle Ängste und Klagen. Sozial kompetent zu sein heißt nun, keine Belohnungen mehr verteilen zu können, sondern Härten plausibel machen zu müssen. Soziale Kompetenz bedeutet nun, bei der Verkündigung unangenehmer Wahrheiten wahrhaftiger sein zu müssen denn je.

Gerade in einer Zeit des Verfalls von Strukturen – und dieser ist schließlich nicht nur in den Unternehmen der Fall, son-

dern kennzeichnet das gesamte gesellschaftspolitische Umfeld – haben sie nun die Aufgabe, Vorbilder zu sein an Authentizität und auch an Veränderungsbereitschaft. Die Menschen im Unternehmen brauchen glaubwürdige Führungskräfte, um nicht das Gefühl zu bekommen, ins Bodenlose zu fallen. Je mehr Engagement und Innovationstalent den Mitarbeitern abverlangt wird, um den Erhalt der Unternehmen zu sichern, desto notwendiger sind Vorbilder – also Manager und Unternehmer, denen man den Wandel persönlich zutraut und zu denen man Zutrauen hat in der Zeit des Wandels.
Sicherheit und Sinn: das findet heute niemand mehr in Strukturen, sondern in einem Gegenüber, auch in einer Führungskraft, die als Persönlichkeit wirkt, weit über ihre Funktion hinaus. Führungspersönlichkeiten zeichnen sich dadurch aus, daß sie die Menschen, die ihnen anvertraut sind, in all ihren Stärken und Schwächen, in ihren Hoffnungen und Befürchtungen wahrnehmen und ernst nehmen. Von Führungspersönlichkeiten wird erwartet, daß sie sich verbindlich machen für ihre Aufgaben, daß sie Verantwortung zeigen in Worten und Taten, daß sie zum Bezugspunkt werden für die Umbewertungen des Alten.
Führungskräfte, die soziale Kompetenz auf diese Weise verwirklichen, sind durchaus in der Lage, auch mit Härten und unangenehmen Wahrheiten zu konfrontieren. Wie in jeder lebendigen Beziehung geht es auch in der zwischen ihnen und ihren Mitarbeitern nicht ohne Schmerzen ab, die miteinander erfahren werden. Diese Schmerzen sind dann nicht nur erträglich, sondern sie können sogar Wegbereiter für das Neue sein, wenn die Beziehung auf einer Basis des Vertrauens beruht.
Führungskräfte, die soziale Kompetenz erleben lassen, weil sie sie vorleben, ersetzen in einer Phase der Neuorientierung Strukturen durch ihre Persönlichkeit, die richtungweisend sein kann. Geprägt ist sie von einer inneren Haltung, die mit

den allerorts herrschenden Unsicherheiten und Umbrüchen keineswegs leicht fertig wird und erst recht nicht leichtfertig damit umgeht, aber offen ist für den Prozeß der Veränderung.

Emotionale Intelligenz

Um mit Veränderungen umgehen zu können, braucht es nicht nur einen klugen Kopf. Veränderungen setzen voraus, daß auch die Seele sich wandelt. Dieses Bewußtsein ist noch nicht in alle Köpfe eingedrungen. Mit Veränderungen umgehen zu können verlangt natürlich nicht, den Kopf zu verlieren – im Gegenteil. Doch wer Veränderungen managen will, wer Vorbild sein will in einer Zeit des Wandels, muß sich auch mit einem Bereich in der eigenen Persönlichkeit auseinandersetzen, der auf Veränderungen besonders sensibel reagiert: die eigene Emotionalität. Diesen Bereich lohnt es wahrzunehmen, um die anstehenden Herausforderungen zu bewältigen.
Eine typische Emotion der Veränderung ist die Angst, und diese Angst sitzt dem Verstand im Nacken. Der Verstand – bislang der Generator des Managements – signalisiert, daß man schon wieder alles in den Griff bekommen werde und es als Manager schließlich auch müsse, und daß man schließlich eine Menge Erfahrungen mitbringe, mithilfe derer es um so leichter fallen werde, die Situation wieder unter Kontrolle zu bringen. Die Angst läßt sich vielleicht für eine Weile erfolgreich verdrängen, aber völlig unter Kontrolle bringen läßt sie sich nicht. Diese Emotion signalisiert nämlich etwas ganz anderes als der Verstand. Offenbar ist in ihr ein tiefes Wissen darüber gespeichert, daß es nichts gibt, was Ewigkeitscharakter hätte. Hinter der Angst vor der Veränderung steht letztendlich die Angst vor dem Tod und der Tatsache, daß nichts daran zu ändern ist, daß wir sterben.

Nun ist die Zeit des Wandels nicht nur vom Absterben alter Muster, Werte, Vorstellungen und Strategien geprägt, sondern auch vom Beginn des Neuen. Das Neue ist jedoch noch nicht in seinen Strukturen und Möglichkeiten absehbar. Damit bietet es noch keinerlei Sicherheit, und so überwiegt die Angst, etwas Vertrautes zu verlieren, die Freude auf das Neue, das die alten Erwartungen ja durchaus übertreffen könnte.

Emotionale Intelligenz bedeutet zunächst, die eigene Angst anzunehmen – auch wenn das für Manager unpassend zu sein scheint. Nur wer die Angst in sich kennt, hat das Vermögen, die Ängste anderer zu verstehen und damit umzugehen, anstatt sich und seiner Umgebung weismachen zu wollen, es gäbe keinen Grund dafür. Der Grund für die Angst ist das Gefühl, den Boden unter den Füßen zu verlieren, dem klugen Kopf und all den Erfahrungen allein nicht mehr trauen zu können. Emotionale Intelligenz führt in die Angst hinein und durch sie hindurch in eine andere Dimension der Erfahrung: Sie konfrontiert mit der Intuition, mit der Ahnung von dem, was nun richtig und angesagt ist – auch wenn der Verstand, der an die alten Erfahrungen gekoppelt ist, das Gegenteil einreden möchte. Je vorbehaltloser man sich der Intuition, jener inneren Stimme hinter Verstand und Ego, öffnet, und je mehr man ihr Folge leistet, desto häufiger und nachhaltiger kommt es zu Augenblicken klarer Einsicht in das Erforderliche und Notwendige.

Emotionale Intelligenz ist gewiß keine Aufforderung dazu, sich von seinen eigenen Gefühlen – zum Beispiel der Angst – begraben zu lassen und den Verstand zu verlieren. Schließlich beruht Intuition nicht auf einer blinden Emotion, sondern auf einem tieferen Wissen. Dieses Wissen führt in Freiräume, weil es unabhängig ist von den Erfahrungen, die man im Verlauf seiner Biographie gemacht hat, und den emotionalen Spannungen, die man dabei aufgebaut hat. In den Freiräumen regiert nicht mehr das Kommando des Ego, sondern dort ist der Ort für die Dialoge mit dem Selbst.

Wie soziale Kompetenz hat auch emotionale Intelligenz viel mit Beziehungen zu tun. Im Falle der emotionalen Intelligenz steht aber nicht die Beziehung zu dem Nächsten im Vordergrund, sondern die Beziehung zu der eigenen Persönlichkeit. Als soziale Wesen sind wir angewiesen auf ein Gegenüber, in dem wir uns spiegeln und an dessen Anders-Sein wir lernen können. Als Menschen, die sich entwickeln wollen, sind wir wieder auf uns selbst verwiesen, auf eine Suche, die nach innen geht, die Emotionalität wie den Verstand integriert und die Persönlichkeit durch die Entdeckung der Intuition bereichert.

Emotionale Kompetenz

Führungskräfte, die sich auf soziale Kompetenz verstehen und die – mit sich – die Erfahrung der emotionalen Intelligenz gemacht haben, sind nun bereit für den dritten Schritt: hin zur emotionalen Kompetenz. Wenn sie ihre Mitarbeiter ernst nehmen als Menschen, die im Prinzip über die gleichen Entwicklungsmöglichkeiten verfügen wie sie selber, dann muß es ihr Anliegen sein, deren Entwicklung zu fördern und sie in dieser Entwicklung als Selbsterfahrene zu begleiten.
Auch dieser Schritt ist eine enorme Herausforderung, denn damit ist ein Umbruch des alten Verständnisses von Führung angesagt. Führung – das bedeutete früher, die Verantwortung für Entscheidungen alleine zu tragen, aber daraus auch Ziele und Lösungen zu definieren, denen die Mitarbeiter durch Umsetzung Rechnung zu tragen hatten. Den Menschen in den Unternehmen Intuition zuzugestehen und sie sogar auf dem Weg zur Intuition zu fördern heißt, eine Freiheit in Kauf zu nehmen, die manchem Manager unheimlich sein wird.
Intuition ist nicht auf das Befolgen von Anweisungen aus, sondern auf Wahrheit. Dabei handelt es sich zu allem Über-

fluß auch noch um eine Wahrheit, für die es zunächst nicht einmal Beweise gibt. Die Basis für das Wahrnehmen von Intuition und der Richtungen, auf die sie verweist, setzt eine Unmenge Vertrauen voraus. Wer es als Führungskraft nicht in der eigenen Persönlichkeit erfahren hat, wird nicht das Selbstvertrauen besitzen können, es auch seinen Mitarbeitern zuzutrauen. Bislang wurde von ihnen höchstens verlangt – und auch dabei blieb es oft bloß bei einem verbalen Anspruch –, unternehmerisches Denken und Handeln unter Beweis zu stellen. Mitarbeiter sollten mitdenken, sich mitverantwortlich fühlen, nicht auf die Anweisung von oben warten und sie blind befolgen, sondern sich mit der eigenen Kreativität einmischen. Diese Kreativität wurde freilich als etwas Abschätzbares verstanden, etwas, was einen gewissen Rahmen des Vorstellbaren nicht sprengen sollte, um nicht einer völligen Verunsicherung Tür und Tor zu öffnen.
Mitarbeiter aber dazu anzuregen, sich in Freiräume des bislang noch nicht Vorstellbaren, des ganz und gar Neuen zu begeben und so an Grundprinzipien zu rütteln, dazu gehört Mut. Denn in diesen Freiräumen könnten ja Vorstellungen entstehen, die denen der Führungskräfte völlig zuwider laufen oder die deren Vorstellungskraft total überfordern. Ernst zu nehmen, was die Kompetenz einer Führungskraft in Frage stellt, bedeutet für Manager, an ihre eigenen Grenzen zu kommen. An dieser Grenze wird aber auch klar, daß emotionale Kompetenz gerade darauf zielt. Es geht nicht mehr darum, als Führungskraft mehr zu wissen, anderen unbedingt etwas voraus zu haben – es sei denn die besondere Begabung, Zündfunke für die Intuition der Umgebung zu sein und das Feuerwerk der Ideen zu fördern, um es dann wieder in die Kanäle des Machbaren zu leiten.
Auch hier geht es zunächst wieder um das Thema Beziehung. Alle Menschen im Unternehmen – Manager wie Mitarbeiter – haben es im besten Fall gelernt, aus der Beziehung zur eigenen Persönlichkeit heraus mit ihrer Intuition umzugehen und

daraus immer wieder neue Freiräume des Denkens und Handelns zu gewinnen. In einem Unternehmen steht niemand für sich alleine, sondern alle arbeiten in einem sozialen Kontext, der sich aus der Verantwortung füreinander definiert. Es gälte nun, die Intuitionen miteinander in Verbindung zu bringen und für diese Verbindung wieder neue Freiräume einzurichten. Alles, was hier notwendig wäre, wäre die totale Offenheit für das, was sich daraus entwickelt.
Auch hier gibt es einen dritten Schritt, und dieser verhindert das Chaos, indem er im Chaos der verschiedenen Intuitionen zu neuen Strukturen führt. Bezugspunkt wäre hier eine den Menschen im Unternehmen übergeordnete Instanz – nämlich das Unternehmen selber. Begleiter durch das Chaos, Wegweiser aus dem Chaos und Entdecker der neuen Strukturen wären seine Manager – kraft ihrer Führung einer Gemeinschaft, die ihre Freiheiten vorbehaltlos nutzt, um sie dann wieder in die gemeinsame Sache, für sie und zum Nutzen aller zu integrieren.

5 Einsichten in Unterschiede – neun Dialog-Typen im Vergleich

Persönlichkeiten erweisen sich als sehr unterschiedlich. Um sie für sich selbst und untereinander besser verständlich zu machen, bietet es sich an, sie bis zu einem gewissen Grad auf Ähnlichkeiten zu reduzieren – also eine *Typologie* heranzuziehen. Diese Typologie sollte das breite Spektrum der realen Persönlichkeiten allerdings nicht mehr als unbedingt erforderlich einengen. Gleichzeitig sollte sie Menschen, die mehr über ihre eigene Persönlichkeit und die ihrer Mitmenschen erfahren wollen, nicht zu einem Schubladendenken zwingen. So kann ein bestimmter *Grundtyp* also ein auf bestimmte Eigenschaften reduziertes Raster darstellen. Damit ist es zwar durchaus möglich, wichtige Aufschlüsse über Stärken und Schwächen einer Persönlichkeit auf einem bestimmten Entwicklungsstand zu gewinnen. Der Wahrheit näher kommt man allerdings, wenn man damit beginnt, in sich und anderen Menschen *Kombinationen* von Persönlichkeits-Typen zu entdecken.

Darüberhinaus ist es jedem möglich, über gewisse Typ-Kombinationen, die seine Persönlichkeit *zu einem bestimmten Zeitpunkt* ausmachen, hinauszuwachsen, sich immer wieder zu verändern und weiterzuentwickeln. Das ist ganz natürlich. Damit erweist sich eine Persönlichkeits-Typologie als ein Werkzeug, um über sich und die Welt mehr zu erfahren und

nicht zuletzt über die Vielfalt der Welt in der eigenen Persönlichkeit.
Jede erneute Beschäftigung mit der Typologie ist wie der Gang in eine Werkstatt, in der es jederzeit möglich ist, Mängel zu diagnostizieren und zu reparieren. Was der eigenen Persönlichkeit also noch fehlt, um wirklich »rund« zu werden, kann hier erkannt und ausgeglichen werden. Das mag manchmal als etwas mühevoll erscheinen, besonders dann, wenn man sich mit Eigenschaften auseinandersetzen muß, die einem fremd oder gar unsympathisch sind.
Alles das, was einem zunächst als fremd erscheint, behutsam in die eigene Persönlichkeit zu integrieren, entpuppt sich aber immer mehr als ausgesprochene Bereicherung der eigenen Existenz. Wer die Werkstatt des öfteren aufsucht, hat den Eindruck, immer weniger »mechanisch« zu funktionieren und sich immer mehr als ein (selbst-)bewußtes, aufgeschlossenes und verständnisvolles Individuum zu erfahren.

Die Persönlichkeitstypologie des Enneagramms

Ein besonders breitgefächertes Modell einer Persönlichkeitstypologie stellt das sogenannte »Enneagramm« dar. »Ennea« ist das griechische Wort für die Zahl Neun, und so ist das Enneagramm die graphische Darstellung einer Neunheit. Wie Sie aus der Abbildung ersehen können, besteht es aus einem Kreis, dessen Umfang durch neun Punkte gegliedert ist, die im Uhrzeigersinn von eins bis neun durchnumeriert sind. Die Punkte drei, sechs und neun sind durch ein gleichseitiges Dreieck miteinander verbunden, während ein Sechseck die übrigen Punkte markiert.
Über die Herkunft dieses Systems, dessen Punkte bzw. Zahlen für neun verschiedene Persönlichkeitstypen stehen, das

Abb. 1: Das Enneagramm

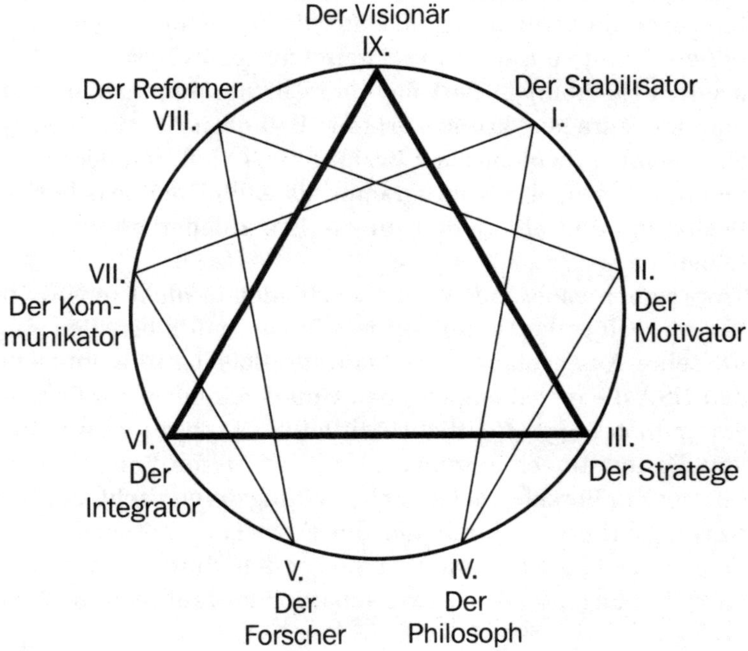

aber auch als Strukturmodell für einen Entwicklungsprozeß verstanden werden kann, gibt es keine eindeutigen Aussagen, auch wenn ihm von vielen Autoren eine sehr lange Tradition nachgesagt wird.

Nachweislich ist das Enneagramm im 20. Jahrhundert aufgetaucht. 1916 stellte es der kaukasische Philosoph und Mystiker Georg Iwanowitsch Gurdjieff erstmals in seiner Petersburger Studiengruppe öffentlich vor. In den frühen 60er Jahren begann Oscar Ichazo an seinem »Institute for Applied Psychology« in La Paz, Bolivien, und etwas später auch in Arcia, Chile, mit dem Enneagramm zu arbeiten. 1971 gründete er in New York ein Tochterinstitut.

In den 70er Jahren lernte der humanistische Psychologe Claudio Naranjo vom Esalen-Institut in Big Sur, Kalifornien, das Enneagramm kennen und machte die Teilnehmer seiner Seminare damit vertraut. Kurz darauf wurde das System in den Jesuiten-Hochburgen Berkeley und Chicago aufgegriffen und mehrere Jahre lang kritisch erprobt. Erst nach Abschluß einer eingehenden theologischen Prüfung entschloß sich der Jesuitenorden dazu, das Enneagramm als Mittel der geistlichen Begleitung und als Modell für die Exerzitienarbeit zu empfehlen.
Trotz seiner wachsenden Popularität auch in nicht-religiösen Kreisen gab es lange Zeit keine wissenschaftlichen Beweise für seine Aussagekraft. Erst Ende der 80er Jahre wurden in den USA die ersten empirischen Untersuchungen zur Enneagrammtheorie veröffentlicht. Mittlerweile gibt es eine Reihe von Dissertationen darüber. Das »Center for Enneagramm Studies« in Berkeley hat es sich zur Aufgabe gemacht, die Bewertungskriterien, durch die die Enneagramm-Typen möglichst zuverlässig bestimmt werden sollen, durch verschiedene Forschungsprojekte wissenschaftich zu fundieren und zu verfeinern.
Das Enneagramm hat mittlerweile in aller Welt die verschiedensten Kreise und Gruppierungen erfaßt und überzeugt – neben Theologen und Psychologen auch Organisationsexperten, Personalentwickler und Manager.
Im Rahmen meiner Kommunikations- und Konfliktseminare habe ich mit dem System sehr gute Erfahrungen gemacht. Aus dieser Praxis heraus haben sich auch die neun *Dialog-Typen* entwickelt, die in der Enneagramm-Literatur so nicht ausdrücklich zu finden sind.
Jeder Grundtypus des Enneagramms steht in Verbindung mit einer bestimmten Zahl, die absolute Neutralität und Gleichgewichtigkeit signalisiert. Kein Typus ist besser oder schlechter als ein anderer: Jeder verfügt über bestimmte Stärken, die mit entsprechenden Schwachpunkten korrespondieren. Ein

großes Mißverständnis wäre es, aus der numerischen Reihenfolge der Zahlen abzuleiten, eine höhere Zahl und der dazugehörige Typus sei mehr wert als eine niedrigere.
Die Beschreibungen eines jeden Typus gelten für beide Geschlechter, von seiner Substanz her ist kein Typus eher männlich oder eher weiblich bestimmt. Wenn ein bestimmter Typus aber ohne großes Nachdenken eher mit Männern oder in anderen Fällen mit Frauen in Verbindung gebracht wird, dann gibt diese spontane Bewertung interessante Aufschlüsse darüber, welche Rollen den beiden Geschlechtern in unserer Gesellschaft zugeschrieben werden.
Da es in diesem Buch um Management-Fragen geht, verstand es sich für mich von selbst, die Dialog-Typen mit Führungskräften in Verbindung zu bringen. Auf den ersten Blick scheint nicht jeder Persönlichkeits-Typus für Führungsaufgaben prädestiniert, aber auch diese Auffassung »klebt« an bestimmten Vorurteilen, die über Manager in unserer Gesellschaft immer noch verankert sind. Sich der Beschreibung der einzelnen Typen möglichst vorbehaltlos zu nähern, könnte die Möglichkeit eröffnen, allzu fest umrissene Vorstellungen zu revidieren.
Den einzelnen Grundtypen bestimmte Bezeichnungen zuzuordnen, liegt eine sehr subjektive Entscheidung zugrunde, die jeder Enneagramm-Autor auf seine persönliche Weise trifft. Über die Auswahl, die ich in diesem Buch anbiete, läßt sich sicherlich diskutieren. Mein Ziel war es, mit der jeweiligen Bezeichnung eine wesentliche Stärke bzw. eine Aufgabe hervorzuheben, die dieser Typus als Manager in ein Unternehmen einbringt. Daß es Situationen und Phasen im Unternehmen geben kann, in der gerade diese Stärke sich als besonders vorteilhaft erweist, schließt nicht aus, daß in anderen Situationen genau das Gegenteil der Fall ist. Dieses Phänomen wird im Schlußkapitel gesondert hinterfragt.
Die folgende Beschreibung nimmt keinesfalls in Anspruch, das Enneagramm in seiner ganzen Komplexität erfaßt zu

haben und darstellen zu wollen. Je intensiver man sich mit diesem Modell beschäftigt, desto deutlicher wird seine Vielschichtigkeit und desto wichtiger erscheint es, von Pauschalierungen und Spekulationen abzusehen.

Die Beschreibung der neun Persönlichkeitstypen berücksichtigt deshalb vor allem einen bestimmten Aspekt: sein jeweiliges Entwicklungspotential und die Möglichkeiten seiner Verwirklichung.

Die Eigenschaften, die einen Grundtypus jeweils auf seine Weise charakterisieren, laufen auf drei unterschiedliche Resultate hinaus. Seine besondere Stärke liegt entweder im *Handeln* oder im *Verstehen* oder aber im *Fühlen*. Jeweils drei Grundtypen des Enneagramms zeichnen sich jeweils als Meister des Handelns, des Denkens oder des Gefühls aus. Im Dreieck des Modells, das durch die Punkte drei, sechs und neun markiert wird, findet sich die erste Kombination dieser drei Schwerpunkte.

Wie im folgenden noch ausführlich dargestellt wird, besitzt der »Vertreter« von Enneagramm-Punkt III, den ich als *Strategen* bezeichnet habe, eine besondere Handlungsstärke. Der »Repräsentant« von Punkt VI, der *Integrator*, erweist sich dagegen als Verstandesmensch. Der *Visionär*, den wir an Punkt IX finden, ist eindeutig ein sehr gefühlsbetonter Charakter. Jeder dieser drei Grundtypen ist von der Einseitigkeit, die ihm gerade durch seine besondere Stärke erwächst, betroffen und in seiner persönlichen Entwicklung eingeschränkt.

Was ihm fehlt, um zu einer ganzheitlichen Persönlichkeit zu werden, kann er von seiner Grundstruktur her am schwersten an sich selbst erkennen. Er hat aber hervorragende Chancen, es über die Persönlichkeitsstruktur der beiden Grundtypen zu erfahren, mit denen er durch das Dreieck symbolisch verbunden ist. Hat er diese Erfahrung erst einmal gemacht, kann es ihm gelingen, die eigenen Defizite bzw. die Stärken der beiden anderen Grundtypen in die eigene Persönlichkeit zu integrieren.

Abb. 2: Das Enneagramm: Die drei Dreiecke

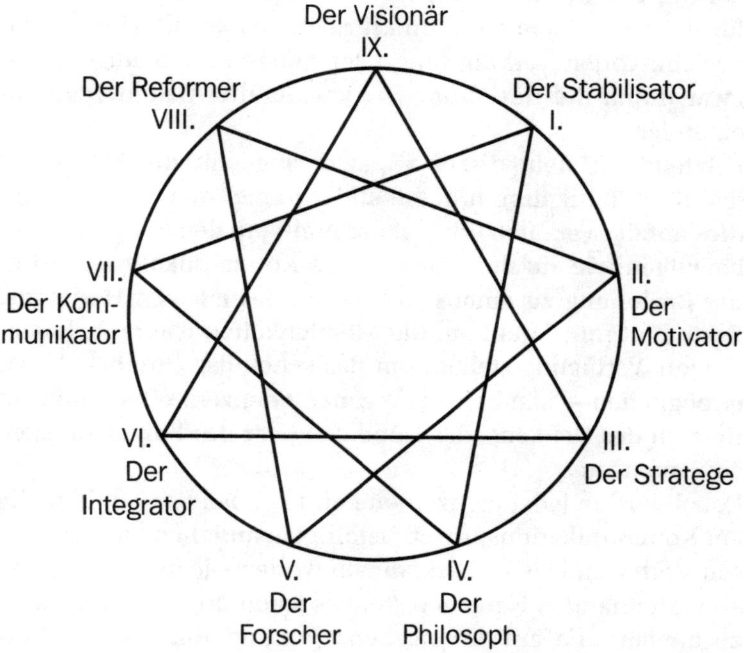

Genau diese Möglichkeit bietet das Enneagramm auch den sechs übrigen Grundtypen, I, II, IV, V, VII und VIII. Das »ursprüngliche« Dreieck, das durch die Punkte drei, sechs und neun markiert wird, läßt sich in zwei weiteren, gleichseitigen Dreiecken fortschreiben. Die erste »Wiederholung« wird durch eine Verbindung der Punkte eins, vier und sieben sichtbar, die zweite durch die Verknüpfung der Punkte zwei, fünf und acht. Auch im zweiten und dritten Dreieck geht es um die Verbindung von Handeln, Verstehen und Fühlen.

Der »Spaziergang« durch das Enneagramm erfolgt also nicht der Reihe nach von Persönlichkeits-Typ zu Persönlichkeits-

Typ, sondern in Dreier-Schritten. Dabei geht es immer wieder darum, aus der zunächst vorhandenen Verständnislosigkeit für das, was einem fehlt, und für den, der es mitbringt, zu einer sinnvollen Verknüpfung aller Stärken zu gelangen, und zwar durch die Beziehung der jeweils drei Grundtypen zueinander.

Letztendlich steht dieser »Spaziergang« für die Erfahrung, daß Kommunikation untereinander immer möglich ist – und dies auf der verbalen wie auf der non-verbalen Ebene, auf der bewußten wie auf der unbewußten. Kommunikation führt in der Beziehung zu einer Erweiterung des eigenen Horizonts. Es kommt nur darauf an, die Möglichkeiten wahrzunehmen, die zur Verfügung stehen, um das scheinbar Unmögliche zu ermöglichen – nämlich die eigenen Grenzen, ob sie nun im Bereich des Denkens, des Handelns oder des Fühlens liegen, zu »sprengen«.

Dabei wird in jedem einzelnen Fall klar, daß letztendlich alle am Kommunikationsprozeß Beteiligten aufeinander angewiesen sind, wenn sie weiterkommen wollen – jeder für sich und alle miteinander. Natürlich steht es jedem frei, völlig bei sich zu bleiben und auf der eigenen Meinung, den eigenen Vorstellungen und Werten zu beharren, für die es immer Gründe gibt, die auf der individuellen Erfahrung basieren. Wichtig ist die Einsicht, daß das Für-sich-Bleiben zu einer Vereinsamung und Verengung führt, die der einzelnen Persönlichkeit ebensowenig gut bekommt wie der Gemeinschaft. *Nicht* für sich zu bleiben, heißt deshalb die Devise, damit immer mehr zu sich selbst zu kommen durch andere Menschen, um dadurch auch immer mehr für sie da sein zu können.

Dialog-Typ 1: Der Stratege

Porträt

Dem Strategen liegt das Managen gewissermaßen im Blut. Es macht ihm Freude, etwas in Bewegung zu setzen, ein Projekt voranzubringen – und das auf möglichst effektive Weise. Ob es ein Ziel zu definieren gilt oder die Wege dorthin: Dieser Typus zögert nicht, die anliegende Aufgabe anzupacken und umzusetzen. Dabei vermittelt er allen, die an dieser Aufgabe beteiligt sind und an die er Teilaufgaben delegiert, das Gefühl, die Sache werde sich zu einem Erfolg entwickeln. Seine Ausstrahlung ist von Entschiedenheit, Dynamik und Selbstbewußtsein geprägt. Man traut ihm zu, daß er imstande ist, ein Problem zu lösen. Deshalb macht er auf viele Menschen in seiner Umgebung einen beschwingenden, mitreißenden Eindruck.

Der unentwegte Optimismus, der von ihm ausgeht, läßt kaum jemanden daran zweifeln, daß die zu bewältigenden Schwierigkeiten nicht irgendwie in den Griff zu bekommen sein könnten. Wenn aber doch Zweifel an der Machbarkeit einer Sache an ihn herangetragen werden, »wischt« er sie nicht vom Tisch. Schließlich besitzt auch er das Talent, brillant zu argumentieren und andere zu überzeugen.

Allerdings gibt es eine Grenze, an der seine Geduld mit Personen, die er – ohne dies ihnen gegenüber zu äußern – für lästige Bedenkenträger hält, ein Ende hat. Diese Grenze ist relativ schnell erreicht, und dann macht er auch unmißverständlich deutlich, daß jemand, der nicht *mit* ihm kämpft, gegen die Sache und damit auch gegen ihn selbst ist. Das veranlaßt viele, ihre Zweifel zu unterdrücken, auch wenn sie dabei kein besonders gutes Gefühl haben. Hinter seinem gewinnenden Charme, hinter seinem Verständnis und seinem

so offen bekundeten Interesse an der Meinung des Gegenübers spüren sie eine klare Härte, einen klaren Machtwillen und große Unbeugsamkeit.
Strategen sind Menschen, für die es selbstverständlich ist, Leistung zu bringen, und diesen Leistungswillen setzen sie auch bei ihrer Umgebung voraus. Diese Leistung im Verborgenen zu erbringen und nie dafür gefeiert werden zu wollen, käme ihnen allerdings nicht in den Sinn. Sie sind nicht nur harte Arbeiter, sondern sie lieben es auch zu glänzen. Eine bestimmte Position soll ihnen nicht nur zu einem möglichst hohen Einkommen, sondern auch zu dem entsprechenden Ansehen verhelfen.
Den mit einer höheren Management-Position verbundenen Status wissen sie nicht nur zu schätzen, sondern sie legen auch entschiedenen Wert darauf. Ein Essen in einem Gourmet-Restaurant, ein Oberkellner, der weiß, mit wem er es zu tun hat, und der sich entsprechend verhält, der Urlaub an einem Ort, an den man unter ihresgleichen fährt, ein häusliches Ambiente, das auf geschmackvolle Weise signalisiert, daß hier nicht »irgendwer« residiert, ein Wagen, der eine bestimmte Klasse nicht unterschreiten sollte – das alles verschafft ihnen einen prickelnden Genuß.
Zurückgezogenheit ertragen sie nur zeitweise, und wenn überhaupt, dann im Rahmen eines exklusiven Hobbys, dem *man* in ihren Kreisen gerade nachgeht. Viele von ihnen sind Golfspieler, wobei ihnen wichtig ist, ihr Handicap ständig zu verbessern. Allerdings sind sie klug genug, auch einmal freiwillig zu verlieren, wenn es sich bei dem Mitspieler um einen (potentiellen) Geschäftspartner handelt. Ansonsten gibt es nichts, was dieser Typus so sehr haßt wie eine Niederlage, und deshalb wird er versuchen, eine solche um jeden Preis zu vermeiden.
Scheitern kommt für ihn überhaupt nicht in Frage. Schließlich hat er für seinen Aufstieg gearbeitet. Er hat seine Ausbildung mit blendenden Noten absolviert, er ist ins Ausland ge-

gangen, er hat vielleicht noch eine Business School besucht, er hat als Vorstandsassistent die »Zähne zusammengebissen« und Nächte durchgearbeitet. Er hat sich übrigens auch keineswegs vorgemacht, daß er freiwillig überall willkommen geheißen werde, und immer ein Auge darauf gehabt, mit wem es sich – zumindest zeitweise – zu verbünden lohne und bei wem äußerste Vorsicht geboten sei. Auf Intrigen hat er blitzschnell reagiert und seiner Umgebung unmißverständlich deutlich gemacht, daß mit ihm im Zweifelsfall »nicht gut Kirschen essen« sei.

Wer das wahre Wesen eines Strategen kennenlernen will, sollte diesen Menschen in einer Wettbewerbs-Situation überraschen – und sei es nur bei einem Tennis-Match. Wenn ihm der Kraftaufwand, um jeden Preis zu siegen, das ewig strahlende Siegerlächeln raubt, wird dahinter ein enorm hohes Maß an Anstrengung deutlich. Auch wenn es – fast – über ihre Kraft gehen sollte: Strategen müssen im Wettbewerb gewinnen – ob im Beruf oder im Privatbereich. Es ist der Sieg, der ihren Adrenalin-Spiegel hebt und sie mit dem Gefühl erfüllt, ganz sie selbst in dieser Welt zu sein.

Zum Bekanntenkreis dieses Typus zählen natürlich Geschäftsfreunde – unabhängig davon, ob es sich nun auch um »Freunde in der Not« handeln könnte. Denn eine Not wird soweit wie möglich ausgeschlossen. *Man* kennt sich, man weiß, was der andere tut, man pflegt miteinander anspruchsvolle Formen der Geselligkeit. Man schätzt den anderen, weil auch er auf irgendeine Weise erfolgreich ist und damit zum eigenen Image beiträgt.

Der Stratege ist aber auch ein großer Freund der Ästhetik, und das kommt nicht nur in seiner Kleidung und seinem Bewußtsein für einen ansehnlichen Körper und eine attraktive Ausstrahlung zum Ausdruck. So finden sich unter den Strategen viele Kunstliebhaber – ob es sich nun um bildende Kunst, um Theater, Musik oder um Literatur handelt. Sie umgeben sich gerne mit Kunst und auch mit Künstlern, die sie in ihrer Andersartigkeit als durchaus anregend empfinden.

In ihren – ansehnlichen – Bibliotheken finden sich Kunstführer, Reiseliteratur, eine exquisite Auswahl bestimmter Literaturgattungen, Bände über historische Epochen und viele Biographien. Wann sie eigentlich in Anbetracht des dauernden Termindrucks, unter dem sie stehen, noch die Zeit zum Lesen und Musikhören finden, ist ihrer Umgebung quasi ein Rätsel. Aber man traut ihnen zu, daß sie weniger Schlaf benötigen als Durchschnittsmenschen.

Nicht selten spielt dieser Typus ein Musikinstrument, aber er wird dies nur dann öffentlich zugeben und es spielen, wenn er es überdurchschnittlich beherrscht – anderenfalls holt er sich lieber einen hervorragenden Instrumentalisten ins Haus, mit dessen Darbietung er dann seine Gäste überrascht. Wenn er aber ein Instrument wirklich selbst gut beherrscht, dann wird in seinem Spiel deutlich, was er im Alltag kaum oder doch eher als Ingredienz seiner so anerkennenswerten Fassade zum Ausdruck bringt: nämlich seine Gefühle.

Natürlich empfindet er, aber er hat eine tiefe Sorge, daß unangenehme Empfindungen oder gar Ängste seine gewohnte Effizienz beeinträchtigen könnten. Er möchte nicht im Grundsatz in Frage gestellt werden, sondern an seinen Leistungen, an seinem Erfolg gemessen werden. Er möchte nicht darüber nachdenken, ob ihm – auf einer tieferen Schicht seiner Persönlichkeit – vielleicht etwas fehle. Er möchte in seinem Leben Klarheit, Eindeutigkeit und immer die passende Strategie haben, um dorthin zu finden. Er *muß* der Gewinner bleiben, auch wenn ihm manchmal eigentlich ganz anders zumute ist. Er weiß, daß er gut ist, und man hat es ihm viele Male bestätigt. Er hat alle »power«, die man im Management braucht. Er richtet sich nicht nur nach Konventionen, sondern er ist auch ein Garant dafür, und es fehlt ihm nicht an Kreativität, die Welt »nach seinem Gusto« zu gestalten.

Rollenbild

Vor wenigen Jahrzehnten wäre dieser Typus – eindeutig ein *Macher* – noch von vielen Menschen ausschließlich mit einem männlichen Wesen in Verbindung gebracht worden. Heute entspricht er in seinen Denk- und Verhaltensmustern durchaus auch Frauen – und zwar solchen, die Karriere gemacht haben oder festen Willens sind, in Führungspositionen zu gelangen – sei es als Managerin oder als Unternehmerin.
Von ihrer Sozialisation her haben sie wahrscheinlich bereits im Kindesalter erfahren, daß Leistung und Professionalität unschlagbare Erfolgsfaktoren sind. Ebenso denkbar ist, daß sie in ihrem Wert »nur« als Mensch wenig Anerkennung fanden und deshalb beschlossen, dieses Defizit durch Leistungen zu kompensieren.
Daß auch Frauen immer mehr Interesse daran haben, berufliche Höchstleistungen zu erbringen, mag daran liegen, daß unsere Gesellschaft der Leistung, die sich als Erfolg im Beruf nachweisen läßt, einen sehr hohen Stellenwert einräumt. Die Gefahr dieser Konvention liegt darin, daß sich hinter den so erfolgreichen Leistungsträgern unter Umständen Menschen verstecken, mit deren Selbstwertgefühl – jenseits der Leistung und des Erfolges – es nicht sehr weit her ist. In dem Fall sind sie davon abhängig, Leistungen zu erbringen – und dies könnte der Erfüllung ihrer Aufgaben ebenso abträglich sein wie ihrer eigenen Persönlichkeit.

Stärken	Schwächen
Leistungswille	Erfolgsbesessenheit
Zielbewußtsein	Rücksichtslosigkeit
Überzeugungskraft	Berechnung
Optimismus	Realitätsscheu
Dynamik	Hyperaktivismus

Professionalität	Arroganz
Pragmatismus	Materialismus
Selbstsicherheit	Egoismus
Strategisches Geschick	Hang zum Taktieren
Anziehungskraft	Unnahbarkeit
Vielseitigkeit	Eitelkeit
Durchsetzungsvermögen	Menschenverachtung

Führungsstil

Wer es mit diesem Typus als Vorgesetztem zu tun hat, kann davon fasziniert sein. Hier handelt es sich um eine Persönlichkeit, die eine charismatische Ausstrahlung besitzt, die weiß, wo es lang geht, die Hoffnung vermittelt in einer Zeit, in der viel Resignation um sich zu greifen droht, die mitzureißen versteht für die gemeinsame Sache. Von diesem Typus dazu herausgefordert zu werden, das Äußerste an Leistung zu bringen, ehrt, von ihm gelobt zu werden, hebt das eigene Selbstwertgefühl ungemein. Es gibt Mitarbeiter, die von einer solchen Führungskraft schwärmen, die sich inspiriert fühlen von dem Charme, den sie vermittelt.
Mit ihr auf Dauer zusammenzuarbeiten setzt jedoch voraus, ein hohes Maß an Selbstvertrauen zu haben und nicht davon abhängig zu sein, ob man sich ihrer Anerkennung sicher sein kann oder nicht. Bei näherem hinblicken stellt sich immer wieder heraus, daß es einen Strategen letztendlich ziemlich kalt läßt, wie man sich fühlt. Was allein zählt, sind die Leistung, die man bringt, die Loyalität und nicht zuletzt der Erfolg, der dann zu seinem Erfolg beiträgt. Mitarbeiter, die Schwierigkeiten haben, mit dem wachsenden Arbeits- und Wettbewerbsdruck zurechtzukommen, die eine wachsende Müdigkeit spüren oder Angst davor haben, krank zu werden, bereiten dem Strategen Unbehagen. Im Hintergrund stehen dabei eigene, tiefe und niemals zugegebene Befürchtungen zu

versagen, den eigenen hohen Erwartungen durch irgendwelche offensichtlichen Schwächen nicht mehr gerecht werden zu können. Aber da das Thema »Schwäche« tabu ist, wird es auch als Diskussionsgegenstand ausgespart.
Mit Menschen, die den Strategen aus eigener Not heraus um etwas bitten, kann dieser Typus nicht gut umgehen. Er neigt zu der Ansicht, daß ein »Rad im Getriebe«, das nicht mehr richtig und erwartungsgemäß funktioniert, ausgewechselt werden müsse, schon, um den Gesamtbetrieb nicht zu gefährden. Seine Enttäuschung über einen Versager wird er aber nicht offen äußern, sondern im Gespräch freundlich bleiben und dann der Personalabteilung einen Wink geben, sich des unsicheren Kandidaten anzunehmen und ihn auszuwechseln. Bei einem Menschen, der sehr auf den Strategen gebaut hat und sich mit all seinen Möglichkeiten für ihn eingesetzt hat, kann dies das bittere Gefühl auslösen, quasi wie eine heiße Kartoffel fallengelassen zu werden.
Der Typus des Strategen weiß aber nicht nur die Schwächen, sondern auch die Qualitäten seiner Umgebung sehr gut einzuschätzen und zu nutzen – ob es sich um Teile der Belegschaft handelt oder um Dienstleister von außen, die er sich in die Firma holt. Über die neuesten und erfolgversprechendsten Managementstrategien und -techniken ist er bestens informiert, und er weiß sie da in Szene zu setzen, wo sie ihre Wirksamkeit entfalten können. Er ist ein fabelhafter Manager: erfolgreich, effizient, pragmatisch.
Rational erklären können die wenigsten Menschen, die mit diesem Typus zusammenarbeiten, warum sie manchmal ein gewisses Unbehagen beschleicht. Steht dieser Typus wirklich hinter der Sache – dem Unternehmen –, für die er so viel leistet? Ist es ihm nicht letztendlich völlig gleichgültig, wofür er arbeitet, wenn diese Arbeit doch nur dem eigenen Erfolg Vorschub leisten soll? Würde dieser Typus das Unternehmen nicht sehr schnell verlassen, wenn er merkte, daß dort keine Erfolge mehr zu erzielen seien? Ist dieser durch und durch

attraktive und begeisternde Typus wirklich glaubwürdig? Was an ihm ist Fassade, und was ist wirklich echt?
Pech haben Menschen, die mit dieser Führungskraft zusammenarbeiten, wenn sich ein Mißerfolg einstellt, der sich nicht mehr kaschieren läßt. Daß er dafür verantwortlich sei, vermag dieser Typus nur sehr schwer zuzugeben, und lieber sucht er in einem solchen Fall nach Schuldigen, um seine eigene Haut zu retten. Alles, was er bislang an hoher sozialer Kompetenz unter Beweis gestellt hat, kann sich in einer solchen Situation als brüchig erweisen. Herauskommen kann dann ein Macher, der nur noch die Flucht nach vorne sucht und dabei nicht einsehen will, daß er längst quasi »mit dem Rücken gegen die Wand steht«.
Auch wenn es nicht so schlimm kommen muß, so gibt es doch etwas, was dem Strategen oftmals fehlt: das Vertrauen in die eigene Intuition. Konfrontiert man ihn mit diesem Mangel – was man sich allerdings bloß in einer Situation erlauben dürfte, in der er wirklich keinen Ausweg mehr fände – dann hätte er es schwer zu verstehen, was mit Intuition eigentlich gemeint sei.
Für ihre Kompetenz als Führungskraft haben die Strategen hart gearbeitet, und sie haben ihren Erfolg schließlich ihrem klugen Kopf und ihrem hervorragend funktionierenden Intellekt zu verdanken. Sie haben das Wissen und die Erfahrungen der besten Fachleute genutzt, sie haben Prognosen entwickeln und in maßgeschneiderte Strategien einfließen lassen, sie haben gemacht, was zu machen war. Nun sehen sie sich an der Grenze des Machbaren. Dahin zu geraten, das können sie am wenigsten ertragen, aber diese Grenze stellt auch eine Herausforderung dar, die sie dann, wenn sie sie als Erweiterung ihrer eigenen Grenzen wahrnehmen können, in ihrer Persönlichkeitsentwicklung am ehesten weiterbringt – nämlich zu ihrer *emotionalen Intelligenz*.

Umgang mit Macht

Der Typus des Strategen ist klar machtorientiert. Macht ist für ihn keineswegs etwas Sittenwidriges, sondern etwas Erstrebenswertes, und zwar nicht allein für die Bestätigung seines Egos, sondern durchaus im Sinne einer Gemeinschaft – also zum Beispiel für ein Unternehmen. Wer ihn engagiert hat, kann sich dafür »glücklich schätzen« – so seine tiefe Überzeugung. Schließlich bringt er nicht nur eine Reihe der verschiedensten Stärken und Führungsqualitäten mit, die den Erfolg nahezu garantieren, sondern auch einen uneingeschränkten Siegerwillen und die Lust daran, sich im Wettbewerb durchzusetzen.

Es gibt Persönlichkeiten, die führen und Erfolge erzielen können, und es sind andere dazu eben überhaupt nicht in der Lage – so die Meinung dieses Typus. Selbstverständlich zählt er sich zu der ersten Gruppe. Er weiß, wie man zu Erfolgen kommt, wobei er »Erfolg« auch ganz klar für sich zu definieren versteht: Er möchte in der Lage sein, Einfluß auf Personen und Unternehmungen zu nehmen, er ist daran interessiert, etwas sichtbar auf ein Ziel hin zu bewegen. Aber er möchte seine Macht auch genießen und dafür gefeiert werden, daß er Macht besitzt, die er schon durch eine Unmenge an nachvollziehbarer Leistung unter Beweis gestellt hat.

Überhaupt keine Macht zu haben, keinen Einfluß mehr nehmen zu können, von niemandem beachtet zu werden oder auch nur im Verborgenen zu wirken, ist ihm schon in der Vorstellung ein Greuel. Genau hier liegt aber seine Gefährdung: Da er abhängig von der Macht ist, die er besitzt, könnte er im schlimmsten Fall dazu neigen, auch vor unlauteren Mitteln nicht zurückzuschrecken, um sie zu erhalten oder neue zu gewinnen. Da er sich ohne Macht als ein »Nichts« fühlt, könnte er zu ihrem Gefangenen werden – und letztlich zum Opfer seines eigenen Machttriebs.

Anerkannt zu werden auch mit den eigenen Schwächen, die

er glaubte, nie zugeben zu dürfen, anerkannt zu werden trotz des einen oder anderen Mißerfolgs, anerkannt zu werden auch in Momenten der Ratlosigkeit und der Suche – das hat er nicht gelernt, und deshalb verfolgt ihn ein so tiefes Mißtrauen vor dieser Möglichkeit. So fürchten die Strategen den Schmerz der Erkenntnis, daß sie hinter ihrer glänzenden Fassade verarmte Wesen sind, die von ihrem Leistungswillen zu immer neuen, erfolgversprechenden Aktivitäten angetrieben werden. Was könnten sie schon wert sein, so ihre Frage, wenn sie nichts Wertvolles mehr beizutragen in der Lage wären?

Ihren Schmerz als heftigen Ausdruck einer Emotion und damit Ausdruck von Echtheit anzunehmen, wäre der erste Schritt, der sie einer ganz anderen Form von Macht näherbringen könnte. Wenn sie in der Lage wären, sich auch in ihren Ängsten vor Mißerfolg, vor Blamage, vor dem Scheitern akzeptieren zu können, wäre das die Voraussetzung dafür, auch anderen in deren Schwächen ganz anders begegnen zu können. Wenn erkennbar und nachvollziehbar würde, daß hinter ihrem Charisma eben nicht Fassade, Glätte und Verwechselbarkeit stünden, dann brächte ihnen das eben die Glaubwürdigkeit, den Ausdruck von Integrität und Authentizität, der sich nicht in einer Rolle verwirklichen läßt.

Auf der Suche nach ihrer Identität sind sie in der Anpassung an die Rolle des Leistungsträgers steckengeblieben. Als Führungskräfte haben sie es bislang versäumt, sich selbst in eine Richtung zu führen, die über das, was ihnen »eingebleut« und aufoktroyiert wurde, hinausgeht. Wie es gelingen kann, anderen Menschen die Richtung zu weisen, haben sie in vielfacher Hinsicht erfahren, wie es aber gelingen kann, auf die Spur der ureigenen Richtung zu gelangen, ist ihnen fremd.

Der erfolgreiche Weg zu einer Richtung, mit der sie sich dann absolut echt fühlten – weit über ihre bisherigen Denkmuster hinaus – könnte sie zu echten Leadern werden lassen, die alle Voraussetzungen mitbringen, anderen diese Richtung, die weit mehr wäre als eine Strategie, zu vermitteln. Nicht was machbar ist, wäre dann das Ziel, sondern das, was sinnvoll und auf dieser Grundlage machbar ist. Nicht Macht wäre dann ausschlaggebend für alle Bemühungen, sondern die Freude daran, zu etwas beigetragen zu haben, was wirklich trägt – ein Unternehmen ebenso wie seine Mitarbeiter und nicht zuletzt sie selbst.

Mächtig zu sein, ohne darauf angewiesen und davon abhängig zu sein, etwas geschenkt zu bekommen, ohne etwas auf den ersten Blick Nachvollziehbares dafür geleistet zu haben: Dies wäre die Erfahrung und die Voraussetzung dafür, Führung in Verantwortung zu übernehmen – für die Sache und zugleich für die eigene Persönlichkeit.

Dialoge mit der Außenwelt

Die Strategen verfügen über eine sehr gute rhetorische Begabung. Da sie von sich selbst überzeugt sind, haben sie auch nicht die geringste Scheu, vor einem Publikum aufzutreten – ob dies nun im Rahmen einer Betriebsversammlung der Fall ist oder vor laufenden Fernsehkameras. Je größer das Publikum ist, und je öfter sie im Scheinwerferlicht stehen, desto wohler fühlen sie sich. Wenn sie sich auf einer Bühne befinden, wird schon durch die Platzverteilung deutlich, wo oben ist, wer etwas zu sagen hat und wer höchstens die eine oder andere Frage zu stellen hat.

Die Bühne verhilft ihnen nicht nur zu der Möglichkeit, allgemeine Beachtung zu finden, sondern auch zu dem Abstand, den sie im Dialog – trotz der Intensität ihrer Rede – gerne suchen. Eine zu große Nähe zu einem Gegenüber verschafft ihnen meistens eher ein gewisses Unbehagen. Denn Nähe würde erfordern, sich auf den Gesprächspartner weitaus mehr einzulassen, als dies von einer Plattform aus notwendig ist.

Auch in Konferenzen geben sie sich ungezwungen: Selbstverständlich haben auch andere Teilnehmer Gelegenheit, das Wort zu ergreifen und Stellung zu beziehen. Hinter der Ungezwungenheit dieses Typus, die er so gekonnt zur Schau stellt, wird bei näherem Hinhören allerdings der Verdacht laut, daß es sich bei dieser Veranstaltung um eine Inszenierung handele, bei der außer Frage steht, wer dabei die Hauptrolle spielt – und das letzte Wort hat.

Zu näherem Hinhören kommt es aber oft gar nicht, weil viele Zuhörer sich vom Redefluß der Strategen gerne einnehmen lassen. Sie nehmen bewundernd zur Kenntnis, wie glatt ihnen die Worte über die Lippen gehen, wie schlagend die Argumente sind, die sie vorbringen, wie perfekt Gestik und Mimik auf ihre Rhetorik abgestimmt sind.

Andererseits gibt es andere Menschen, die innerlich seufzend zur Kenntnis nehmen, daß der Redner eigentlich nicht so viel Neues vorzutragen hat, daß es vieler Worte bedürfe. Solche Menschen ahnen, daß es sich hier auch um gekonnte Selbstdarstellung handeln könnte, und sie fragen sich, ob es der Sache und dem Zeitbudget der Beteiligten nicht dienlicher wäre, schneller auf den Punkt zu kommen.

Entsprechende Bedenken und Wünsche laut anzumelden, werden sie sich vermutlich reiflich überlegen. Denn wenn der Typus des Strategen sich angegriffen fühlt, kann er rhetorisch glänzen und den Angreifer vernichtend schlagen. Hinter der Lockerheit werden dann Härte deutlich und ein unbedingter Wille, alles auszuräumen, was sich den eigenen strategischen Vorstellungen in den Weg stellen könnte. Dennoch legt dieser Typus Wert darauf, bei einem solchen »Kampf« nicht aus der Rolle zu fallen, »gekämpft wird mit dem Degen und nicht mit dem Säbel«. Ein Abfedern eines Gegners ist ihm lieber, als sich auf lange Wortgefechte einzulassen und dabei womöglich den kürzeren zu ziehen.

Natürlich sind Strategen nicht so dumm, Gegenargumente grundsätzlich nicht ernst zu nehmen. Schließlich könnte es

einen Einwand oder Vorschlag geben, der der Sache und ihrer Strategie äußerst förderlich ist. In einem solchen Fall bauen sie die Argumente ihrer oft verblüfften Gegner geschickt in die eigene Argumentation ein.
Ob es sich um Unterredungen in Gruppen oder um ein Einzelgespräch handelt: Strategen lassen sich nicht unvorbereitet darauf ein. Sie wissen, was sie wollen, und sie wollen überzeugen – selbst wenn sie das eine oder andere Mal eigentlich wissen, daß ihre Beweisführungen auf »schwachen Füßen« stehen.

Dialog mit dem Selbst

An Intuition zu gewinnen, ihr vertrauen zu lernen, ist für den Typus des Strategen nicht selbstverständlich. Es kann durchaus sein, daß er ein Buch darüber liest oder von einem Berater davon erfährt und auf diese Weise zur Überzeugung kommt, hier handele es sich um eine neue »Technik«, die zu erlernen ihm nützlich sein könnte. In diesem Fall wird er in Erfahrung bringen, welches Management-Training am schnellsten und effizientesten in der Lage ist, ihn auf diese offenbar erfolgversprechende Technik zu »programmieren«.
In Kontakt mit seiner inneren Stimme kommt er meist erst dann, wenn es ihm einmal nicht so gut geht und wenn er fürchten muß, daß die Kette seiner Erfolge abreißen könnte. Ein Unfall, der ihn dazu zwingt, aus seiner Geschäftigkeit herauszufallen, ist zum Beispiel eine Gelegenheit, die Frage der inneren Stimme zu vernehmen, ob das, was er da seit vielen Jahren unter ständigem Leistungsdruck mache, eigentlich wirklich das Wahre für ihn sei. Doch sich dieser Frage und sich selbst damit in Frage zu stellen, vermeiden Strategen, solange ihnen dies möglich ist. Lieber stürzen sie sich auf eine weitere (äußerliche) Rehabilitations-Maßnahme, anstatt zu

beginnen, sich mit der eigenen Persönlichkeit auseinanderzusetzen.
Die innere Stimme macht sich auch dann bemerkbar, wenn plötzlich ein Krankheitssymptom auftaucht und möglicherweise regelmäßig wiederkehrt. Allein die Angst vor Krankheit – zum Beispiel vor einem Herzinfarkt – reicht aus, die innere Stimme zum Leben zu erwecken und sehr wohl zu merken, daß sie zu Recht warnt. So kann sie möglicherweise davon abraten, eine hierarchisch noch höhere Position einzunehmen, die dem Strategen gerade angeboten wurde. Eigentlich wollte er jetzt doch öfter eine Pause einlegen, es kam ihm sogar schon der Gedanke, für eine Weile ganz auszusteigen. Eigentlich braucht er kein noch höheres Jahresgehalt. Eigentlich ist er sich voll bewußt, daß die noch höhere Position noch mehr Einsatz verlangt, daß wieder neue Intrigen drohen, die recht klar absehbar sind und daß es enorm viel Kraft kosten wird, damit umzugehen. Das alles signalisiert die innere Stimme.
Aber dagegen sprechen andere, sehr vertraute Stimmen. Als Führungskraft kann man nicht einfach aussteigen, selbst wenn es finanziell gesehen kein Problem wäre. Wo fände man denn wieder eine attraktive Position, wenn man wieder einsteigen wollte in das Management-Dasein? Als Führungskraft kann man eine berufliche Verbesserung einfach nicht ablehnen. Was sollen denn die anderen von einem denken? Wer nimmt einen da eigentlich noch ernst? Da könnte ja selbst die Position bedroht sein, die man jetzt hat!
»Was kümmert dich denn so die Meinung, die die anderen von dir haben«, fragt die innere Stimme mit großem Ernst. »Was willst denn du eigentlich? Wann gestehst du dir endlich zu zu erfahren, was du wirklich willst und was dich mit Lebensfreude erfüllt? Welchen Preis ist es dir wert, deinen Status, dein Image, die Anerkennung, die du als Manager genießt, auf Biegen und Brechen zu erhalten?«
Im schlechtesten Fall nimmt der Stratege an diesem Punkt

eine Schlaftablette, um nur nicht weiter hinhören zu müssen. Im besten Fall nimmt er sich so bald wie möglich Urlaub, also einen Freiraum, in dem das zu Gehör gebracht werden kann, was die innere Stimme ihm sonst noch zu sagen hat. Gewiß: Sie läßt sich immer wieder verdrängen – »notfalls« durch noch mehr Einsatz, Leistung und Ablenkung, für die immer so gute Gründe sprechen. Schließlich sind die Strategen immer noch irgendwie davon überzeugt, daß sie »unentbehrlich« seien.

Die innere Stimme macht sich dann wieder bemerkbar – und dann allerdings unüberhörbar – wenn sie irgendwann merken, daß sie durchaus entbehrlich und ersetzbar sind. Diese Situation kann nach der Pensionierung eintreten oder aber dann, wenn sie ihre Position schon früher verlieren und die Erfolgskurve jäh nach unten abbricht. Allein durch diese Tatsache fühlt sich dieser Typus wie gelähmt – trotz der vielen hektischen Aktivitäten, die er dann rings um sich herum entfalten mag. Keinen Erfolg zu haben, nichts mehr machen zu können, nicht mehr gefragt zu sein: Das ist das Schlimmste, was ihm passieren kann. Sein Gefühl der Hilflosigkeit wird durch seine innere Stimme auch noch verstärkt, denn diese gibt unumwunden zum Ausdruck, daß ihm eigentlich gar nichts Besseres passieren konnte als diese Niederlage.

Endlich hat der Stratege keine andere Wahl mehr, als sich mit sich selbst auseinanderzusetzen. Endlich kommt all die Angst hoch, die in ihm steckt, und es ist nicht mehr die Angst vor dem Versagen, sondern die Angst davor, als nun offenkundiger Versager keinen Platz mehr in der Welt zu finden, völlig überflüssig zu sein.

Im Dialog mit der inneren Stimme kommen nun all die Frustrationen hoch, die sich so lange hinter der glänzenden Fassade verdrängen ließen. Die Strategen erkennen, daß sie nie an einer für sie stimmigen Strategie gearbeitet haben, sondern daß sie – »voll auf Leistung programmiert« – nur dem Erfolg nachgerannt sind und damit der Bestätigung von außen. Wer aber von außen kümmert sich nun um sie? Wer hat nun Verständnis für ihre Lage? Wer hilft ihnen nun weiter? Plötzlich haben es alle schon immer gewußt, daß sie doch keine Sieger waren.

Die innere Stimme macht deutlich, daß Hilfe nur aus ihnen selbst erwachsen kann – und vielleicht von seiten anderer Menschen, die sie auch in ihrer jetzigen Situation akzeptieren. Sich so angenommen zu fühlen ist etwas, was dieser Typus noch nie erfahren hat, zumindest aber noch nie wahrzunehmen in der Lage war.

Diese Erfahrung geht vielleicht (noch) nicht in seinen Kopf, aber sie öffnet sein Herz und eröffnet den Zugang zu seiner auch ihm eigenen, echten Herzlichkeit. Er erkennt, daß die innere Stimme kein Kritiker ist, der nur unbeirrbar mit schmerzhaften Wahrheiten konfrontiert. Aus dem Kritiker wird ein Wegweiser in Dimensionen des Lebens, die dieser Typus noch nicht kennengelernt hat und die sich ihm jetzt nach und nach erschließen.

Schließlich wird er feststellen, daß er den Dialog, der ihn so stark bereichert, niemals mehr aufgeben möchte. Er hat bemerkt, daß er auch Dialoge mit anderen Menschen auf eine neue Weise zu führen versteht, weil er die führende Rolle dabei nicht mehr zu spielen braucht. Er lernt nicht nur viel von ihnen, sondern sie spiegeln ihm auch wider, welch ein Wegweiser er nun für sie sein kann.

Dialog-Typ 2: Der Integrator

Porträt

Was an einem Integrator zunächst am meisten auffällt, ist die Tatsache, daß er *nicht* auffällt. Er macht einfach durch nichts auf sich aufmerksam: Seine Kleidung ist gediegen, aber fast betont zurückhaltend, in Mimik und Gestik ist er eher verhalten, seine Stimme klingt nie besonders laut, und wenn er einen Raum betritt, blickt kaum jemand auf, weil niemand etwas Besonders erwartet. Integratoren wirken zwar keineswegs träge, und man findet sie eigentlich selten unbeschäftigt, und doch haben sie keine dynamische Ausstrahlung.
Wenn es gilt, ein Ziel zu definieren, eine Aufgabe anzupacken, nach Lösungen zu suchen, dann stehen sie mit Worten und Taten keineswegs an erster Stelle. Das bedeutet nicht, daß sie nichts zu sagen hätten oder zu tun wüßten, aber sie lassen gerne anderen – zum Beispiel den Strategen – den Vortritt, schließen sich deren Meinung an und machen sich dann still an die Arbeit.
Werden sie offen zur Meinungsäußerung aufgefordert, scheint ihnen das nicht unbedingt angenehm zu sein. Lieber stehen sie hinter jemandem oder etwas, als daß sie andere hinter sich bringen wollten. Es ist ihnen selbstverständlich, daß eine Angelegenheit zum Erfolg gebracht werden muß, und sie tragen eine Menge dazu bei. Allerdings fiele es ihnen nicht ein, den Erfolg dann für sich zu reklamieren. In ihrer Bescheidenheit werden sie meistens von Menschen überrundet, die ein wesentlich ausgeprägteres Gefühl für *Selbst-Marketing* haben.
Man traut ihnen jederzeit zu, daß sie gute Arbeit leisten, man weiß um die Geduld, mit der sich sich einer Sache annehmen, und um die Zuverlässigkeit, mit der sie eine Aufgabe er-

füllen. Dennoch zweifelt ihre Umgebung immer ein wenig daran, ob man ihnen die Lösung eines Problems überlassen könne. Dabei haben sie durchaus keine pessimistische Ausstrahlung, aber Schwung und Optimismus sind bei ihnen ebenfalls kaum zu entdecken. So werden sie, selbst wenn sie eine Menge leisten und sogar, wenn sie Überdurchschnittliches zuwege bringen, eher mit einem Mittelmaß in Zusammenhang gebracht.

Trägt jemand Zweifel an sie heran, dann nehmen sie diese sehr ernst, und so finden sich bei ihnen gerne Menschen ein, die es einfach nicht riskieren würden, einem Strategen ins Gesicht zu sagen, wie wenig sie unter Umständen von seiner Arbeit halten. Vor Integratoren hat dagegen niemand Angst, und obwohl man sich darüber freut, bei ihnen sein Herz ausschütten zu können, genießen sie nicht den allerletzten Respekt.

Zweifel kommen bei ihnen auch deshalb so gut an, weil sie eigentlich ständig Bedenken mit sich herumtragen. Sie ahnen oft, daß man etwas besser machen kann, als es zum Beispiel die Strategen vorschlagen, aber sie sind sich nicht sicher, ob sie mit dieser Auffassung wirklich richtig liegen. Meist haben sie auch nicht die geringste Lust, sich mit einer Persönlichkeit, die so starken Wert darauf legt, sich und ihre Meinung durchzusetzen, offen anzulegen.

Aus einer profunden Scheu davor, möglicherweise zu Fehlurteilen zu kommen, vermeiden sie es lieber, ganz alleine und völlig ohne Rückendeckung einer durchsetzungsstarken Persönlichkeit oder einer Gruppe Entscheidungen zu treffen oder Perspektiven aufzuzeigen. Auf der anderen Seite lassen sie die Entscheidungen, die andere getroffen haben, weil *sie* ihnen diese überlassen haben, keineswegs kalt. So neigen sie dazu, ständig darüber nachzugrübeln, ob bei der Entscheidung vielleicht nicht etwas Wichtiges übersehen wurde.

Da sie sich selber, einer anderen Person oder einer Sache nie ganz sicher, aber andererseits sehr sicherheits- und verantwortungsbewußt sind, neigen sie dazu, die Auswirkungen einer Entscheidung, das Zustandekommen einer Lösung stark zu kontrollieren. Meist sind sie die ersten, die Fehlerquellen aufdecken, aber dies ist ihnen fast peinlich. Denn in diesem Fall müßten sie vielleicht auch diejenigen beim Namen nennen, die diese Fehler verursacht haben.

Innerlich fühlen sie sich oft enttäuscht, wenn sich ein Lösungsweg als der falsche herausstellt, und enttäuscht sind sie dann auch von denjenigen Persönlichkeiten, von denen sie die fachliche wie menschliche Kompetenz für die richtige Lösung erhofft hatten. Sie sind eigentlich ständig auf der Suche nach einer durch und durch überzeugenden Autorität, der sie sich wirklich bedenkenlos anvertrauen könnten und die sie von ihren ständigen Zweifeln befreien würde.

So sind sie zwar schnell geneigt, einem Strategen Autorität zuzubilligen und sich darüber zu freuen, daß endlich eine Führungspersönlichkeit aufgetaucht ist, die ihren Erwartungen zu entsprechen scheint. Da ihre Erwartungen aber sehr hoch sind und da sie gewissermaßen immer »auf der Lauer« liegen, in ihren Erwartungen enttäuscht zu werden, spüren sie quasi »seismographisch« jede Unechtheit, jede Großsprecherei, jeden Mangel an Authentizität oder Vertrauenswürdigkeit.

Die Enttäuschung dieses Typus zeitigt Folgen. Aus einem Menschen, der sich bislang durch absolute Loyalität ausgezeichnet hat, wird nun jemand, der zum schärfsten Kritiker dessen werden kann, dem und dessen Anweisungen er bislang so treu ergeben Folge geleistet hat. Diese Kritik muß sich nicht offen äußern, aber allein die Miene eines enttäuschten Integrators kann selbst einen Strategen in heftige Unruhe versetzen.

Wird ein Integrator in einem solchen Fall zur offenen Auseinandersetzung gezwungen, dann kann es ihm so wichtig sein, die Sache ins Lot zu bringen, daß er seine Scheu vor Menschen, hinter deren Dynamik vielleicht wenig Substanz steckt, vergißt. In solchen Momenten kommt zum Ausdruck, daß dieser Typus sehr wohl eine eigene Meinung hat und vertreten kann, daß er es durchaus versteht, klare Prioritäten zu setzen und durch und durch solide Ergebnisse herbeizuführen. Dabei gelingt es ihm sogar noch hervorragend, widersprüchliche Interessen ins Gleichgewicht zu bringen und auf jede Stimme, die etwas Wichtiges zur Sache beizutragen hat, zu hören.

Plötzlich merken die Menschen in seiner Umgebung, wieviel glaubwürdige Autorität der Integrator besitzt. Plötzlich fragen sie sich, warum sie dieser Persönlichkeit nicht eher wesentlich mehr Aufmerksamkeit geschenkt haben. Plötzlich finden sie es richtig sympathisch, daß dieser Typus so wenig Aufhebens von sich macht.

Dies kann jedoch auch der Punkt sein, an dem es dem Integrator zuviel wird mit dem Aufhebens, das man nun um ihn macht. Er fragt sich, ob es nicht doch besser sei, wieder in den Hintergrund zu treten und den »Beifall der Menge« auf einen anderen zu lenken.

Schließlich weiß dieser Typus sehr genau, wie nahe dem Sieg die Niederlage liegt. Er möchte ein potentielles Scheitern nicht verantworten müssen, obwohl er sich auch dann nicht aus der Verantwortung entlassen fühlt, wenn er sie offiziell gar nicht in letzter Konsequenz hat.

Seine Angst davor, das Falsche zu tun, hindert ihn oft daran, aus eigener Verantwortung heraus zu handeln und andere zu bestimmten Handlungsschritten zu bewegen. Er möchte nicht zu den Gewinnern zählen, weil er befürchtet, immer noch nicht alle Voraussetzungen dafür zu besitzen, nachhaltige Siege zu erringen. So sucht er weiter nach Klarheit, Eindeutigkeit und dem ein für allemal richtigen Weg, um dorthin zu finden. Ihm scheint es richtiger, sich lieber wieder in den Hintergrund zurückzuziehen – obwohl ihm manchmal eigentlich ganz anders zumute ist. Denn im Grunde hat auch er alle »power«, die es im Management braucht, und es fehlt ihm nicht an der Fähigkeit, die Welt um sich herum kreativ zu gestalten.

Rollenbild

Unscheinbarkeit, Zurückhaltung, Zweifel an der eigenen Führungskompetenz: Dieses Denk- und Verhaltensmuster wird – gerade im Management – eher mit Frauen in Verbindung gebracht. Eben dieses Muster ist nach Meinung vieler Männer auch der Grund dafür, daß es vergleichsweise wenigen Frauen gelingt, in (höhere) Führungspositionen zu gelangen. Von ihrer Sozialisation her haben alle Integratoren, ob weiblich oder männlich, eine starke Autorität, möglicherweise von seiten eines Elternteils, erfahren. Einer gleichwertigen Ersatz-Autorität sind sie dann möglicherweise ein Leben lang auf der Spur, wobei sie zu übersehen drohen, daß sie selbst dafür alle Voraussetzungen haben – und möglicherweise bessere als ihr ursprüngliches Vorbild.

Möglicherweise finden die Integratoren in unserer Gesellschaft deshalb eher wenig Anerkennung, weil Skepsis nicht zu den Tugenden gehört, die erwünscht sind. Wer vorgibt, was er will, hat allemal die besseren Karten.

Integratoren sind letztendlich auf Stabilität und Sicherheit aus, aber sie begnügen sich eben nicht damit, es bei dem vermeintlichen Eindruck davon zu belassen. In einer Zeit des Wandels könnten ihre Stärken – auch wenn der eine oder die andere dahinter Schwäche vermutet – notwendig sein. Verhindert wird dies von Kräften, die sich durchsetzen oder an der Macht bleiben wollen, obwohl sie weder in Worten noch in Taten etwas hervorragendes zu bieten haben.

Stärken	Schwächen
Bescheidenheit	Opportunismus
Risikobewußtsein	Feigheit
Solidität	Übervorsichtigkeit
Realitätssinn	Hang zum Grübeln
Angemessenheit	Unentschiedenheit
Berechenbarkeit	Unscheinbarkeit
Idealismus	Pessimismus
Loyalität	falsche Rücksichtnahme
Geduld	Zögerlichkeit
Einfühlungsvermögen	Argwohn
Vermittlungstalent	Widersprüchlichkeit
Verantwortungsbereitschaft	Autoritätsgläubigkeit

Führungsstil

Wer es mit diesem Typus als Vorgesetztem zu tun hat, mag sich öfter ein wenig mehr Glanz von dessen Seite wünschen. Denn wenn ein Chef diesen Glanz auszustrahlen versteht, fällt immer auch etwas auf die Mitarbeiter ab, und es fällt ihnen leicht, stolz darauf zu sein, mit einer solchen Persönlichkeit zusammenzuarbeiten. Von einem Integrator zu schwärmen scheint sich fast zu verbieten, zumal dieser Typus viel zu bescheiden ist, darauf irgendeinen Wert zu legen. Mit ihm auf Dauer zusammenzuarbeiten hat aber viele Vorteile: Denn ihm ist keineswegs daran gelegen, das Selbstwertgefühl irgendeines Menschen zu schmälern – weiß er doch schließlich selbst am besten, wie schwierig es ist, das eigene Selbstvertrauen zu stabilisieren und sich in ein inneres Gleichgewicht zu bringen. Der Integrator verlangt Leistung, aber er ist auch bereit, Leistung zu honorieren und Anerkennung zu äußern, und es liegt ihm fern, sich Erfolge anderer an die eigene Fahne zu heften.

Dabei ist es diesem Typus auch wichtig, seinen Mitarbeitern zum Erfolg zu verhelfen. So ist es durchaus möglich, sich ihm auch dann anzuvertrauen, wenn man sich einmal schlecht fühlt, und er verübelt es niemandem, Fehler gemacht zu haben – wenn er bereit ist, dies zuzugeben. Begeht jemand jedoch aus Leichtfertigkeit Fehler, oder versucht er, Fehler zu vertuschen, bekommt man mit dieser Führungskraft Schwierigkeiten: Sie kann in diesem Fall »eisig« werden und sogar äußerst »kleinliche« Züge zeigen.
Wer also gedacht hat, er müsse den Integrator nicht so ernst nehmen und schon gar nicht fürchten, weil dieser sich noch nie als autoritärer Chef entpuppt habe, wird jetzt enttäuscht werden. Ist dieser Typus erst einmal getäuscht worden, ist ein Mißtrauen entstanden, das sich in verstärkter Kontrolle niederschlägt.
Überhaupt ist sein Hang zur Kontrolle etwas, das manchem in seiner Umgebung zu schaffen macht – ebenso wie seine Pedanterie. Vorschläge hinterfragt er gnadenlos, oft mit einem sechsten Sinn für alle Schwächen und Ungereimtheiten. Manchmal entsteht bei den Mitarbeitern der Eindruck, sie könnten es ihm überhaupt nicht recht machen.
Hervorragend ist diese Führungskraft für Menschen, die ein starkes Selbstvertrauen und eine gesunde Selbstkritik zugleich besitzen und die unternehmerische Mitverantwortung im Denken und Handeln ernst nehmen. Der Integrator ist in der Lage, ein Team von starken Persönlichkeiten zu führen und dabei die besonderen Qualitäten jedes einzelnen zu erkennen und zu fördern. Gemeinsam Ziele zu entwickeln und Lösungen zu finden, liegt ihm eigentlich viel mehr, als beides vorzugeben und entsprechende Anweisungen zu erteilen. Sein Gerechtigkeitssinn läßt es nicht zu, daß Schwächere benachteiligt werden oder Angeber das Sagen haben. Wer sich nach vorne spielt, ohne die qualitativen Voraussetzungen – fachlich wie menschlich – dafür mitzubringen, hat bei ihm ganz schlechte Karten.

Im Grunde fühlt und verhält sich der Integrator eher wie ein Unternehmer als ein Manager: Sein starkes Pflichtgefühl würde es ihm verbieten, die Firma, für die er tätig ist, zu verlassen, ohne die Aufgaben, mit denen er gerade beschäftigt ist, beendet zu haben – keine noch so attraktive Position könnte ihn davon abbringen. Andererseits ist er aber doch lieber Manager als Unternehmer, lieber Führungskraft in einem festen Rahmen und mit Vorgesetzten über sich, als vollkommen der Selbständigkeit überantwortet. Außerdem ist er der Typ, der ein und demselben Unternehmen gerne auf Jahre die Treue hält. Dies kommt seinem Bestreben nach Sicherheit und Überschaubarkeit zugute.

Am wohlsten fühlt sich der Integrator in Phasen, die seine ganze Kraft und volle Aufmerksamkeit in Anspruch nehmen. Trotz des enormen Leistungsdrucks, der dann auf diesem Typus liegt und den er in seiner Bereitschaft, die Verantwortung zu übernehmen, auch spürt, geht es ihm in dieser Situation immer noch besser, als zuviel Gelegenheit zu haben, nachzudenken oder ein Problem hin- und herzuwälzen und doch nicht zu einem eindeutigen Schluß zu kommen und darüber fast zu verzweifeln.

Was ihm fehlt, ist *Vertrauen*: in die eigene Kompetenz, in seine Fähigkeit, die wirklich beste Lösung zu finden und letztendlich auch in andere – selbst wenn sie ebenso wie er selbst alles daransetzen, zu einem optimalen Ergebnis zu kommen. Um als Führungskraft Hervorragendes leisten zu können, hat er hart gearbeitet, aber es fehlt ihm am Glauben daran, daß er wirklich zu hervorragenden Leistungen in der Lage sei.

Dieser Typ vermag auf seine Weise viel zu bewegen, aber er empfindet sich nicht als »Macher«. So gerät er in Krisensituationen auch weniger an die Grenze des Machbaren als an die Grenze seines sicheren Wissens um das, was nun letztendlich falsch oder richtig ist. Sich hier auf die eigene Intuition einzulassen, hier einem Gefühl nachzugeben, das womöglich ganz klar signalisiert, was richtig ist – dazu fehlt ihm der letzte Mut.

Umgang mit Macht

Der Typus des Integrators würde – nach seinem Verhältnis zur Macht befragt – mit äußerster Empörung reagieren. Daß er Macht haben könnte, will ihm absolut nicht in den Kopf. *Macht*, so seine Argumentation, sei etwas, das er weder anstrebe noch brauche. Macht – die sollten andere übernehmen, die sich dazu berufen fühlten und die dafür bessere Voraussetzungen mitbrächten. Dabei übersieht er völlig, daß das Thema »Macht« eines ist, mit dem er sich eigentlich ständig auseinandersetzt, auch und gerade, weil er es so gerne auf andere projiziert.

Wenn jemand mit dem Anspruch auf Macht auftritt, ist es dieser Typus, der sofort und mit äußerstem Interesse »Witterung« aufnimmt. »Alle Antennen ausgefahren«, beginnt er zu überprüfen, ob die Autorität, die sich vor ihm aufgebaut hat, wirklich seinen Ansprüchen genügt. Einerseits ist er fast »dankbar«, daß sich wieder einmal jemand gefunden hat, der die Rolle eines Mächtigen bereit ist einzunehmen. Denn damit ist klar, daß er sich weiter davor drücken kann. Andererseits gibt es nun wieder jemanden, an dem er sich orientieren kann: Das verleiht ihm – zumindest für eine kleine Weile – das Gefühl von Sicherheit und Geborgenheit.

Schon bald werden diese guten Gefühle von anderen überdeckt, die der Integrator nur zu gut kennt: Der alte Zweifel macht sich wieder breit, das ständige Grübeln darüber, ob diese Autorität wirklich Macht haben »dürfe«, ob sie wirklich die Voraussetzungen dafür mitbringe und ob nicht doch die Gefahr eines Machtmißbrauchs im Verzuge sein könnte. Wer wäre hier wirklich in der Lage, eine Entscheidung zu treffen, die ihn aus der ständigen Unsicherheit erlöste? Wer wäre mächtig genug, ein endgültiges Urteil zu fällen, einen Menschen richtig zu erkennen und zu akzeptieren und andere Menschen, deren Ziele und Wege zur Macht als eindeutig falsch und unrecht abzulehnen?

Die Überzeugung, er selbst sei der letzte, der Macht besäße, und die vielen Gedanken, die er sich über Autoritäten macht und darüber, ob deren Macht nun eigentlich gerechtfertigt sei oder nicht, sind für den Integrator gute Vorwände, sich mit dem Thema nicht in der eigenen Persönlichkeit auseinandersetzen zu müssen. An anderen hin- und herzurätseln, das mag für ihn noch gerade angehen, aber das Rätsel in sich selbst lösen zu müssen – das vermag er weder einzusehen noch in Angriff zu nehmen.

Weiter kommt er nur dann, wenn er sich einmal vorbehaltlos der für ihn so besonders schmerzhaften Erkenntnis stellt, daß es keine letzte Sicherheit und Geborgenheit gibt. Das was richtig ist und was falsch, dafür gibt es nur bedingt Gesetze, die als absolut und unwiderruflich gelten können. Und selbst wenn diese Gesetze sich durchaus und über eine sehr lange Zeit als vertrauenswürdige Basis herausgestellt haben sollten, so muß sich doch jedes Individuum, das zur Persönlichkeit heranreift, erneut damit auseinandersetzen.

Sicherheit und Geborgenheit findet dieser Typus, der im Grunde so sehr an Wahrheit und Erkenntnis interessiert ist, in keinem Gesetzesbuch, sondern nur in sich selbst. Solange er nicht in der Lage ist, sich selbst zu vertrauen, Vertrauen in die eigene Kraft zu finden und darin, immer wieder die richtigen Entscheidungen zu treffen, wird er sich weiter hilflos und ausgeliefert fühlen. Denn ob er nun die Philosophen verschiedener Zeitalter oder unterschiedliche religiöse Richtungen zu Rate zieht: Er wird überall »ein Haar in der Suppe« finden, überall etwas, das seinen Zweifel erneut weckt und ihn seine ewige Suche fortsetzen läßt.

Macht und Gefühl: Diese Verbindung wird ihm zunächst ganz und gar nicht einleuchten – im Gegenteil. »Wo kämen wir hin«, so seine Gedanken, »wenn wir ein solch brisantes Thema wie Macht auch noch unseren Gefühlen überließen? Darüber kann man doch gar nicht scharf genug nachdenken, um zu vermeiden, daß mit Macht Schindluder getrieben wird, wie es schließlich schon so oft der Fall war«. Und dabei kommen ihm all die Demagogen und Propagandisten der Macht in den Sinn, die andere dazu verführt haben, ihnen und ihren unrechtmäßigen Zielen Folge zu leisten, blindlings und voller Hoffnung.

Bei all diesen Gedanken vergißt der Integrator zwei Dinge: Zum einen macht er sich nicht bewußt, daß er eigentlich ein sehr gutes Gespür für Macht wie für Machtmißbrauch besitzt. Ohne daß eine Autorität, mit der er konfrontiert ist, viele Worte verlieren müßte, macht ihm ein tiefes inneres Wissen klar, ob diese Autorität glaubwürdig sei, ob man ihr trauen dürfe oder nicht. Dieses Gespür hat ihn eigentlich noch nie enttäuscht – warum beginnt er ihm nicht stärker zu vertrauen?

Zum anderen läßt er außer acht, daß ihm Macht *von außen* eigentlich nur dann gefährlich werden kann, wenn er die Macht *in sich* verleugnet. Fremde Macht und solche, die zum Mißbrauch neigt, vermag nur dann bei anderen zu greifen, wenn sie bei diesen auf ein Defizit stößt, eine Lücke, die gewissermaßen danach ruft, ausgefüllt zu werden, und sei es von der ganz falschen Seite her.

Integratoren können sich sicher sein, soweit dies überhaupt möglich ist, daß sie dann nicht mehr Opfer der Macht zu werden drohen, wenn sie sich endlich als potentielle Täter identifizieren und Macht endlich anders, nämlich nicht ausschließlich als negativ definieren. Selbstverständlich kann Macht mißbraucht werden, und genau so ist sie im Prinzip dazu in der Lage, etwas Gutes und Sinnvolles zu bewirken.

Um aber etwas Gutes und Sinnvolles zu bewirken, um Macht im richtigen Sinne zu gebrauchen, steht ihnen nicht nur ihr ewig suchender Verstand zur Verfügung, auf den sie so gerne und ausschließlich setzen. Verbunden mit ihrer Intuition und mit ihrem Intellekt zugleich, haben sie die allerbesten Chancen, Dinge kraftvoll und zum Wohle aller Beteiligten zu gestalten.

Dialoge mit der Außenwelt

Integratoren sind nicht unbedingt Meister der Rhetorik, aber verstehen sich ausgezeichnet darauf, anderen zuzuhören. Vor einem Publikum aufzutreten macht ihnen wenig Freude, denn dann müßten sie zugeben, daß sie durchaus etwas zu sagen haben und vielleicht auch *das Sagen* haben. Lieber stehen sie vor einer Bühne und überlegen sich, ob der Redner dort oben wirklich etwas zu sagen haben könnten.
Auch in größeren Besprechungen halten sie sich zunächst eher zurück; das Bedürfnis, sich groß zu profilieren, ist bei ihnen nicht ausgeprägt, und so überlassen sie die Selbstdarstellung den anderen, die sie besser beherrschen und möglicherweise nötiger haben. Einem Integrator, der sich lange in Schweigen hüllt, allerdings zu unterstellen, er sei nicht bei der Sache, erweist sich als ein großer Irrtum. Dieser Typus registriert akribisch, welchen Fortlauf eine Diskussion nimmt und wer sie mit welchen Argumenten beeinflußt. Sind diese womöglich nicht stichhaltig, dann verbucht er das auf der Negativseite, drängt sich jemand in den Vordergrund oder verbietet gar anderen den Mund, dann werden auch diese Verhaltensweisen lückenlos gespeichert.
Am Ende einer Konferenz kann es passieren, daß sich der Integrator – völlig unerwartet – zu Wort meldet und einen Kommentar abgibt, der alle Beteiligten in Erstaunen versetzt. Viele Ansichten, die im Verlauf der Konferenz geäußert wurden und doch zu keinem rechten Ergebnis führten, werden nun von ihm exakt auf den Punkt gebracht.
Allerdings ist auch denkbar, daß dieser Typus sich schon während der Besprechung meldet – und zwar immer dann,

wenn man sich gerade auf ein Vorhaben oder Vorgehen geeinigt zu haben glaubte. Integratoren geht es nicht darum zu opponieren. Dafür sind sie nahezu unschlagbar darin, ihre Gesprächspartner damit vertraut zu machen, daß es für die Erreichung eines Zieles nie nur exakt eine Möglichkeit gibt.
Diese Sichtweise bringt ihnen nicht nur Freunde ein. Auf diejenigen, die effizient zur Sache kommen wollen – auch wenn sie im Grunde wissen, daß noch nicht alles abgeklärt ist – wirken sie als Behinderer, als ewige Verzögerer, sogar als Besserwisser. Die Nachdenklicheren und Bedachtsameren halten diesen Typus dagegen durchaus für eine Bereicherung, da er nichts ausläßt, auch das nicht, was andere gerne »unter den Teppich gekehrt« hätten.
Im persönlichen Gespräch sind Integratoren aufmerksam, verständnisvoll und umsichtig, solange sie ihre Partner als aufrichtig und ehrlich empfinden. Jeder Einwand, jeder Vorschlag wird von diesem Typus ernst genommen, gedreht und gewendet, so daß am Ende einer Unterredung etwas für beide Seiten Überraschendes herauskommen kann. Dies könnte sehr befriedigend sein, wenn den Integratoren am nächsten Tag unter Umständen nicht noch ganz andere Argumente einfielen, die womöglich wieder alles in Frage stellen. Erleichternd bleibt aber auch in diesem Falle eines: Ihnen geht es nicht darum, jemanden zu überreden oder gar zu überrumpeln, sondern darum, die bestmögliche Lösung zu finden – auch wenn sie dazu erst den Widerstand anderer brechen müssen.

Dialog mit dem Selbst

Der Integrator ist stets darauf aus, endgültige Erklärungen und Lösungen zu finden. Es geht ihm darum, auch die letzten Einwände auszuräumen und keinen Gedanken unbeachtet zu lassen. Damit möchte er jedem und allen gerecht werden.

Eben das verschafft ihm das für ihn charakteristische Lebensgefühl des unentwegten Zweifels.
Seiner Intuition zu trauen, sich auf seine innere Stimme einzulassen, ist eine Möglichkeit, die er lieber gar nicht erst in Erwägung zieht. Alles, was irgendwie mit *Emotionalität* zu tun hat, ist ihm eher verdächtig; lieber schaltet er sie ganz aus, um sich ein möglichst objektives Bild von einer Angelegenheit oder einem Menschen machen zu können.
Integratoren sind nur dann in der Lage, von ihren Grübeleien abzulassen, wenn ein Phänomen auftritt, das sie buchstäblich um den Verstand bringt: das Gefühl der *Liebe*. Natürlich wird ihre erste Reaktion auf dieses Gefühl sein, es vehement abzuwehren. Dennoch kommen sie nicht umhin, ihre innere Stimme zu spüren, die ihnen signalisiert, daß es etwas gebe, was mit Logik, Vernunft und den bislang gemachten Erfahrungen nichts zu tun haben müsse. Diese innere Stimme rät ihnen, nicht immer in den alten Vorstellungen, von dem was Liebe sei, zu verharren. Sie deutet an, daß es nichts zu bedeuten brauche, wenn sie die Liebe bislang vielleicht noch nie oder ganz anders erfahren hätten, weil es eben nicht darum gehe, sie zu erklären, sondern darum, sie zu erfahren und sich ihr hinzugeben.
Die Integratoren ergreift in einem solchen Fall regelrecht Panik. Sie stehen vor einem Gefühl, mit dem sie nicht gerechnet haben; sie sind davon gepackt und fasziniert, aber gleichzeitig können sie es nicht voll und ganz einschätzen. Irgendwie merken sie, daß sie sich nicht mehr im Griff haben und daß sie die Fassung zu verlieren drohen.
Sie sind es gewohnt, nach einer Autorität zu suchen, die sie wirklich überzeugen könnte; sie haben sich schon immer gewünscht, an einen Menschen oder an eine Idee zu geraten, dem oder der zu vertrauen es sich wirklich lohnen könnte. Sie sind es auch gewohnt, danach mit dem Verstand zu suchen, und sie haben sich bei ihrer Suche bewußt auf den Verstand verlassen.

Nun fühlen sie sich mit einer Macht konfrontiert, die sie nicht nur überzeugt, sondern die sie regelrecht überwältigt. Allein dieses Gefühl zu erleben, sagt ihnen ihre innere Stimme, lohne, unabhängig davon, was sich weiter daraus entwickele. Gleichzeitig erhebt sich ein »Chor« der alten, sehr vertrauten Stimmen, die immens davor warnen, sich darauf einzulassen. Schließlich seien die mit dieser Macht verbundenen Risiken gar nicht abzuschätzen, und das, was nicht abzuschätzen und einzuordnen sei, müsse vermieden werden.

Erschreckt fühlen die Integratoren, daß sich mit dem Gefühl der Liebe, das sie schon mehr in Anspruch nimmt und bewegt, als ihnen aus ihren alten Denkmustern heraus lieb sein kann, noch eine andere Empfindung verbindet: Angst. Sich auf die Liebe einzulassen, bereitet ihnen deshalb so viel Angst, weil sie dieses Gefühl nicht mehr verlieren wollen und doch damit rechnen, daß ein solcher Verlust nur zu wahrscheinlich sei.

Schon kommen die Zweifel: Wird ihre Liebe eigentlich erwidert? Versteht der Partner dasselbe unter Liebe? Die Integratoren merken, daß sie mit solchen und ähnlichen Fragen ins Leere laufen. Sie fühlen, daß sie es hier mit unvermeidlichen Risiken zu tun haben, denn es geht darum, daß sie sich selbst risikieren. Es geht darum, eine Totalität zu erfahren, nach der sie sich immer gesehnt haben.

Solange sie immer noch weiter darüber nachdenken, fühlen sie sich schutzlos und ausgeliefert. Je mehr sie sich aber auf ihre Intuition einlassen und auf ihre innere Stimme hören, desto näher kommen sie ihrer eigenen Erfahrungsgrenze und desto mehr wächst die Bereitschaft, diese zu überspringen.

Dabei erkennen sie, daß sie nicht das Opfer der Macht der Liebe sind, sondern daß sie davon erfüllt sind. Und da sie die ganze Macht der Liebe in sich fühlen, weicht die Angst, dieses Gefühl wieder verlieren zu müssen. Damit verschwinden auch die Zweifel.

Dialog-Typ 3: Der Visionär

Porträt

Viel leichter, als diesen Typus irgendwo kennenzulernen, ist es, sich von ihm erkannt zu fühlen. Was immer Sie gerade über sich erzählen und welche Probleme dabei auch zur Sprache kommen mögen: Plötzlich gibt es einen Menschen in der Runde, der Ihnen genau die richtigen Fragen stellt und dabei ein so tiefes Verständnis für Sie und Ihre Situation bekundet, wie Sie es nicht einmal von Ihren Bekannten her gewohnt sind, obwohl diese Sie vielleicht schon jahrelang kennen. »Wie kann dieser Mensch das alles wissen?« könnten Sie fragen. Denn eigentlich haben Sie so sehr viel gar nicht von sich preisgegeben. Wenn Sie den Typus des Visionärs näher kennenlernen, werden Sie feststellen, daß er versteht, ohne daß es großer Erklärungen bedarf.

Das Eigenartige an Visionären ist ihr Einfühlungsvermögen in völlig unterschiedliche Charaktere. Während zum Beispiel einem Strategen ein Integrator recht wesensfremd sein dürfte – und umgekehrt –, ist der Typus des Visionärs imstande, beide in ihrem jeweiligen Wesenskern zu erfassen. Dies ist deshalb so ungewöhnlich, weil die meisten Menschen bestimmte Denk-, Verhaltens- und Gefühlsmuster mitbringen, die zwar zu gewissen anderen Mustern gut passen, aber bestimmt nicht mit allen möglichen. Bei Visionären liegt die Sache völlig anders, und dies hat seine Ursache darin, daß sie nichts und niemanden bewerten. Jeder kann sich so geben, so sein, wie er möchte – er wird ganz und gar angenommen.

Da das Verständnis dieses Typus für Menschen wie für Situationen grenzenlos ist, da er sich in alle und alles hineindenken und hineinfühlen kann, ist er auch in der Lage, über vieles hinauszudenken. Es fällt ihm deshalb leicht, Visionen zu entwickeln, weil er vom eigenen Wesenskern her völlig ungebunden ist. Er muß nicht weiterentwickeln, was ist, sondern er hat alle Chancen, sich etwas vorzustellen, wofür es in der Realität noch gar keine Grundlage gibt.

Auf den ersten Blick ist dieser Typus ein idealer Partner – ob im Beruf oder im Privatleben. Auf den zweiten Blick ist es gar nicht so einfach, seine totale Ungebundenheit zu ertragen. Man mag sich von ihm ganz und gar verstanden fühlen und ihn zum besten Freund erklären, aber man muß zu tolerieren bereit sein, daß er sich genauso vorbehaltlos auf Menschen einläßt, die man selbst für ausgesprochen unsympathisch hält.

Er hat *gegen* niemanden etwas, und deshalb ergreift er auch *für* niemanden Partei. Er läßt alles an Meinungen, Vorstellungen und Werturteilen zu, aber er fällt keine Entscheidung darüber, was er nun davon für richtig oder falsch hält. Das kann ihm leicht als Unentschiedenheit ausgelegt werden, und in der Tat ist es das auch. Es kommt allein darauf an, wie man selbst diese Haltung bewertet: ob als Schwäche oder als Stärke.

Visionäre sind nicht festzulegen, sie sind nicht auf eine bestimmte Seite zu ziehen. Wer sind sie eigentlich? Das können sie vielleicht nicht einmal selbst definieren – jedenfalls nicht endgültig. Da sie aber nicht wissen, wer sie eigentlich sind, können sie auch nicht mit Bestimmtheit sagen, was sie mit Sicherheit wollen. Wichtig ist ihnen, für alle Möglichkeiten offen zu bleiben, immer wieder alles für möglich zu halten, sich nicht einordnen zu lassen und nicht dazu gewungen zu werden, im Hinblick auf andere Menschen und irgendwelche Angelegenheiten endgültige Schlüsse zu ziehen.

Wenn es also darum geht, Vorstellungen über ein Ziel zu entwickeln, dann sind sie in ihrer völligen Unbefangenheit äußerst anregend, denn es fällt ihnen immer noch etwas ein, was neben den Denkrastern der anderen liegt oder diese überflügelt. Dieses Ziel dann auf den Punkt zu bringen und zu

verabschieden: Auch daran werden sich Visionäre noch beteiligen – allerdings nur halbherzig, denn schließlich gibt es noch eine Unmenge von anderen möglichen Zielen.
Was die Wege zum Ziel betrifft, sind sie zunächst »mit Feuer und Flamme« dabei, und womöglich finden sie einen Ausweg, der den anderen wieder einmal gar nicht eingefallen wäre. Die Lösungswege nun allerdings auch zu beschreiten, das Ziel durch die Tat umzusetzen, konkret ins Handeln zu kommen – damit tun sich Visionäre schwer. Viel lieber gehen sie neuen Entwicklungen und möglichen Realisierungen nach. Daraus etwas machen sollen dann aber andere.
Es liegt nicht im Interesse dieses Typus, und es ist nicht seine Sache, abzuwägen, zu Ergebnissen zu kommen und diese in die Tat umzusetzen. Sein Talent liegt darin, daß er eine Menge bei denen bewirkt, die sich ein Urteil bilden und daraus etwas machen wollen.
So haben andere Typen, die zu einer sinnvollen Entscheidung gelangen wollen, je schwerer damit, desto gründlicher sie vorgehen und nach mehr Alternativen sie suchen. Wenn ihnen von außen – also von anderen Personen – Entscheidungsmöglichkeiten angeboten werden, dann sehen sie sich nicht nur regelrecht dazu genötigt, die dahinterstehenden fremden Wertesysteme zu hinterfragen. Sie müssen auch mit einkalkulieren, daß diese Personen ein bestimmtes Interesse daran haben, ihre Entscheidungsmöglichkeiten ins Spiel zu bringen und sie mehr oder weniger deutlich durchzusetzen.
Visionäre machen dieses Denk- und Verhaltensmuster, das zum Beispiel den Integratoren bestens vertraut ist, völlig überflüssig. Irgendwelche Zweifel an ihrer Unabhängigkeit verbieten sich, wenn man ihre Persönlichkeitsstruktur erst einmal durchschaut hat.
Zum einen gelingt es ihnen hervorragend, zur Suche nach Entscheidungsalternativen beizutragen. Da sie von keinem eigenen Wertesystem blockiert werden, sind ihrer Phantasie

und Kreativität keine Grenzen gesetzt. Da sie über kein eigenes Wertesystem verfügen, macht es aber auch keinen Sinn, sie daraufhin zu hinterfragen.
Schließlich ist Macht etwas, woran ihnen überhaupt nichts liegt – was einen möglichen Machtmißbrauch von ihrer Seite ausschließt. Macht in Anspruch zu nehmen würde für sie bedeuten, sie auch ausüben, also etwas damit anfangen, etwas machen zu müssen – und allein diese Vorstellung bereitet ihnen ziemliches Unbehagen.
Das, was zum Beispiel dem Typus des Strategen wichtig ist – Status und Image – spielt für Visionäre keine Rolle. Sie sind für sich selbst nicht daran interessiert, und gleichzeitig messen sie andere nicht daran. Also wird ihnen jemand, der davon eine Menge vorzuweisen hat, auch nicht imponieren. Beeindrucken lassen sie sich von niemandem; ihre freundliche Anteilnahme, ihre Vorurteilslosigkeit und ihre Arglosigkeit gilt allen in ihrer Umgebung gleichermaßen. Sie sind erfreut, wenn sie um Rat gebeten werden und sparen nicht damit, und sie sind froh darum, wenn man von ihnen nicht allzusehr erwartet, daß sie sich nach bestimmten Konventionen richten.
Manche in ihrer Umgebung vermissen an ihnen Dynamik, Handlungsinitiative, die Fähigkeit, Prioritäten zu setzen und Angelegenheiten, die unter Termindruck stehen, pünktlich zu erledigen. Daß sie in dieser Hinsicht über keine besonderen Begabungen verfügen, tut ihnen leid, aber da sie den Kopf voller Ideen haben, pflegen sie aufkommende Schuldgefühle relativ leicht zu verdrängen.
Wer ihnen Verantwortungslosigkeit vorwirft, übersieht, daß sie dazu durchaus bereit und in der Lage sind – nur eben auf ihre Weise.
Jeder Mensch, der sich ihnen anvertraut, kann sicher sein, daß er in all seinen Möglichkeiten wahrgenommen wird – und darüber hinaus auf Möglichkeiten gebracht wird, die ihm seinen Horizont erweitern helfen.

Rollenbild

Die Fähigkeit, höchst einfühlsam auf andere Menschen eingehen zu können, wird in unserer Gesellschaft immer noch eher mit Frauen in Verbindung gebracht – oder mit sehr starken weiblichen Anteilen in Männern. Ob männlich oder weiblich: Visionäre entsprechen kaum einer der Rollen, die im Management bislang sanktioniert sind. Dabei sind schon die außergewöhnliche Toleranz, die sie Menschen entgegenbringen und die Offenheit, mit der sie ihre Umgebung wahrnehmen, Qualitäten, die bereits in vielen Lehrbüchern über Personalarbeit und Führungskultur unter der Bezeichnung *interkulturelles Management* gefordert werden.

Keiner hat mehr das Wissen für sich gepachtet, alle sind aufeinander angewiesen: Nähme man diese Ansicht ernst, dann wäre die Folge, der näheren und der entfernteren Umgebung viel mehr Beachtung zu schenken. Aus der Bereitschaft, sich mit allem Unbekannten ohne Vorurteile vertraut zu machen, könnten – unerwartet – durchaus neue und notwendige Erkenntnisse und Perspektiven erwachsen. Der Typus des Visionärs hat dafür viel Sinn und keine Schwierigkeit, dem Fremden zu begegnen und ihm einen Platz einzuräumen.

Möglicherweise gelten entsprechende Persönlichkeiten auch deshalb als Außenseiter im Management, weil sie es so wenig nötig haben, sich bestimmten, dort herrschenden Auffassungen und Ritualen anzupassen. Karriere, Macht und Erfolg sind ihnen einfach nicht so wichtig, und deshalb werden sie eher mißtrauisch beäugt und weniger in ihren Vorteilen be- und geachtet, die sie – gerade in einer Zeit des Wandels – Unternehmen auf der Suche nach neuen Zielen bieten können.

Stärken	**Schwächen**
Intuition	Handlungsschwäche
Neugierde	Rücksichtslosigkeit
Vorurteilslosigkeit	Meinungslosigkeit
Toleranz	Unentschiedenheit
Unabhängigkeit	Unzuverlässigkeit
Grenzenlosigkeit	Realitätsferne
Einfühlungsvermögen	Gefühlsduselei
Talent zum Zuhören	Mundfaulheit
Ausgeglichenheit	Passivität
Anspruchslosigkeit	Antriebslosigkeit
Vermittlungsbereitschaft	Mangel an Pflichtgefühl
Kooperationsfähigkeit	Initiativlosigkeit

Führungsstil

Wer Führungskräfte schätzt, die stets sagen, wo es langgeht, die einem die Entscheidungen abnehmen, die viel Organisationstalent besitzen, auf traditionelle Werte setzen und klar umrissene Vorstellungen davon haben, wie etwas zu laufen hat oder nicht, sollte es vermeiden, in den Verantwortungsbereich dieses Typus zu geraten. Wer nicht selbst Freude daran hat, Eigenverantwortung zu übernehmen und mit Veränderungsprozessen umzugehen, ist bei ihm schlecht aufgehoben. Nirgendwo herrscht so viel Freiheit wie im Umfeld von Visionären.

Visionäre führen an der langen Leine, aber wer meint, sie führten eigentlich überhaupt nicht, irrt sich beträchtlich. Visionäre haben zwar keinen Sinn für autoritäres Führungsverhalten, aber einen ausgesprochenen Sensus für die Stärken und die Entwicklungsfähigkeiten von Mitarbeitern. Wenn sie mit einem Bewerber sprechen, sind sie kaum an Noten und einem möglichst geradlinigen Karriereweg interessiert.

Sie laden auch dann zu einem Bewerbungsgespräch ein, wenn ein Kandidat nicht die »richtige« Ausbildung mitbringt oder auf den ersten Blick nicht den Anforderungen der Arbeitsplatzbeschreibung entspricht – die haben sie sich ohnehin nie zu Gemüte geführt. In einer Zeit des Wandels – so ihr Eindruck – ist nichts mehr festgelegt, und zu allem, was sie im entferntesten an Bürokratie, Enge und Starrheit erinnert, halten sie lieber Distanz.
Mit wem sie schließlich die vakante Stelle besetzen, mag auf viele ihrer Kollegen befremdlich wirken – Visionäre haben gerne »bunte Vögel« in ihrer Umgebung, Menschen mit Phantasie, dem Mut zur Unkonventionalität und der Freude am Querdenken. Meistens stellt sich bald heraus, daß sie mit ihrer Entscheidung für einen bestimmten Bewerber ganz richtig lagen, auch wenn alle Erfahrungen dagegen sprachen und wieder einmal zahlreiche warnende Stimmen laut wurden.
Auf jeden Fall verfügt dieser Typus über ein hohes Maß an sozialer Kompetenz – er läßt niemanden im Stich, er hat Verständnis, wenn jemand auch einmal nicht auf der Höhe seiner Arbeitskraft ist, und er stellt ihm alle Hilfe zur Verfügung, damit jemand wieder auf die Beine kommt. Visionäre haben auch nicht die geringste Sorge, ein guter Mitarbeiter oder eine Mitarbeiterin könnte ihnen schaden. Wer sich als gut erweist, wird von ihnen vorbehaltlos gefördert, und wer Schwächen erkennen läßt, den lassen sie alle Maßnahmen und Möglichkeiten zuteil werden, um diese zu beheben.
Im Arbeitsbereich eines Visionärs geht es ausgesprochen lebhaft zu: Es gibt keine verschlossenen Türen und keine zurückgehaltenen Informationen. Konflikte werden nicht unter den Teppich gekehrt, aber sie bringen auch keine Reibungsverluste mit sich. Der Typus des Visionärs kann sich in jede Meinung einfühlen; er vermag sie sogar auf einen Punkt zuzuspitzen, auf den der Urheber der Meinung gar nicht gekommen wäre. Darüber hinaus sind Visionäre aber auch

Meister darin, Menschen füreinander Verständnis aufbringen zu lassen, auch wenn sie gänzlich unterschiedliche Auffassungen vertreten. Schließlich gelingt es ihnen sogar, das Interesse der Umgebung füreinander zu wecken, so daß die Unterschiedlichkeit der Auffassungen als Bereicherung und nicht als Anlaß zu Kontroversen erachtet wird.
Kommunikation ist das Zauberwort dieser Führungskraft, aus der Kommunikation heraus entstehen immer neue Ideen, und oft ist es dieser Typus selber, der dabei die entscheidenden Impulse einbringt. Manchmal läßt er es etwas an Energie vermissen, die vielen Anregungen, die in einem solchen Klima der permanenten Freiräume erwachsen, zu bündeln und die notwendigen Maßnahmen zu ergreifen, um den Visionen auch konkrete Gestalt zu verleihen. Sehr gut aufgehoben ist er deshalb als »Kopf« eines »Think Tanks«, einer Art fest etablierter Ideenschmiede, aus der heraus einem Unternehmen immer wieder Anregungen erwachsen können.
Was ihn antreibt, immer wieder nach Neuem, Unverbrauchtem Ausschau zu halten und sich von Bewährtem nicht beeindrucken und zurückhalten zu lassen, ist seine unstillbare Neugierde. Es ist nicht die Neugierde eines Wissenschaftlers, die ihn auszeichnet; zu Ergebnissen kommt er auch nicht auf systematische Weise. So stellt er zum Beispiel keine Hypothesen auf, die er dann durch eine logische Beweisführung erhärten würde. Seine Neugierde ist die eines Kindes, das Tag für Tag die Welt neu entdeckt – und das eine immense Freude daran hat, ohne zu überlegen, warum das so sei, und ohne den geringsten Zweifel daran, ob dies immer so bleiben könne.
Diese Neugierde wirkt auf eine Reihe von – eher konservativen – Menschen in seiner Umgebung befremdend, ja abschreckend und vielleicht sogar bedrohlich. Seine Kindlichkeit und Verspieltheit, seine Fähigkeit, einfach Vertrauen zu haben in Entwicklungen, und seine Spontanität: So jemand hat eigentlich keinen Platz im Management, zumindest kam

er bisher so gut wie nie vor. Statt dessen bemühten sich Scharen von Führungskräften und Mitarbeitern, sich nach allen Seiten abzusichern, Unwägbarkeiten auszuschließen und alles auf meßbare Erfolge zu programmieren.
Die Kluft zwischen ihnen und dem Visionär ist nur schwer zu schließen – obwohl beide Seiten einander im Grunde brauchen und sich gegenseitig bereichern könnten. Aber seine Sache ist es – bei aller Vermittlungs-Bereitschaft – nicht, hier nach einem Konsens zu suchen; schließlich müßte er dabei die Mühe auf sich nehmen, anderen seine Art des Managens plausibel zu machen. Aber dazu hat er wenig Lust.
Als Koordinator und Coach von selbständig denkenden und handelnden Mitarbeitern, die in ihrem jeweiligen Wert anerkannt und gefördert werden möchten und die selbst wissen, wann welche Prioritäten zu setzen sind, kann er seine Stärken am besten entfalten.

Umgang mit Macht

Macht ist ein Begriff, über den nachzudenken Visionäre vermutlich nie auf die Idee kämen. Sie mögen Menschen um sich herum erleben, die Macht ausüben und die sich kämpferisch für eine Sache einsetzen: Diesen Typus kann das nicht besonders beeindrucken. Natürlich wird er in gewisser Weise die Zielorientiertheit und die Konsequenz solcher Persönlichkeiten bewundern, denn diese Eigenschaften sind bei ihm eher unterentwickelt, und manchmal bedauert er dieses Defizit selber.
Macht im Sinne von Kämpfen ist eine Vorstellung, die ihn zutiefst abschreckt. *Gegen* jemanden zu kämpfen, würde gegen seine tief verwurzelte Friedfertigkeit und gegen sein großes Harmoniebedürfnis verstoßen. Warum sollte er gegen jemanden kämpfen, dessen Beweggründe er durchaus versteht? Warum sollte er anderen Menschen Schaden zufügen, um et-

was durchzusetzen, was ihm so furchtbar wichtig nun auch wieder nicht ist?

Für ihn ist es schon schlimm genug, in einen Konflikt hineingezogen zu werden, gezwungen zu werden, für eine Seite Partei zu ergreifen. So richtig entscheiden kann er sich eigentlich für keine, beide haben Argumente, die er nachzuvollziehen in der Lage ist. Im Zweifelsfall steht er hinter denen, die sich weniger kämpferisch geben, weil deren Haltung eher noch der seinen entspricht.

Dennoch ist ihm in einem solchen Fall nicht ganz wohl bei der Sache. Er spürt, daß es manchmal sinnvoll sein könnte, ganz und gar von einem Ziel überzeugt zu sein und sich dann auch für dieses Ziel einzusetzen, und zwar mit allen Kräften, die einem zu Gebote stehen. In dieser Hinsicht spürt er seine eigene Antriebslosigkeit. Er ist viel zu aufrichtig, um diesen Mangel mit der Erklärung »vom Tisch zu wischen«, seine große »Friedensliebe« verbiete es ihm, etwas mehr Aktivität an den Tag zu legen. Aber er hat andererseits auch keine Lust, seine Einstellung und sein Verhalten zu hinterfragen. Denn dann müßte er vielleicht eine klare Entscheidung treffen und sich verändern. Und so sehr ihm auch im allgemeinen an Veränderungen gelegen ist, so offen er im Prinzip dafür ist: Wenn es um die eigene Kraft und Macht geht, fällt er in eine Art »innerer Erstarrung«.

Eigentlich weiß er, daß *keine* Entscheidung auch eine Entscheidung bedeutet und daß seine Abneigung dagegen, zum Handelnden zu werden, durchaus Folgen hat. Unter Umständen überläßt er nämlich solchen Machern das Feld, denen alle Mittel recht sind, um ihre Ziele in die Tat umzusetzen. Eigentlich möchte er darüber gar nicht weiter nachdenken und lieber darauf vertrauen, daß diese Situation nicht eintreten müsse, die ihm eine konkrete Entscheidung und ein konkretes Einstehen dafür abverlangen könnte.

Wenn er seine Angst vor der Macht verliert, ist er in der Lage zu erkennen, daß auch er, der sich von alten Mustern so we-

nig befangen glaubte, durchaus eines mit sich herumschleppt: seine Vorstellung von Macht, die ihm so viel Unbehagen verursacht. Wenn er seine Angst verliert, ist er sogar fähig, eine Vision von Macht zu entfalten, die nicht mehr bei dem alten Muster, das Kampf, Sieg und Niederlage signalisiert, stehenbleibt. Es kann Sinn machen, jemandem oder einer guten Sache zum Recht zu verhelfen, also für eine Überzeugung, für ein Ziel einzutreten – das spürt dieser Typus genau.
Seine Intuition sagt ihm, daß nur die Sache im Vordergrund stehen und daß persönliche Animosität eben nicht den Ausschlag geben dürfe. Seine Hoffnung richtet sich darauf, daß ein Eintreten für jemanden oder für ein bestimmtes Ziel nicht unbedingt zu bedeuten habe, damit automatisch *gegen* Menschen und deren Ziele vorgehen zu müssen. Aber wieviel Kampf, welche Mittel wären in einer solchen Situation dann überhaupt zulässig?
Der Typus des Visionärs erkennt, daß seine Vision an Bildkraft verliert; sie vermag nicht grundsätzlich zu lösen, was die jeweilige Situation an Entscheidung und Handeln erforderlich macht. Zu ermessen, ob eine »gute Sache« wirklich gut ist, hängt von allen Kräften, dem Denken, Handeln und der Intuition zugleich ab – nur dann kommt man zu einem Ergebnis. Wie der Einsatz dafür aussehen könnte – auch hier weiß sich der Visionär keinen endgültigen Rat. Nur einer Sache ist er sich sehr sicher: Ein Kampf, der allein der Bestätigung des Egos diente, käme für ihn nicht in Frage: nicht, weil er ein so guter Mensch wäre, sondern weil eine solche Absicht seinen tiefsitzenden Hang zur Passivität nicht verdrängen könnte.

Dialoge mit der Außenwelt

Visionäre drängen sich nicht in den Vordergrund – weder in Einzelgesprächen noch in Konferenzen. Sie haben auch wenig Ambitionen, vor einem größeren Publikum aufzutreten und wirkungsvoll ihre Meinung zu verkünden. Eigentlich hören sie am liebsten zu, und wenn es ihnen dabei zu langweilig wird, dann schalten sie einfach ab.

Wenn jemand ein bestimmtes Anliegen vorträgt, das einen Visionär wirklich innerlich beschäftigt und Fragen aufwirft, die er allein nicht zu lösen vermag, dann ist dieser Typus allerdings immer präsent. Hier dazu beizutragen, daß sein Gegenüber wieder oder ganz anders klar sieht, ist ihm eine große Freude. Dabei kommt es ihm aber überhaupt nicht darauf an, jemandem seine eigene Meinung aufzudrängen – er braucht keine Bestätigung dafür, wie gut er ist. Viel lieber ist ihm, seine Gesprächspartner so einfühlsam zu befragen, daß diesen selbst die notwendigen Lösungen einfallen und daß sie sich nur darüber wundern, daß sie nicht schon eher auf das offenbar so Naheliegende gekommen sind.

Bei Besprechungen in größerer Runde staunen Visionäre über Redner, die es, bevor sie zur Sache Stellung nehmen, nicht versäumen, ausführlich darzustellen, wer sie sind und wie erfolgreich sie sind. Der Typus des Visionärs empfindet dabei keine Bewunderung und auch keinen Neid, sondern eher eine grenzenlose Verwunderung über ein Verhalten, das ihm ganz fremd erscheint. Gleichzeitig spürt er durchaus, warum diese Redner Selbstdarstellung so nötig haben, er fühlt, wie sehr ihnen an der Anerkennung ihrer Umgebung liegt. Damit ist ihm auch ein solches Auftreten nicht mehr fremd, sondern er weiß nur, daß er selbst es bestimmt nicht gerne an den Tag legte.

Wenn andere Redner auftreten, denen es darum geht, eine hundertprozentige Lösung zu finden, gelingt es diesen ebenfalls, den Visionär in Erstaunen zu versetzen. Sich dermaßen auf ein einziges Vorgehen zu konzentrieren fiele ihm selbst schwer. Dennoch sieht er ein, daß auch eine solche Betrachtungsweise sinnvoll sein kann, und so käme er auch in einem solchen Fall nicht auf die Idee, diese Redner zu unterbrechen.

So sitzt der Visionär oft still und unbemerkt am Tisch und hat das Gefühl, »Besucher eines Jahrmarkts der Eitelkeiten« zu sein, auf dem mit Titeln, mit Taktiken und Techniken jongliert wird, wo sich manche Rede als nichtssagend entpuppt und mancher Redner als »Phrasendrescher«. Über alles, was sich da abspielt, bildet sich der Visionär kein Urteil – jedenfalls nicht bewußt. Statt dessen nimmt er wahr und fühlt nach, was daran echt ist und was nicht.

In Gesprächskreisen, in denen die Visionskraft dieses Typus bekannt ist und geschätzt wird, wird man ihn mit Sicherheit irgendwann nach seiner Meinung fragen – und immer wieder erstaunt sein, was er dann zum besten gibt. Den Anwesenden kommt es so vor, als habe der Visionär eine Art Antenne ausgefahren und empfange von irgendeinem Sender das, was er nun seinem Publikum erzählt: erstaunlich Weitgehendes und zugleich überraschend Naheliegendes, Anregungen und Schlußfolgerungen von großer Kühnheit, die aber trotzdem sehr schnell einleuchten, wenn man sich auf sie einläßt.

Die Zuhörer haben den Eindruck, daß dieser Typus wieder einmal etwas zu sagen habe. Wieder einmal verhilft er zu entscheidenden Anstößen und Durchbrüchen und gerade dann, wenn eine Situation allen ziemlich verfahren oder gar aussichtslos erschienen war. Mancher Vorredner ist betroffen, darauf nicht selbst gekommen zu sein, aber es fällt ihm leicht, dem Visionär den Erfolg zu gönnen. Denn er nutzt dies nicht zur persönlichen Profilierung, und er wird deshalb nie zum ernst zu nehmenden Rivalen.

Am Ende der Konferenz ist die Stimmung hervorragend, zumal sich nach den Ausführungen des Visionärs so etwas wie ein *Wir-Gefühl* eingestellt hat. War es wirklich nur der Visionär, der diesen Erfolg bewirkt hat? Im Grunde fühlen sich jetzt alle Teilnehmer dieser Konferenz dafür verantwortlich und daran beteiligt.

Dialog mit dem Selbst

Der Typus des Visionärs entspricht nicht einem Denker oder einem Macher. Nicht auf diesen Bereichen liegt seine Stärke, sondern in seiner außerordentlichen Intuition. Dieser Typus ist gewissermaßen ständig mit seiner inneren Stimme verbunden, auch wenn ihm dies überhaupt nicht bewußt sein mag. Damit ist er in einem Zustand geblieben, aus dem alle anderen Grundtypen herausgefallen sind, als sie erwachsen wurden.

Vielleicht erinnern Sie sich daran, wie es war, als Sie laufen lernten? Irgendwann erwachte in Ihnen der Trieb, dies zu lernen, und es gab nichts, was Sie daran hindern konnte. Die Lernerfahrung war durchaus mit Schmerzen verbunden, denn bei den ersten Versuchen pflegten Sie zunächst immer wieder hinzufallen und sich wehzutun. Hätten Sie den Schmerzen allzu große Beachtung geschenkt und alle weiteren Versuche zu laufen unterlassen, hätten Sie in diesem Zusammenhang zwar keine weiteren schmerzlichen Erfahrungen gemacht, aber Sie wären auch nie auf die eigenen Füße gekommen. Ein Kind läßt sich durch Schmerzen nicht von seinem unbändigen Lebenswillen abbringen, zunächst gesetzte Grenzen zu erweitern.

Genau diese triebhafte Lebensenergie, die uns natürlich und unbewußt eine Grenze nach der anderen überschreiten läßt, verliert sich mit zunehmendem Alter. Je stärker sich unser Bewußtsein entwickelt, desto mehr registrieren wir unsere schmerzhaften Erfahrungen. Je mehr schmerzhafte Erfahrungen wir in uns tragen, desto mehr wächst das Bedürfnis, ihnen möglichst aus dem Wege zu gehen, uns lieber mit dem schon Erreichten zu begnügen und lieber darauf zu verzichten, neue Erfahrungen zu machen und neue Dimensionen zu erobern.

Auf irgendeine Weise ist der Typ des Visionärs ein Kind geblieben – d. h., er hat sich die kindliche Unbefangenheit beim

Entdecken und Aneignen der Welt erhalten. Sein Entwicklungs- und Expansionstrieb ist völlig ungebrochen, und deshalb ist er ständig auf Neues aus, und deshalb überdeckt auch seine Freude an dem Entdeckten die Schmerzen, die damit verbunden sind. Übrigens leidet dieser Typus an einem Schmerz weit weniger, als dies bei den anderen der Fall ist: Es fällt ihm weniger schwer, Abschied zu nehmen.

Da er sich auf Menschen und Situationen, so sehr er sie auch versteht, nicht wirklich tief einläßt, gewöhnt er sich auch weniger daran, droht also nicht davon abhängig zu werden. Deshalb fühlt er sich nichts und niemandem so verbunden, daß es ihm besonders weh täte, sich davon auch wieder zu lösen. Seine innere Stimme, die ihn immer wieder zu Veränderung antreibt, entspricht in ihrem Wesen der ursprünglichen Triebenergie eines Kindes.

Dennoch gibt es auch eine ganz andere innere Stimme in ihm, und der schenkt er weitaus weniger gerne Gehör. Diese Stimme sagt ihm recht deutlich, daß ihm seine »kindliche« Seite zwar enorme Vorteile bringe, daß dies im Prinzip aber keineswegs ausreiche. Erwachsen zu werden heiße, die Entscheidung für die Evolution bewußt zu fällen und sich damit auch für Bewußtsein zu entscheiden – und die Bereitschaft, die eigene Beschlußkraft zu entwickeln.

Diese Hinweise seiner inneren Stimme gefallen dem Visionär nicht besonders, lieber ließe er sich seine Neugierde weiter in den Schoß fallen. Statt dessen soll er nun Entscheidungen aus reiflicher Überlegung heraus und kraft eines Willensaktes treffen. Wie soll er zu dieser Erfahrung, die ihm so viel Angst und Unbehagen bereitet, kommen? Von wem soll er nun lernen – falls er überhaupt schon bereit ist, in bezug auf Bewußtheit und Wille »das Laufen zu lernen«?

Seine Intuition signalisiert ihm, daß es sinnvoll sein könnte, sich mit den Persönlichkeits-Typen zu befassen, denen er sich so gar nicht verwandt fühlt: mit dem Strategen und dem Integrator.

Erfolg durch drei: Die Triade der Dialog-Typen 1, 2 und 3

Der Typus des Strategen (Enneagramm-Punkt III) hat den Vorteil einer ausgeprägten Willens- und Durchsetzungskraft. Daß ein Ziel definiert werden muß, steht bei ihm ebensowenig außer Zweifel wie die Erfordernis, Wege dorthin herauszufinden und dann auch umzusetzen. Bei der Durchführung seines Vorhabens mag er auf Widerstände stoßen, aber diese übergeht er nach Möglichkeit lieber, als sich von der Erreichung seines Zieles abhalten oder zu Umwegen dorthin anhalten zu lassen.

Der Nachteil des Strategen ist mit seinem Vorteil eng verknüpft. Da es ihm so wichtig ist, etwas durchzusetzen, eine Leistung zu erbringen, weil er sich davon Anerkennung verspricht, hält er nichts davon, einen einmal gefaßten Entschluß ständig wieder in Zweifel zu ziehen. Seine große Dynamik hält ihn davon ab, sich einer Angelegenheit mit äußerster Penibilität zu widmen und auch eventuelle Umwege als Möglichkeit zu erachten, das angepeilte Ziel besser zu verwirklichen oder aber zu einem sinnvolleren Ziel zu gelangen.

In dieser Hinsicht kann er viel von dem Typus des Integrators lernen. Dieser hat es zwar viel schwerer, endlich zur Tat zu schreiten, aber seine Gründlichkeit und seine Neigung, alles immer wieder in Frage zu stellen, um vielleicht doch noch zu einem besseren und nachhaltigeren Ergebnis zu kommen, haben auch viel Gutes.

Wenn der Stratege bereit ist, vom Integrator zu lernen, daß es Sinn macht, etwas ganz und gar zu durchdringen, sich alle Umstände bewußt zu machen und auch die möglichen Widerstände, dann kann er in die eigene Mitte kommen und seine Handlungsstärke, dort wo sie übertrieben ist und Schaden anzurichten droht, in ein Gleichgewicht bringen.

Es gibt allerdings noch einen anderen Bereich, in dem ihm diese Einsicht und die Energie, die der Integrator seiner hinzufügt, nicht genügen oder auch gar nicht weiterhelfen können. Denn: Vernunft anzunehmen und entsprechend zu handeln heißt noch nicht, der eigenen Persönlichkeit, dem Gefühl für sich selbst, nähergekommen zu sein. Selbst wenn der Stratege nun sinnvoller handelt, wird ihn das noch nicht dazu bringen, sich auch dann uneingeschränkt zu akzeptieren, wenn er handlungsunfähig würde.
Sich auf Gefühle, sich auf die eigene Intuition einzulassen, nicht nur dem Intellekt und dem Schaffensdrang zu vertrauen und den Dialog mit der inneren Stimme aufzunehmen: Dies signalisiert ihm der Visionär. Er vermittelt ihm durch seine Andersartigkeit die Chance, wieder das Kindliche in sich zu entdecken, die noch ganz ursprüngliche Neugierde und vor allem eine spielerische Lebensfreude, die der Stratege in all seinem effizienten Tun so leicht vergißt.
Der Integrator (Enneagramm-Punkt VI) geht einen langen, vielen Menschen in seiner Umgebung umständlich erscheinenden Weg, um an sein Ziel zu gelangen. Aber all die Umwege, die ihm seine ständige Skepsis darüber bringen, ob etwas denn nun wirklich richtig sei, haben ihre Vorteile. Wenn dieser Typus alle Bedenken schließlich in seine Entscheidung hat einfließen lassen, dann steht dieser auch nichts mehr im Weg, und dann dürfte sie mit allergrößter Wahrscheinlichkeit auch die richtige sein.
Diese Sache kann aber auch den Nachteil haben, daß eine Entscheidung, die so vieler Umstände und Zeit bedarf, zu spät kommen könnte. Der Integrator läuft damit stets Gefahr, das an sich richtige Abwägen in ein unnötiges »Zaudern« ausufern zu lassen. Seine Bedenklichkeit und die Unsicherheit, die sich dahinter verbergen, können dazu führen, daß er den letzten Zeitpunkt, zu dem ein Handeln noch möglich gewesen wäre, verpaßt.
In dieser Hinsicht kann er viel vom Typus des Strategen ler-

nen. Dessen Kraft liegt ja eben darin, Dynamik in eine Sache zu bringen. Wenn diese Energie, so wie er ihr Ausdruck verleiht, auch in »blinden Aktionismus« ausarten könnte, so hat sie doch auch viel Gutes, um überhaupt in Bewegung zu kommen und zu verhindern, daß ein Ziel deshalb nicht erreicht wird, weil man sich nicht einigen konnte.

Wenn der Integrator bereit ist, vom Strategen zu lernen, daß es Sinn macht, Tatkraft zu entfalten, sich auch einmal über Hindernisse hinwegzusetzen und nicht nur an sich selbst und der Autorität anderer zu zweifeln, könnte auch er in ein Gleichgewicht kommen.

Es gibt aber auch in der Persönlichkeit des Integrators einen Bereich, in dem er nichts machen kann, so daß die Energie des Strategen, sofern er sie sich hier zu Hilfe holte, auch nichts nützt, sondern ihn höchstens noch verzweifelter machen würde. Ein Gefühl für die eigene Autorität zu gewinnen ist ihm eben nur dann möglich, wenn er grundsätzlich bereit ist, sich auf Gefühle einzulassen und letztendlich eines zu lernen: sich selbst zu lieben.

Hier kommt ihm nun die Stärke des Visionärs entgegen, der in der ihm eigenen, so unverfälschten Kindlichkeit grundsätzlich darauf vertraut, daß ihm Liebe entgegengebracht wird, ohne daß er etwas dafür tun muß. Eben seine Kindlichkeit macht es dem Visionär möglich, ohne eine bestimmte Überlebensstrategie zurechtzukommen.

Der Typus des Visionärs hat den Vorteil kindlich anmutender Neugierde und Vorurteilslosigkeit, und da er nicht bewertet, sondern immer wieder auf neue Erfahrungen aus ist, ist er auch wirklich offen für alles Neue und nicht blockiert von der Angst, Vertrautes wieder zu verlieren.

Eben dieser Vorteil kann jedoch erhebliche Nachteile mit sich bringen. Im Grunde drückt sich der Visionär nämlich davor, auch einmal eine Entscheidung zu fällen und dazu zu stehen – ob es sich nun um eine Sachlage oder einen Menschen handelt. Hinzuhören, nach neuen Möglichkeiten zu

suchen – dazu ist er gerne bereit, nicht aber dazu, sich auf etwas oder jemanden einzulassen.
Lernen kann er hier zunächst vom Integrator und dessen hohem Grad an Bewußtheit. In seinem ständigen Bemühen, sich lückenlos darüber klar zu werden, in welche Richtung eine Entwicklung laufen sollte, erweist sich der Integrator als verantwortlicher Entscheidungsträger, der sich eben nicht davor drückt, endlich erwachsen zu werden.
Lernen kann er aber auch vom Strategen, denn dieser übernimmt eine weitere Verantwortung, der der Visionär lieber ausweicht: die für das Handeln. Hier gilt es für ihn, seine ewige Angst vor den Konsequenzen einer Entscheidung zu überwinden. Nun hat er endlich die Gelegenheit, sich dem Leben als verantwortungsbewußter wie verantwortungsbereiter Gestalter zu stellen.

Dialog-Typ 4: Der Stabilisator

Porträt

Wenn dem Typus des Stabilisators eine Aufgabe anvertraut wird, erachtet er es als Ehrensache, ihr absolut zuverlässig gerecht zu werden. Selbst wenn er Probleme sieht, zögert er nicht, das, was er als seine Pflicht erachtet, mit großer Gründlichkeit zu erfüllen. »Krumme Touren« nimmt er dabei allerdings auf keinen Fall in Kauf. Ein bestimmter Zweck heiligt bei ihm durchaus nicht alle Mittel – er hat schließlich feste moralische Wertvorstellungen, und da er anderen auch in dieser Hinsicht ein Vorbild sein will, wird er der letzte Mensch sein, der dagegen verstößt.
Dieser Typus ist ein Macher, aber keiner, der blindlings handelt. Er ist bereit, Verantwortung zu übernehmen – selbst dann, wenn es darum geht, Veränderungen einzuleiten und obwohl ihm Veränderungen eher Unbehagen bereiten. Viel lieber sind ihm überschaubare, solide Verhältnisse, die er aus Erfahrung zu beurteilen vermag und mit denen er aufgrund seiner Erfahrung umzugehen weiß. So versteht er sich als eine Art Hüter der Tradition, und wer mit Traditionen brechen will, wird bei ihm auf erheblichen Widerstand stoßen. Dennoch ist er bereit, mit sich reden zu lassen, zumal dann, wenn er seine Gesprächspartner für vertrauenswürdig hält und erst recht, wenn sie überzeugende Argumente für die Notwendigkeit einer Veränderung haben.
Der Stabilisator schätzt Klarheit und die Eindeutigkeit logischer Schlußfolgerungen wie Analogien: Sie vermitteln ihm das gute Gefühl, daß in allen Dingen, sowohl in den größten als auch in den kleinsten, dieselbe Ordnung und Gesetzmäßigkeit herrscht. Seiner Gradlinigkeit entsprechend, sucht er immer nach der absolut richtigen Lösung im Sinne dieser

Ordnung. Gleichzeitig hat er es sehr schwer damit, wenn sich zwei oder mehrere gleichwertige Möglichkeiten anbieten, da er sich kaum vorzustellen vermag, daß beide mit ein und derselben Ordnung in Verbindung zu bringen sind. Entscheidungen zwischen einem »Entweder-Oder« fallen ihm deshalb wesentlich leichter, als ein »Sowohl-als-Auch« zu akzeptieren.
Schritte zur Veränderung vollzieht dieser Typus mit Bedacht; allzuviel Enthusiasmus ist ihm suspekt. Strukturen und Strategien, die sich über eine längere Zeit bewährt haben, gibt er nicht so leicht auf. Allem Neuen und noch nicht Bewährtem steht er mit Skepsis gegenüber und hinterfragt es lieber dreimal kritisch, bevor er sich auf unvertrautes Gelände begibt. Dabei spielt nicht nur sein eigenes Sicherheitsbedürfnis eine Rolle, sondern auch sein großes Verantwortungsgefühl für seine Umwelt.
Unwohl fühlt sich dieser Typus, wenn er mit Menschen konfrontiert ist, die sich zu große Freiheiten herausnehmen, die sich völlig unbekümmert nach ihren Instinkten richten und offenbar keine Lust haben, sich irgendeiner Kontrolle zu unterwerfen; Menschen, die auch einmal die Fassung verlieren, aus dem Rahmen zu fallen drohen und nicht in den Griff zu bekommen sind. Hinter seiner Abwehr steckt aber eine tiefe Sehnsucht nach einem spontanen Kontakt zu den eigenen Gefühlen, der Wunsch, sich jenseits aller Pflichten auch einmal Unbeherrschtheit leisten zu dürfen, und der Neid auf Zeitgenossen, die sich einfach so geben, wie sie sind, und glauben, nichts tun zu müssen, um bestimmten Konventionen gerecht zu werden.
Die Sehnsüchte dieses Typus wurzeln in seiner Kindheit. Seine Erziehung orientierte sich an vernünftigen Grundsätzen und festen Prinzipien. Es bestand überhaupt kein Zweifel daran, was gut und was böse sei. Sich nach der Weltanschauung der Eltern zu richten war eiserne Pflicht, und deren fest umrissene Wertordnung ging ihm schließlich in Fleisch und Blut über.

Selbst wenn er sich im Verlauf seines Lebens dazu entschlossen haben sollte, den Vorstellungen seines Elternhauses nicht mehr zu entsprechen – was ihm vermutlich sehr schwergefallen sein dürfte –, so vermochte er diesen Entschluß nur durch die Etablierung eines gleichwertigen zweiten Wertesystems umzusetzen. Was diesem Typ nur schwer gelingt, ist das Zulassen anderer Erfahrungen, Urteile und Verhaltensweisen, die ihm gänzlich fremd sind. Selbst wenn sein Interesse daran hin und wieder geweckt sein sollte, wird er sich vorsichtshalber lieber wieder in sein altes Denk- und Handlungsmuster zurückziehen, weil er glaubt, sich darauf am meisten verlassen zu können.

Einem Stabilisator fällt es schwer, hemmungslos zu genießen. Wenn er sich etwas Besonderes leistet, dann versteht er dies als Belohnung, der irgendeine Anstrengung seinerseits vorangegangen sein muß. »Vor den Erfolg haben die Götter den Schweiß gesetzt«, ist eine Redensart, die ihm unmittelbar einleuchtet, und wenn ihm etwas unverdient in den Schoß fällt, dann verursacht ihm das eher Unbehagen.

Nicht der Beifall der Menge ist diesem Typus wichtig, sondern die Achtung, die ihm von anderen Menschen entgegengebracht wird. Schon seine Ausstrahlung verleiht ihm Respekt, und den weiß er sich spätestens durch wenige unmißverständliche Worte zu verschaffen. Da ihn seine Umgebung durchaus als Autorität empfindet, hat er es nicht allzu schwer, sich und seine Ansichten durchzusetzen. Während die einen ihn als »Fels in der Brandung« empfinden, dem man vertrauen und an den man sich auch einmal anlehnen kann, haben andere eher den Eindruck einer latenten Bevormundung und der fast bedrückenden Strenge eines »Übervaters«.

Gefühle unverhohlen zu zeigen empfindet ein Stabilisator als unpassend; auch für seine Emotionalität gesteht er sich nur ein gewisses Maß zu, das zu überschreiten er sich auch gar nicht traut. Sich auf seinen Intellekt zu verlassen ist ihm lieber, als sich auf die eigene Intuition einzulassen. Die Begriffskombination *Emotionale Intelligenz* verursacht bei ihm Kopfschütteln, vielleicht aber auch »Kopfschmerzen«, da er sehr wohl ein Gefühl dafür hat, daß es etwas gibt, das über den Kopf hinausgeht. Eben wegen der Kraft dieses Gefühls hat er auch so viel Mühe, es zu verdrängen, aber er ist es nun einmal gewohnt, so und nicht anders mit seiner Emotionalität umzugehen.

Mit »sozialer Kompetenz« kann sich der Stabilisator dagegen sofort identifizieren. Sein Verantwortungsgefühl für die Menschen in seiner Umgebung ist hoch entwickelt, und er würde lieber persönliche Nachteile in Kauf nehmen, als Personen, die ihm anvertraut sind, im Stich zu lassen. *Sozial zu sein* gehört eindeutig in den Katalog der Werte, nach dem er sein Dasein so entschieden und unbeirrbar ausrichtet.

Rollenbild

Autorität, »Väterlichkeit«, Ernst und Strenge: Der Typus des Stabilisators wird von vielen mit einem männlichen Wesen in Verbindung gebracht und auch mit der Vorstellung von einer Führungskraft – ob Manager oder Unternehmer. Dennoch gibt es eine Menge Frauen, die sich – zu Recht – mit diesem Typus identifizieren. Von ihrer Sozialisation sind es oft die älteren Schwestern, die schon früh auf ihre jüngeren Geschwister aufpassen mußten und wenig Zeit zum Spielen hatten. Fürsorglichkeit und Verantwortungsbewußtsein sind Begriffe, die man bei ihnen eher assoziiert als Mütterlichkeit, was auch dafür spricht, daß Stabilisatoren meistens über ihre männlichen Anteile definiert werden und nicht über »typisch« weibliche.

In unserer Gesellschaft – und nicht nur im Management – hat dieser Typus einen besonders guten Ruf. Ordnungssinn, Pflichtgefühl und Disziplin gelten als Tugenden, die nicht nur Preußen zu Glanz und Gloria verhalfen. Bei all den Vorteilen, die dieser Typus zweifellos mitbringt, birgt er in einer Zeit des Wandels doch auch eine gewisse Gefahr: Er ist derjenige, der sich einer Veränderung am entschiedensten entgegenstellt.

Zugegeben: Es ist nützlich, wenn Persönlichkeiten, die diesem Typus entsprechen, dafür Sorge tragen, daß das Bewährte nicht einfach rücksichtslos über den Haufen geworfen wird – es mag »Bausteine« geben, die in das Mosaik des Neuen hervorragend passen und diesem zu Stabilität verhelfen. Zum Problem werden Stabilisatoren also nur dann, wenn sie sich der Bewegung in eine neue Richtung grundsätzlich in den Weg stellen.

Stärken	**Schwächen**
Integrität	Selbstgerechtigkeit
Vernunft	Scheu vor »negativen« Gefühlen
Prinzipientreue	Besserwisserei
Disziplin	Unflexibilität
Gerechtigkeitssinn	Intoleranz
Verantwortungsbereitschaft	Hang zur Bevormundung
Zuverlässigkeit	Kontrollsucht
Hartnäckigkeit	Dominanz
Ordnungsliebe	Pedanterie
Bodenständigkeit	Mißtrauen allem Neuen gegenüber
Risikobewußtsein	übertriebenes Sicherheitsdenken
Pflichtgefühl	Autoritätsgläubigkeit

Führungsstil

Wer mit Stabilisatoren zusammenarbeitet, weiß, woran er ist – fachlich wie persönlich. Eindeutige Zielvereinbarungen sind für diesen Typus ebenso selbstverständlich wie die regelmäßige Überprüfung von Ergebnissen und ein hohes Maß an Leistung und Zuverlässigkeit. Dennoch bleibt er bei aller vordergründigen Strenge fair und fürsorglich, so daß er als Autorität von den meisten seiner Mitarbeiter durchaus geschätzt wird. Das sind vor allem solche, denen es leicht fällt, sich Regularien unterzuordnen, deren Einhaltung dieser Typus aber auch entschieden einfordert.

»Traumtänzer«, Menschen, die rhetorisch glänzen, zur Sache aber nichts Rechtes beizutragen haben, Intriganten, aber auch durch und durch labile Charaktere empfinden Stabilisatoren als eher belastend, auch wenn sie sich der Verantwortung ihnen gegenüber nicht entziehen werden. Erstere entsprechen nicht ihren Prinzipien von Solidität, und die »Hypersensiblen« beunruhigen sie wegen ihrer unberechenbaren Reaktionen.

Schwer hat es dieser Typus damit, solche Werte in anderen Menschen zu erkennen und erst recht zu fördern, die nicht in seinen eigenen Wertekanon passen. So ist es für ihn alles andere als selbstverständlich, in einem Menschen, der eher phantasievoll ist als bodenständig, einen potentiellen Visionär zu vermuten, der neuen und durchaus sinnvollen Wegen auf die Spur kommen könnte. Träume sind für Stabilisatoren »Schall und Rauch« und werden gerne als Ausdruck einer erhöhten Hirnstromaktivität abgetan, die mit der Realität nichts zu tun habe. Unangenehm sind sie ihnen schon deshalb, weil sie sich der Lenkung des bewußten Ich entziehen und Gefühle, Probleme, Wünsche und Ängste aufzeigen, die sie für ihre Realität für nicht wünschenswert halten. Von Chancen, die ihnen aus dem Unbewußten erwachsen könnten, wollen sie lieber nichts wissen.

Daß äußerst sensible Naturen möglicherweise über ein hohes Maß an Intuition verfügen, das sich bei der Beurteilung von Menschen und Situationen als äußerst nützlich erweisen könnte, ist eine Auffassung, der dieser Typus nur mit Mühe zu folgen vermag. Damit ist er in Fragen der Förderung und Entwicklung seiner Mitarbeiter nicht immer so klug, objektiv und gerecht, wie er dies im Prinzip gerne wäre. Viel Wert legt er darauf, daß die Form gewahrt bleibt. Wer nicht pünktlich erscheint oder einen vereinbarten Termin unentschuldigt versäumt, handelt sich bei ihm Ärger ein. Stabilisatoren schätzen Konferenzen, denen eine gut durchdachte Tagesordnung Form und Grenzen verleiht. Auch eine ordentliche Protokollierung verstärkt ihr gutes Gefühl, alles im Griff zu haben. Vorschläge, die jemand einbringt, müssen plausibel und gründlich durchdacht sein. Gegen Brainstormings haben sie nichts einzuwenden, aber sie halten nichts davon, wenn Ideen den Rahmen des nach ihrer Ansicht Machbaren zu sprengen drohen.
Dieser Typus hegt keinen Zweifel daran, daß Mitarbeiter gut informiert werden sollten, aber er ist gleichzeitig davon überzeugt, daß es ihnen eher schadete, wenn sie lückenlos über alles Bescheid wüßten: dies – so seine Ansicht – solle lieber denen vorbehalten bleiben, die die Verantwortung trügen. Er ist auch nur begrenzt damit einverstanden, daß immer mehr Menschen im Unternehmen Mitverantwortung eingeräumt werden solle – er sieht sie damit einerseits völlig überfordert, und andererseits befürchtet er, hier werde der Unberechenbarkeit Tür und Tor geöffnet.
Gegen kritische Mitarbeiter hat ein Stabilisator im Grunde nichts einzuwenden, denn Kritik dient schließlich auch dazu, Fehlerquellen aufzudecken, Mißstände so schnell wie möglich zu beheben und Verbesserungen einzuleiten. Wenn Kritik aber an den Wertmaßstäben eines Stabilisators rüttelt, kann er äußerst ungnädig reagieren und sich entsprechende Äußerungen kategorisch verbieten.

Luxus am Arbeitsplatz hält dieser Typus für absolut überflüssig, aber auf eine gewisse repräsentative Umgebung, die seinem Bedürfnis nach Gediegenheit und Solidität Ausdruck verleiht, legt er Wert. Mit »aufgekrempelten Hemdsärmeln« und kumpelhaftem Gehabe am Arbeitsplatz zu erscheinen liegt ihm überhaupt nicht. Wer einen Termin bei ihm möchte, kann sich an seine Sekretärin wenden – und dort sicherlich einen bekommen, denn er läßt Mitarbeiter, die ihn brauchen, nicht »hängen«. Offene Türen und ein »Management by walking around« – beides Möglichkeiten für einen spontaneren Austausch – lehnt er dagegen mit der Begründung ab, so etwas »Neumodisches« müsse seines Erachtens nicht sein. Unbehagen bereitet ihm die Vorstellung, daß es in Zukunft in allen Branchen und Sparten immer mehr Telearbeitsplätze geben könnte, so daß es ihm schwerer gemacht würde, den Überblick und die Kontrolle zu bewahren. Noch mehr Unbehagen empfindet er angesichts der Tatsache, daß im Rahmen der Umstrukturierungen von Unternehmen immer mehr Mitarbeiter entlassen werden. Sein menschliches Verantwortungsgefühl läßt ihn immer darauf achten, die Freisetzungen möglichst so finanziell abzufedern, daß die »Opfer« nicht ins Bodenlose fallen. Dabei spielt aber auch seine untergründige Angst eine Rolle, selbst einmal Opfer der Verhältnisse und entlassen zu werden.
Insgesamt erweist sich ein Stabilisator als vorbildlicher Sachverwalter aller Aufgaben, für die er Verantwortung übertragen bekommen hat. Sein Gestaltungspotential ist so überschaubar, klar und berechenbar wie seine Gesamtpersönlichkeit. Seine Qualität liegt darin, stabilisierend zu wirken und es in einer Zeit des Wandels möglichst gar nicht erst zu Unruhe kommen zu lassen.

Umgang mit Macht

Fragte man Stabilisatoren, was ihnen zum Begriff *Macht* einfiele, assoziierten sie damit wahrscheinlich »Würde«, »Autorität«, »Bürde«, »Ordnung«, »Respekt« und ähnliches. Macht ist für sie mit Schwere verbunden, und haben sie selbst Macht, dann spüren sie »die Last der Verantwortung« auf ihren Schultern. Trotzdem finden sie sich häufig in Positionen, die mit Macht und Einfluß verbunden sind. Der Grund dafür liegt weniger darin, daß sie mit allen Mitteln danach strebten, vielmehr bieten sie sich gewissermaßen durch ihre Persönlichkeit an, Macht zu übernehmen.

Daß jemand Macht habe, halten sie prinzipiell für notwendig, damit die Ordnung, die sie ständig bedroht sehen, nicht aus den Fugen gerate. Macht halten sie für sinnvoll, weil sie der Meinung sind, der Mensch brauche gewisse Vorgaben, Gesetze und Regularien, um sich nach etwas richten zu können. Sie sind bereit, dafür zu sorgen, weil sie sich dann zumindest sicher sind, daß es sich um die »richtigen« handele. Natürlich würden sie diese Vorgaben nie selbst erfinden, sondern Wert darauf legen, daß sie sich bewährt und eine möglichst lange Tradition aufzuweisen hätten.

Macht zu genießen – auf diesen Gedanken kämen sie nie. Lebensgenuß ist ohnehin nicht ihre Sache, ihn aber mit Macht zu verbinden, käme ihnen auf keinen Fall in den Sinn. Dabei sind sie innerlich durchaus stolz auf ihre Macht, es tut ihnen gut, ihre eigene Würde zu spüren. Aber dessen sind sie sich einerseits kaum bewußt, und wären sie es, könnten sie dies nicht zugeben.

Macht zu teilen finden sie eher unzweckmäßig, denn so etwas wäre nach ihrer Auffassung eher verwirrend. Wen könnten sie schon finden, der in der Lage wäre, seine Macht nach genau denselben Kriterien auszuüben wie sie selbst? Lieber tragen sie die ganze Last, als in dieser Hinsicht irgendein Risiko einzugehen.

Stabilisatoren fühlen sich als Garanten für Vernunft, Regelmäßigkeit und Überschaubarkeit in ihrer Umgebung. Wer sich damit identifizieren kann, wird ihre Macht nicht als Belastung empfinden, sondern eher als beruhigend. Menschen, die dagegen ihre Freiheit lieben und darauf vertrauen, daß Freiheit nicht ins Chaos führen muß, haben es mit ihnen schwer – und umgekehrt. Daß Freiheit die Chance eröffnen kann, neue Werte und Strukturen zu finden, die vielleicht besser zu einer Gesellschaft passen, in der fast alle Bereiche dem Wandel unterworfen sind, will diesem Typus nicht in den Kopf. Für so etwas bringt er keine Erfahrung mit, und von Experimenten hält er nun einmal wenig.
Stabilisatoren tragen immer Sorge, daß Macht mißbraucht werden könnte, und wann immer ihnen das auffällt, schreiten sie zur Tat und bemühen sich um Aufklärung. Charismatische Menschen, die andere in emotionale Bewegung bringen, mitreißen und für ihre Zwecke zu verführen drohen, sind ihnen nicht nur suspekt, sondern ein Greuel.
Dahinter mag die Angst vor dem eigenen Charisma stehen. Aus diesem heraus machtvoll zu gestalten, dagegen wehren sich die Stabilisatoren. Sie laufen vor ihrer Macht davon, weil sie fühlen, daß auch sie Gefahr laufen könnten, diese zu mißbrauchen. So ist ihr Zugriff auf traditionell verbürgte, »sichere« Werte ein Versuch, dieser Gefahr zu entrinnen und letztendlich ein Vorwand, sich damit nicht selbst konfrontieren zu müssen.

Dialoge mit der Außenwelt

Dieser Typus ist der Meinung, daß er anderen durchaus etwas zu sagen habe, aber das heißt noch nicht, daß er dazu bereit wäre, in einen echten Meinungsaustausch einzutreten. Auch wenn er es sicherlich immer »gut meint«, haben seine Ausführungen oft etwas Trockenes, Belehrendes und Monologisierendes. Man nimmt ihm ab, wovon er redet; seine Glaubwürdigkeit steht einfach außer Zweifel. Er weiß, wovon er spricht, und er hat anderen eine Menge an fundiertem Wissen zu vermitteln. Aber da er sich gerne strikt an Fakten und Zahlen hält, ungern seine Phantasie schweifen läßt und »blendender« Rhetorik eher mißtraut, gelingt es ihm nicht, seine Zuhörer zu fesseln.

Ein Stabilisator reagiert betroffen, fast verletzt, wenn er merkt, daß seine Umgebung auf seine Ansichten und Erfahrungen keinen besonderen Wert legt. Diese Haltung dokumentiert weniger gekränkte Eitelkeit als das Unverständnis über den offensichtlichen Mangel an Aufgeschlossenheit für Themen, von denen er annimmt, sie seien für sein Gegenüber wichtig. Mindestens ebenso betroffen reagiert er, wenn seine Gesprächspartner Werte in Frage stellen, die er selbst für unumstößlich hält, wenn sie seine Grundüberzeugungen völlig in Zweifel ziehen oder gar beißende Kritik daran üben. Unter solchen Voraussetzungen zu diskutieren fällt ihm ausgesprochen schwer. Oft reagiert er mit eisigem Schweigen, hochgezogenen Augenbrauen und verdüsterter Miene: deutliche Zeichen eines Menschen, der sich sicher ist, es besser zu wissen. Äußerst irritiert von dem Unverständnis, das er um sich herum registriert, hofft er, daß seine Umgebung – nach seinem Verständnis – Vernunft annehmen möge.

Seine Integrität und seine Fairneß bewegen ihn allerdings immer wieder dazu, sich Gegenargumente anzuhören, sie ernst zu nehmen, und auch den Menschen, die er nicht gleich versteht, Aufmerksamkeit zu schenken. Mehr noch als darum, recht zu behalten, geht es ihm um Gerechtigkeit und das Richtige. Je mehr Aufgeschlossenheit er entwickeln kann, desto klarer mag er eine Lage zu beurteilen. Je mehr Irrtümer und Umwege er sich selbst zugesteht, desto toleranter vermag er auch in Hinblick auf seine Umgebung zu sein.

Es wird ihm zwar immer sehr schwer fallen, seine Wertvorstellungen in Frage zu stellen und erst recht, sie zu revidieren, aber je mehr Menschlichkeit und Verständnis er aufbringt, desto weniger wird er versuchen, andere für seine Ideale zu gewinnen. Je weiter dieser Typus in seiner Persönlichkeitsentwicklung kommt, desto weniger hält er sich und seine Einstellung für das Maß aller Dinge. Mit zunehmender Reife kann er anderen Angebote machen, ohne darauf zu drängen, daß sie darauf eingehen, und ohne bekümmert zu sein, wenn sie seine Angebote nicht wahrnehmen.

Dialog mit dem Selbst

Mit seiner inneren Stimme in Kontakt zu kommen ist für den Stabilisator keine Selbstverständlichkeit. Im Wege steht ihm dabei etwas, auf das er besonders stolz ist und worauf er glaubt, sich in jedem Fall verlassen zu können: sein Gewissen. Im Grunde hält er sein Gewissen für seine innere Stimme, und so merkt er gar nicht, wie weit sein Gewissen von der Qualität entfernt ist, die die wirkliche innere Stimme auszeichnet: *Intuition.*

Das Gewissen dieses Typus ist ein Raster für seine Wertvorstellungen, oder besser: für Wertvorstellungen, die er für die seinen hält. Solange es sich aber um Werte handelt, die er als »braves Kind« übernommen hat, ist das Gewissen nichts weiter als eine Art Marionette, deren Fäden bei den Autoritätspersonen oder Institutionen zusammenlaufen, die diesen Typus entscheidend geprägt haben. Zu diesem Raster gehört nicht zuletzt die Ansicht, der »Ratio«, dem Intellekt, gebühre auf jeden Fall Vorrang, auf Gefühle sei dagegen kein Verlaß, und es sei deshalb ziemlich verantwortungslos, auf Gefühle zu bauen.

Die wahre innere Stimme des Stabilisators zwingt ihn, den gesamten Katalog seiner Werte zunächst zu neutralisieren – eine für diesen Typus geradezu empörende Vorstellung, die ihm tiefstes Unbehagen bereitet. Ohne feste und möglichst

von Autoritäten sanktionierte Wertvorstellungen auskommen zu müssen, scheint seinem Leben die Grundlage zu entziehen. Seine innere Stimme macht ihm jedoch klar, daß es seiner ureigensten Entscheidung bedarf, bestimmte Werte zu akzeptieren und sich gegebenenfalls für noch ganz andere zu öffnen. Seine innere Stimme sagt ihm auch, daß es in seiner Macht allein liegt, diese Entscheidung zu treffen und die Verantwortung dafür zu übernehmen.
Die erste Aufgabe, die dem Stabilisator deshalb im Rahmen seines Entwicklungsprozesses zufällt, ist es zuzulassen, daß die von ihm bislang praktizierten Denk- und Verhaltensmuster und die dahinter stehenden Prinzipien falsch sein könnten. Als nächstes gilt es für ihn zu akzeptieren, daß diese Prinzipien und alles daraus folgende auch richtig sein könnten. Was für ihn für seine Existenz aber falsch und richtig ist – darüber kann nur er alleine entscheiden, und er muß sich entschließen, wenn er als verantwortlicher Gestalter seiner Existenz wirksam werden will.
Gleichzeitig ist es für ihn wichtig einzusehen, daß seine Entscheidung zwischen richtig und falsch nicht allgemein verbindlich sein muß – andere Menschen mögen gute Gründe dafür haben, ganz andere Entscheidungen zu treffen. Schließlich steht dieser Typus, der so gerne auf Sicherheit und Beständigkeit baut, vor der Erkenntnis, daß er selbst im Verlauf seiner Entwicklung immer wieder in die Lage kommen könnte, seine Entscheidungen revidieren zu müssen – nicht aufgrund eines Drucks von außen, sondern aus eigenem, inneren Antrieb heraus. Eigentlich ist so etwas gerade für diesen Typus undenkbar, denn er glaubt, in einem solchen Fall an Glaubwürdigkeit zu verlieren – bei anderen und auch vor sich selbst. Hat er diese, für ihn so schwierige Erkenntnis aber einmal akzeptiert, macht ihn dies ungeheuer frei: Frei dafür, die eigenen Grenzen immer wieder zu überschreiten, frei dafür, immer wieder neu Verantwortung zu übernehmen, und frei dafür, seiner inneren Stimme als Garant und Aus-

druck der Entwicklung seiner Persönlichkeit mehr und mehr Vertrauen zu schenken.
Die Freiheit, die Stabilisatoren durch ihre innere Stimme gewinnen, erlöst sie davon, gegen fremde und aufgezwungene Wertesysteme, die sie zwar verinnerlicht haben, die aber dennoch eigentlich nicht die ihren sind, rebellieren zu müssen. Indem sie vieles für möglich halten und immer wieder danach schauen, was für sie sinnvoll ist, entrinnen sie ihrer eigenen Enge; ihre Erstarrung wird zur Schwingung.
Veränderungsprozesse sind für sie, wenn sie dieses Entwicklungsstadium erreicht haben, keine Bedrohung mehr, sondern eine Bereicherung. Es entspricht ihnen auch weiterhin, ihrer Umwelt mit Bewertungskriterien zu dienen. Aber eine wesentliche Dienstleistung ist es nun, ihre Bewertungskriterien immer wieder zu überprüfen, so daß diese zu einem Instrument werden, das der *Flexibilität* Vorschub leistet und nicht dem prinzipiellen Beharren auf alten, möglicherweise untauglich gewordenen Strukturen.
Wann immer die innere Stimme sich meldet, wird dieser Typus aufmerksam werden, da er diese zu achten gelernt hat. Die Hinweise, die er von ihrer Seite aus empfängt, verbindet er mit einem sehr klaren Bewußtsein und dem Bedürfnis nach Strukturierung und Realisierbarkeit in voller Verantwortung für alle, die davon betroffen sein könnten.
Seine emotionale Intelligenz spannt also den Bogen vom Verstand, den dieser Typus einst für das Maß aller Dinge gehalten hat, bis zum Vertrauen in seine Intuition, die er nun als permanent anregend und bewußtseinserweiternd empfindet. Er ist und bleibt letztendlich ein stabiler und stabilisierender Faktor für die Umgebung – ob es sich um die private oder die berufliche handelt. Seine *neue Unberechenbarkeit* sollte nicht als Unzuverlässigkeit ausgelegt werden, sondern als Voraussetzung dafür, mit Ereignissen und Situationen in einer Zeit des Wandels jeweils angemessen umgehen zu können.

Dialog-Typ 5: Der Philosoph

Porträt

Unter einem Philosophen stellt man sich gemeinhin einen Menschen vor, der mit der konkreten Welt nicht sehr viel zu tun hat – und nicht sehr viel zu tun haben will. Abgeschieden von ihr sitzt er in einer »Klause« und denkt nach: über sich selbst, über das Wesen und die Zusammenhänge aller Dinge, über letztendlich gültige Prinzipien und Inhalte allen ethischen Handelns. Es geht ihm also nicht wie dem Forscher darum, Gesetzmäßigkeiten bestimmter, fest umrissener Gegenstandsbereiche zu erfassen. Sein Sinnen richtet sich auf die Ganzheit der Wirklichkeit und ihre Grundbestimmungen aus, er will hinter die Dinge blicken und aus dem Chaos aller Möglichkeiten heraus zu einer Systematik gelangen, die allgemeinen und allgemein verbindlichen Charakter haben soll. Ein Philosoph beansprucht nicht mehr und nicht weniger, als die *Wahrheit als solche* herauszufinden.
Nun werden sich »echte« Philosophen in einem Unternehmen kaum finden, womit nicht gesagt ist, daß es nicht lohnen könnte, ihnen gerade in Unternehmen einen Platz einzuräumen. Die Philosophen in den Unternehmen erweisen sich als nachdenkliche Manager, Menschen, die es nicht leicht mit sich haben und es anderen auch nicht leicht machen. Wann immer eine Entscheidung ansteht oder bereits gefallen ist: Die Philosophen werden sie kritisch hinterfragen, sie werden immer über Alternativen nachgrübeln und immer daran zweifeln, welche Alternative sich als wirklich sinnvoll für »das Ganze« erweisen könnte.
Das Ganze bedeutet für sie immer mehr als das Unternehmen. Selbst wenn eine Entscheidung durchaus dem Geschäftserfolg im Sinne der Gewinnmaximierung dienlich sein könnte,

wird dieser Typus darüber nachgrübeln, ob sie auch in sozialer Hinsicht oder mit Blick auf die Umwelt verträglich ist. Damit ist eine solche Persönlichkeit mit Sicherheit nicht bequem – jedenfalls nicht für diejenigen, die froh sind, daß es endlich zu einem Beschluß gekommen ist, und denen es nichts weiter ausmacht, daß diese Entscheidung den einen oder anderen Haken haben könnte.

Philosophen kümmern sich bei ihren Betrachtungen und auf ihrer Suche nach Wahrheit nicht um Hierarchien, und auch das macht es »Amtsautoritäten« und Funktionären, die nicht bereit sind, persönlich für eine Sache einzutreten, schwer, mit ihnen umzugehen. Dabei erwachsen jedem Menschen, der mit diesem Typus umzugehen Gelegenheit hat, ganz besondere Chancen. In dem Moment, in dem Philosophen auf einen wunden Punkt kommen und damit auf die Bruchstelle in einer bestimmten Denk- oder Handlungsanordnung aufmerksam machen, ermöglichen sie es, etwas Besseres und Stabileres herauszufinden.

Wer sich also damit zufrieden gibt und erleichtert darüber ist, überhaupt zu einer Entscheidung gefunden zu haben, die nun den Rahmen für bestimmte Handlungen vorgibt, wird vermutlich jeden Menschen mit »philosophischen« Zügen aus seiner Umgebung entfernen. Wer aber zu einer ganzheitlichen Sichtweise neigt und bereit ist, stets hinzuzulernen und sich auch ganz anderen Überlegungen zu öffnen, ist mit diesem Typus sehr gut bedient – gerade wegen dessen Unbequemlichkeit.

Die Ansicht, Philosophen befänden sich im Prinzip und andauernd auf einem extrem hohen Level an Bewußtheit und Unbestechlichkeit, ist allerdings ein Fehlurteil. Ihre Nachdenklichkeit, ihr ständiges Hinterfragen basieren nicht – oder nicht allein – auf einem stets klaren Verstand, sondern auf einer tiefen Emotionalität. Die Suche nach dem Wesentlichen entspricht ihrer ständigen Suche nach ihrem eigenen Wesenskern, nach einer Basis, der sie endlich und endgültig vertrauen könnten. Da sie aber in sich immer wieder neue »Abgründe« entdecken, werden auch ihre Selbstzweifel immer wieder wachgerufen.

Diese ständigen »inneren Erschütterungen«, denen sie ausgesetzt sind, führen zu sehr labilen Stimmungslagen, die sich dann natürlich auch auf ihre Umgebung auswirken. Manche Vertreter dieses Typus vermitteln ihrem Umkreis das Gefühl, sie seien über die Maßen kompliziert und ziemlich hysterisch. Gerade Menschen, die es nicht leiden oder ertragen können, ständig mit allem, was sie tun, in Zweifel gezogen zu werden, übersehen leicht, daß Philosophen in erster Linie mit sich selbst ringen und daß es ihnen wirklich nicht darum geht, ihrem Umfeld ständig Probleme zu bereiten.

Ihnen einen gedanklichen Freiraum für die anstehenden Überlegungen im Unternehmen zu geben macht Sinn. Ebenso erforderlich ist es aber, sich auch einmal gegen ihre Bedenken und Zweifel abzugrenzen und zu erkennen, daß es einer Entscheidung bedarf, wenn Zeitpunkt und Umstände dies notwendig machen. Andererseits wäre es falsch, es den Philosophen zu früh zu verbieten, einer Frage bzw. deren Lösung in aller kreativen Freiheit nachzuspüren. Es kann sich nämlich auch herausstellen, daß sie auf eine Idee kommen, an die niemand gedacht hat und die einfach bahnbrechend ist – selbst wenn sie die letzten sind, die daran glauben.

Philosophen erinnern in gewisser Weise an den Typus des Visionärs: Auch sie lassen sich ungern festlegen, auch sie sind auf der Suche nach Neuem, und auch sie sind bereit, sich dem Unerwarteten und Überraschenden zu stellen. Im Gegensatz zu den Visionären lassen sie das Alte und Bekannte aber nicht einfach neben dem gerade neu Entdeckten stehen, um sich dann weiter auf Entdeckungsreise zu begeben. Bevor sie einen Schritt weitergehen, suchen sie mit der ihnen eigenen Intensität nach Verbindungen zwischen den alten und neuen Erfahrungen und nach einer übergeordneten Systematik und dem dahinterstehenden, sinnvollen Prinzip.

Der Typus des Philosophen scheint auch viel mit den Integratoren zu tun zu haben – in beiden Kategorien handelt es sich nicht um Menschen, die in erster Linie darauf aus sind, etwas in die Tat umzusetzen. Beide Typen werden immer wieder von Zweifeln gepackt und haben Schwierigkeiten damit, sich für etwas endgültig zu entscheiden und dann zu ihrer Entscheidung zu stehen. Allerdings stimmen sie in der Grundlage für ihre Bedenken und ihre ständige Suche nicht überein.

Die Integratoren lassen, während sie gedanklich hin- und herpendeln, Gefühle nicht als selbstverständlich zu und gewinnen erst dann, wenn sie ihre Intuition miteinbeziehen und ihre eigene Persönlichkeit. Philosophen dagegen folgen auf ihrem Weg zur Erkenntnis – auch wenn man ihnen das zunächst nicht anmerken mag – sehr stark ihrer Intuition und den Fragen, die sie aus der Tiefe ihrer Persönlichkeit heraus bewegen. Gerade um dieser Intuition und dem Kreisen um Inhalte endlich Form zu verleihen und zur Klarheit zu kommen, erheben sie Anspruch auf ein endgültiges System. Je höher ihr Grad der Bewußtheit wird, desto stärker wächst die Einsicht, daß keine Ordnung Anspruch auf Wahrheit und Allgemeingültigkeit haben kann. Was bleibt, sind die Fragestellungen und die Grundproblematik: die *Sehnsucht nach Sinn*. Das zu begreifen und in ein inneres Gleichgewicht zu kommen setzt bei diesem Typus voraus, der eigenen, schwierigen Existenz einen Sinn zuzubilligen und der Sehnsucht danach einen ebenso hohen Rang einzuräumen wie der Suche nach dem Universalen.

Rollenbild

Die Suche nach dem »universalen Prinzip«, Nachdenklichkeit und das Bemühen um Systematik: Nach dem derzeit herrschenden Rollenverständnis werden solche Qualitäten und Intentionen eher mit einem Mann in Verbindung gebracht. Das Ringen um Erkenntnis kann ein Wesenszug sein, der Männer eher erschreckt, wenn sie ihn bei einer Frau wahrnehmen, da sie damit möglicherweise ihre Sehnsucht nach stabilen Verhältnissen und Geborgenheit auf Dauer bedroht sehen. Bei Frauen, die ihrerseits starken Wert auf Sicherheit legen, kommen Geschlechtsgenossinnen mit einem »Sinn für Höheres« aber sicherlich auch nicht gut an.

Stärken	**Schwächen**
Intuition	Widersprüchlichkeit
Sensibilität	Labilität
Kreativität	Kompliziertheit
Gefühl für das Außerordentliche	Unzufriedenheit
Intensität	Theatralik
Tiefsinn	Weltflucht
Neugierde	Unentschlossenheit
Wahrhaftigkeit	Halsstarrigkeit
Unbestechlichkeit	Arroganz
Impulsivität	Mangel an Beharrungsvermögen
Begeisterungsfähigkeit	Depressivität
gesunde (Selbst-)Kritik	Bedenkenträgerei

Führungsstil

Philosophen sind – jedenfalls bislang – in den Chefetagen nicht oft zu finden und auch nicht in Führungspositionen niedrigerer Hierarchie-Ebenen. Das liegt nicht unbedingt daran, daß Unternehmen diesen eher komplizierten Persönlichkeiten keine Verantwortung für Mitarbeiter anvertrauen wollten und vielleicht an ihrer Durchsetzungskraft und

Handlungsstärke zweifelten. Die Philosophen selbst sind es, die sich durchaus nicht in Führungsrollen drängen, die lieber für sich bleiben – ob als Selbständige oder in Spezialistenfunktionen.

Wer mit ihnen als Vorgesetzten konfrontiert ist, macht sehr unterschiedliche Erfahrungen, denn sie sind recht unberechenbar in ihrem Verhalten. An einem Tag können sie die Liebenswürdigkeit in Person sein, ausgesprochen gut zuhören und anregen, an einem anderen Tag oder möglicherweise nur wenige Stunden später sind sie kaum ansprechbar und wirken einfach schlecht gelaunt. Selbständige und selbstbewußte Mitarbeiter kommen damit jedoch zurecht, wenn sie die Stimmungsschwankungen ihres Chefs nicht persönlich nehmen und zu einer anderen Art von sozialer Kompetenz ins Verhältnis setzen, die dieser Typus aufweist.

Geht es darum, im Unternehmen bestimmte, »von oben« getroffene Entscheidungen in die Tat umzusetzen, dann sind Philosophen dazu durchaus nicht vorbehaltlos bereit. Der Grund für ihr Zögern liegt nicht nur darin, daß sie grundsätzlich nicht offen dafür sind, etwas »einfach so« zu akzeptieren, sondern daß sie sich immer auch fragen, welche Auswirkungen eine Entscheidung auf die ihnen anvertrauten Menschen haben könnte. Sollte sie sich als sozial unverträglich erweisen, hat dieser Typus sein sprichwörtliches »Schneckenhaus« schneller verlassen, als ihm jemand zugetraut hätte, um klar Stellung zu beziehen.

Philosophen haben ein ausgeprägtes Gefühl dafür, daß es Menschen nicht nur darum geht, einen Arbeitsplatz zu haben und möglichst zu behalten. Sie verstehen, daß niemand in seiner Arbeit und darüber hinaus glücklich und erfolgreich werden kann, wenn er in dieser keinen Sinn sieht. Philosophen haben einen Abscheu gegen wohlformulierte Führungsgrundsätze und Unternehmens-Leitlinien, wenn schon diejenigen, die sie verfaßt haben, persönlich nicht dahinter stehen. Wo immer jemand auftritt und Phrasen drischt, die

jede Glaubwürdigkeit vermissen lassen, wird er in diesem Typus einen heftigen und unbestechlichen Kritiker finden.
Mitarbeiter, die selbst Wert darauf legen, eine Arbeit zu leisten, mit der sie sich identifizieren können, finden in ihm immer Verständnis und jede erdenkliche Unterstützung. So ist er auch hervorragend, wenn es darum geht, für jemanden eine Aufgabe zu finden, die ihm oder ihr wirklich innere Befriedigung und Erfüllung bringt. Und wenn diese Aufgabe erst einmal gefunden ist, dann setzt dieser Typus auch alles daran, daß für eine Weiterentwicklung Sorge getragen wird – von der Stellenbeschreibung her wie in Hinsicht auf die fachliche und persönliche Entwicklung des Stelleninhabers.
Wo immer es um eine Entscheidung geht: Die Philosophen im Unternehmen ringen darum, denn sie wollen die richtige treffen und nach allen Möglichkeiten eine, die sich als richtig *für alle* erweist, die davon betroffen sind. Sie selbst fühlen sich nie nur als Betroffene, sondern stets als Beteiligte, und mit Mitarbeitern kommen sie am besten zurecht, wenn diese sich in bezug auf ihre Tätigkeit in einem ähnlichen Sinne verstehen.
Wer einen autoritären Führungsstil sucht, wird es mit diesem Typus schwer haben, denn er ist bei aller Klarheit, nach der er strebt, so emotional, daß er auch die eigene Verletzlichkeit und Verletztheit nicht verbergen kann. Wer aber Achtung vor einer Persönlichkeit empfindet, die auch ihre Gefühle und alle ihre Zweifel zugeben kann, wird sich mit ihr nicht nur abfinden, sondern sie in ihrer Besonderheit würdigen und sich mit ihr auch als Führungskraft wohlfühlen.

Umgang mit Macht

Mit dem Thema Macht haben es Philosophen in zweierlei Hinsicht zu tun. Einerseits befassen sie sich damit in abstrakter Form, sie fragen also danach, was denn »Macht« eigentlich bedeute, und ob Macht etwas sei, das Sinn mache, oder eher etwas sein könne, was grundsätzlich verheerende Folgen habe. Andererseits haben sie ein Argusauge auf Menschen, die auf ihrer Macht bestehen, und sie haben ein gutes Gespür dafür, ob es egoistische Motive sind, die solche Persönlichkeiten zur Macht treiben.

Macht – einmal abstrakt gesehen – stellt dieser Typus schon deshalb gerne in Frage, weil er dahinter ein System wittert, eine bestimmte Ordnung, die den Anspruch auf Institutionalisierung erhebt. Der Philosoph weiß um die Gefahr, daß ein Machthaber ja durchaus nicht Souverän seiner Macht sein muß, sondern vom Machttrieb beherrscht sein kann, so daß er nicht nur andere zu ihrem Opfer zu machen droht, sondern eigentlich selbst dazu wird.

Macht – noch immer abstrakt gesehen – ist diesem Typus im Grunde suspekt. Wer – so seine Frage – habe eigentlich das Recht, seine Vorstellungen und Werte zur Institution zu erheben und damit als allgemein verbindlich zu postulieren? Wer dürfe sich eigentlich sicher sein, daß er in voller Verantwortung mit Macht umgehe? Wer dürfe es eigentlich wagen, Prinzipien der Macht zu formulieren und danach vorzugehen, wenn es noch ganz andere Voraussetzungen und Schlußfolgerungen dafür geben könne?

Einem Philosophen hilft das Wissen, daß Macht schon auf bestimmte Weise, nach klar nachvollziehbaren Bedingungen und von durchschaubar integeren Persönlichkeiten über eine längere Zeit sinnvoll praktiziert worden sein mag, nicht weiter. Das, was einmal in der Realität war, muß sich nicht genauso fortschreiben lassen. Bestimmte Grundfragen – so auch die nach der Macht – sind immer wieder neu und vorbehaltlos zu stellen.

Wenn der Philosoph aber nach dem Sinn von Macht fragt, kommt er an die eigenen Grundfesten. Das Thema nur von außen zu beleuchten und an seinen Protagonisten festzumachen reicht nicht aus, und das fühlt er und empfindet Unbehagen dabei. Als Mensch, der sich und anderen zu mehr Bewußtheit und Klarheit verhelfen möchte, will er selbst mit Macht am liebsten nichts zu tun haben, um sich gar nicht erst davon verwirren zu lassen oder ihr gar zu erliegen. Denn nähme er sie selbst in Anspruch, dann stünde er immer wieder selbst zur Disposition.

»Aber«, so fragt sich dieser Typus weiter, »stelle ich mich nicht ohnehin ständig in Frage?« Und hat er denn nicht eigentlich ein sehr klares Gefühl für die Macht in all ihren Grenzen und Möglichkeiten? Wäre er deshalb nicht durchaus dafür geeignet, Macht wahrzunehmen und verantwortlich damit umzugehen? Und bedarf es schließlich nicht immer der Annahme von Macht und Verantwortung, um etwas Sinnvolles in Bewegung zu bringen? Oder sollte er es lieber dabei belassen, die zu ermahnen und zu beraten, die sich der Aufgabe, Macht zu übernehmen, unbefangener zu stellen in der Lage sind? Oder stellt gerade ihre Unbefangenheit wieder eine Gefahr dar, die zu erkennen und nach Kräften zu bannen gerade in seiner Macht liegt?

Dialoge mit der Außenwelt

Wer eine Konferenz einberuft und einen Philosophen dazu bittet, nimmt zwei Probleme in Kauf: Einerseits kann man nicht voraussagen, in welcher Stimmung dieser Typus gerade ist, wenn die Veranstaltung, für die natürlich ein bestimmter Termin anberaumt worden ist, stattfindet. So ist es möglich, daß er in einer labilen oder gereizten Verfassung erscheint, die dann auch seine Dialogfähigkeit beeinflußt. Seine Kommunikations-Palette reicht von starker Bewegtheit, mitreißenden Gedankengängen, gesunder Kritik und originellen Ideen – gepaart mit rhetorischer Brillanz – bis hin zur Griesgrämigkeit, Verschlossenheit sowie dem Unwillen, sich auf ein Thema einzulassen und es bei wenigen bissigen Bemerkungen zu belassen. Ihn im schlechteren Fall in gute Laune bringen zu wollen, würde die Lage nicht verbessern – im Gegenteil. Denn wenn dieser Typus konstatiert, daß er beeinflußt wird, um ein bestimmtes Ziel zu erreichen – und sei es nur, um die allgemeine Stimmung zu heben – zieht er sich erst recht zurück.

Das zweite Problem muß keines sein, wenn die Konferenz zum Ziel hat, eine Angelegenheit in größerer Runde völlig offen zu diskutieren. Unter dieser Voraussetzung ist sogar mit äußerst kreativen Beiträgen dieses Typus zu rechnen – falls er nicht gerade eine depressive Phase durchmacht. Problematisch wird es dann, wenn die Veranstaltung dazu dient, Menschen auf eine im Grunde schon beschlossene Sache einzuschwören. In diesem Fall wird sich die Stimmung des Philosophen automatisch verdüstern, und er wird jeden Zweifel anmelden, der ihm nun in den Sinn kommt – schon um des Prinzips willen. Je größer der Widerstand wird, auf den er nun stößt, desto nachhaltiger wird er seine Bedenken äußern und dabei keineswegs auf eine Runde Rücksicht nehmen, die sich gar nicht so gründlich mit einem Thema befassen möchte, für dessen Lösung sich so plausible Gründe anböten – wenn man nicht tiefer bohrte.

Im Prinzip haben Philosophen kein Problem damit, vor einem größeren Publikum aufzutreten. Sie verstehen es glänzend, Argumentationsketten aufzubauen und Menschen dazu mitzureißen, ihnen in immer kühnere »Gedankengebäude« zu folgen. Gute Redner sind sie dann, wenn sie sich an ihren eigenen Ideenfolgen entzünden können und aus der eigenen, unmittelbaren Begeisterung heraus sprechen. Wenn sie aber spüren, daß sie zu Verführern werden und daß ihr Publikum dazu neigt, aus ihren einleuchtenden Argumentationen Konsequenzen zu ziehen – und das nicht nur gedanklich, sondern ganz konkret – dann packt sie die Angst. In einer solchen Situation kommen sie an ihre Grenze, nämlich den Widerstand dagegen, ihren Ideen auch Taten folgen zu lassen.

Im Einzelgespräch haben sie weniger den Eindruck, in ähnliche Gefahren zu laufen. Ihre Einfühlsamkeit läßt es nicht dabei, die Meinung eines anderen Menschen zu tolerieren, obwohl auch das – zunächst – zu ihren Tugenden gehört. Eine Ansicht nach allen Seiten hin abzuwägen, Schlußfolgerungen nach allen Seiten hin abzuklopfen, nach Lösungen zu suchen, die vielleicht so originell sind, wie sich das der Gesprächspartner selbst hat nicht träumen lassen: Das macht ihnen Freude. Diese Freude wächst, je interessanter sie die andere Meinung finden – auch wenn sie eine ganz andere vertreten. Aus der Reibung damit zu neuen Erkenntnissen zu kommen ist für sie ein wirklich erstrebenswertes Gesprächsziel, und in einem solchen Gespräch werden sie all den Ideenreichtum entfalten, der ihnen zu Gebote steht.

Dialog mit dem Selbst

Der Typus des Philosophen steht im Grunde in einem ständigen Spannungsverhältnis zur Außenwelt mit ihren etablierten Ordnungen, mit ihren sanktionierten Wertesystemen, mit all den Gesetzen, die ihr Struktur verleihen, wie Überschaubarkeit und Sicherheit und den Menschen, die in ihr leben. Er fühlt zutiefst, daß es aber letztendlich keine Sicherheit gibt und daß bestimmte Normen und Werte nur deshalb gelten, weil sich eine Gesellschaft aus praktischen Gründen darauf geeinigt hat. Was an und für sich Gültigkeit hat, das ist für ihn die Frage, und obwohl ihm dies viele Unbequemlichkeiten einbringt, treibt ihn ein leidenschaftliches Interesse dazu, nach Erkenntnissen zu suchen, die weiter gehen als alle Traditionen und Konventionen.
Hin und hergerissen zwischen einem »Entweder-Oder« und einem »Sowohl-als-Auch«, landet er schließlich in einem Chaos, in dem »alles« gleichzeitig »nichts« ist und in dem das, was geworden ist, wieder vergeht, ohne daß sicher sein

könnte, was letzendlich bleibt und ob überhaupt etwas bleibt. Mit diesem Chaos ist er gleich in doppelter Hinsicht konfrontiert: Sein Bewußtsein bringt ihn an diese Grenze, und er kann diese Grenze in sich spüren, so als verliefe sie mitten durch seine Persönlichkeit.

Diese Grenze empfindet er immer wieder als schmerzhaft, aber sie ist ihm wichtig, weil er aus dem Schmerz einen großen Teil seines Selbstbewußtseins zieht. Der Schmerz an der Welt und ihrer Unerklärbarkeit, das Leiden daran, daß der Ursprung der Welt ebenso im Dunkeln bleibt wie das Ziel, auf das sie zusteuert, machen diesem Sinnsucher schwer zu schaffen, aber sie verleihen ihm auch das Bewußtsein, etwas Besonderes zu sein.

Die Menschen um ihn herum, die einfach in den Tag hinein leben oder der Auffassung sind, alles sei richtig oder werde sich fügen, hält er für mittelmäßig. Mittelmaß ist jedoch etwas, was er zutiefst für sich ablehnt, und so weidet er sich sogar daran, wenn sein Schmerz heftiger wird und seiner vermeintlichen Bedeutsamkeit noch mehr Gewicht verleiht. Je bedeutsamer er sich vorkommt, je mehr er seiner Besonderheit Raum gibt, desto einsamer wird er und desto mehr neigt er dazu, die Menschen, denen er sich so gar nicht zugehörig fühlt, zu verachten.

Seine innere Stimme erachtet der Philosoph als seinen Antreiber, unentwegt nach Wahrheit und Gerechtigkeit und nach einem übergeordneten System zu suchen, das allen letzten Fragen standhalten und sie auf ewig beantworten könnte. Diesen Antreiber empfindet er einerseits als quälend, andererseits jedoch als kostbar. Wer von seinen Mitmenschen könnte schon von sich behaupten, sich dermaßen für die Welt zu verausgaben, die eigene Persönlichkeit dermaßen intensiv einzubringen wie er?

Der Typus des Philosophen merkt nicht, wie selbstgerecht er mittlerweile geworden ist. Im Grunde neigt er ebenso zur Besserwisserei wie der Typus des Stabilisators. Denn während letzterer darauf besteht, daß eine bestimmte, tradierte Ordnung eindeutig Wert und Gültigkeit besitze, ist der Typus des Philosophen der unverrückbaren Überzeugung, es gebe keine verbindliche Ordnung, sondern nur ein ewiges In-Frage-Stellen, eine Suche, die vermutlich nie ein Ende finden werde.

Philosophen haben die Chance, eine ganz andere Stimme in sich kennenzulernen. Voraussetzung ist die Erkenntnis, daß es keineswegs ihr Schicksal sein muß, an der Welt zu leiden und den Schmerz als Lebenselixier zu erachten. Ihre eigentliche innere Stimme macht ihnen deutlich, daß der Schmerz für sie eine hohe Bedeutung habe, aber nicht unbedingt die, die sie ihm bislang beigemessen haben. Solange sie an ihrem Schmerz festhielten, um sich nicht zu verlieren, solange sie an ihm klebten, sagt ihnen ihre innere Stimme, solange seien sie wirklich nicht in der Lage, etwas zu verändern – weder die Welt noch sich selber. Was ihnen noch fehle und ihnen wirklich zu einer neuen Erfahrung verhelfe, sei die Bereitschaft dazu, vorbehaltlos in den Schmerz »hineinzugehen«.

Auf die Frage der Philosophen, was denn dann geschehe und was ihnen diese Erfahrung eigentlich nütze und was der Welt, nennt die innere Stimme einen Begriff, der die Sucher nach Wahrheit und Klarheit völlig durcheinander bringt: *Lebensfreude*. Wenn das stimmte, so die entsetzte Reaktion der Philosophen, dann hätten sie doch wohl ihre Berufung verfehlt, dann seien doch alle Anstrengungen ihres Geistes und das Ertragen aller Schmerzen umsonst gewesen.

Nichts sei vergeblich, antwortet ihre innere Stimme. In den Schmerz hineingehen zu können und durch ihn hindurch sei schließlich nur möglich, wenn jemand überhaupt bereit sei, sich auf diese Empfindung einzulassen. Nun komme es aber darauf an, sie auch wieder loslassen zu können, um nicht von ihr abzukommen und von ihr in der Entwicklung der Persönlichkeit blockiert zu werden.

Vielleicht wird an dieser Stelle bei den Philosophen eine Erinnerung wach: an einen Menschen, der wirklich Lebensfreude ausstrahlte und dabei keineswegs einen oberflächlichen oder durchschnittlichen Eindruck vermittelte. Könnte es sich hierbei etwa um einen Philosophen gehandelt haben? Und was wäre ihnen dann mit diesem Menschen noch gemeinsam?
Die innere Stimme weiß auch hierauf eine Antwort: das Bewußtsein von der permanenten Veränderung. Philosophen als Lichtbringer strahlten etwas aus, was den Menschen mehr bringe als die Früchte eines ständigen erbitterten Ringens mit den Grundfragen der Existenz: nämlich Freiheit von Angst. Auch dann stellten sich wieder die ewigen Fragen ein, und auch dann werde es vielleicht nie zu einer ein für allemal gültigen Antwort kommen. Jede Antwort, jede Ordnung, die daraus erwachse, könne aber einen Anspruch auf Existenzberechtigung haben – um so mehr, als sie von Persönlichkeiten gestellt würden, die sich ihres Leben freuten. Die Protagonisten der Lebensfreude lieben das Leben – und nicht die Macht. Und deshalb seien gerade sie prädestiniert dazu, damit in voller Verantwortung umzugehen.

Dialog-Typ 6: Der Kommunikator

Porträt

Es gibt Tage, die von früh an unter einem schlechten Stern zu stehen scheinen. Irgendwie läuft alles schief, vom morgendlichen Stau auf der Autobahn bis zur bedrückten Miene der Sekretärin, die mit einer unangenehmen Nachricht wartet, von den Kopfschmerzen, die einen plötzlich überfallen, bis zur Geldbörse, die man zu Hause hat liegen lassen, was einem leider erst auffällt, als man in einem Restaurant zahlen möchte. Je mehr sich die unangenehmen Ereignisse häufen, desto mehr ihrer Art ziehen sie an, und bis zum Abend hat sich soviel schlechte Laune ausgebreitet, daß ziemlich alles verfahren und hoffnungslos wirkt.

Das alles kann sich völlig anders abspielen, wenn der Typus des Kommunikators ins Spiel kommt. Bietet der Stau nicht eine gute Gelegenheit, die interessante Sendung im Radio zu Ende zu hören? Reichen nicht wenige freundliche Worte aus, um die Miene der Sekretärin aufzuhellen? Macht nicht ein kurzer Spaziergang den Kopf wieder frei? Und gibt sich der Ober nicht zufrieden, wenn Sie ihm souverän ihre Visitenkarte hinterlassen und ihn bitten, Ihnen die Rechnung zuzuschicken? Allein durch seine Gegenwart, durch die Leichtigkeit, die ihm zu eigen ist wie sein unverbrüchlicher Optimismus, gelingt es, zu einer anderen, positiven Sicht der Dinge zu kommen und sie entsprechend zu gestalten.

Wo immer Kommunikatoren auftauchen, entspannt sich die Lage, die Stimmung steigt merklich. Wer ihnen begegnet, atmet auf und gewinnt sogar schwierigen Situationen erfreuliche Aspekte ab. Ihre Umgänglichkeit und ihr Charme bezaubern ihre Umgebung; sie strahlen etwas aus, was sich manch einer für sich selbst wünscht und nun durch sie erfährt: Le-

bensfreude und Vertrauen darauf, daß es immer wieder glückliche Wendungen und Chancen gibt, daß die Dinge wieder in Ordnung kommen.
Kommunikatoren lehren uns, daß Unerfreuliches oder Unglück nicht Schicksal ist oder bleiben muß, sondern daß wir die Möglichkeit besitzen, unser Schicksal in die Hand zu nehmen, den Kurs zu bestimmen und alle dafür notwendigen Kräfte zu koordinieren. Es ist die innere Haltung der Lebensfreude, die uns vieles in einem freundlicheren Licht sehen läßt. Warum sollten wir nicht auch einmal Glück haben? Davon überzeugen uns Kommunikatoren bei jeder Begegnung.
Ihr Zaubermittel ist es, Menschen in Verbindung zu bringen und ihnen die Perspektiven zu vermitteln, die sich daraus eröffnen. Das beginnt bei der eigenen Persönlichkeit: In Kontakt mit sich zu sein, ganz bei sich zu sein ist die beste Voraussetzung dafür, sich den Geschehnissen nicht ausgeliefert zu fühlen. In Kontakt mit sich selbst zu stehen ist aber auch der erste Schritt dazu, sich anderen zuzuwenden und dabei echtes Interesse an ihnen zum Ausdruck zu bringen. Lebensfreude ist ansteckend; sie appelliert nicht nur an den Verstand, sondern auch an das Gefühl, eigentlich Berge versetzen zu können.
Wer den Typus des Kommunikators kennengelernt hat, möchte ihn eigentlich ständig in seiner Umgebung haben. Ihn zum Freund zu haben müßte den »Himmel auf Erden« bedeuten: nie mehr schlechte Laune zu haben, mit allen Frustrationen umgehen zu können, sich immer wieder ermutigt zu fühlen, die Welt zu genießen. Doch die Hoffnung darauf, diesen Typus für sich alleine gewinnen, ihn sozusagen festhalten zu können, erfüllt sich nur in sehr seltenen Fällen.
Offenbar hat er wenig Lust, sich auf jemanden tief einzulassen – lieber bezaubert er viele, und lieber legt er sich nicht fest, wenn es gilt, für etwas mittel- oder längerfristig einzustehen. So wirkt er wie ein Zündfunke, der es vermag, Entwicklungen in Bewegung zu setzen und Menschen dafür zu

begeistern, dieser Entwicklung Vorschub zu leisten. Er weiß zwischen unterschiedlichen Auffassungen zu vermitteln, er sorgt durch sein Beispiel für Spontanität und Flexibilität, und er beflügelt die Phantasie der Beteiligten – doch er selbst bleibt letztendlich außen vor.

Bei manchen Menschen hinterläßt er einen schalen Geschmack oder sogar Mißtrauen. Wieviel innere Substanz hat dieser Typ eigentlich? Hat er nicht nur Wunschbilder vorgegaukelt, die doch nicht zu realisieren sind? Warum jagt er von einer Erfahrung zur anderen, warum weicht er aus, wenn man ihn bittet, die Verantwortung für ein Projekt zu übernehmen, das er großartig in Schwung gebracht hat? Legt er nicht eine gewisse »Großspurigkeit« an den Tag? Geht er nicht manchmal zu schnell über Dinge und Menschen hinweg? Wofür vermag er sich eigentlich selbst zu begeistern – außer für sich selbst?

All diese Fragen mögen nicht ganz unberechtigt sein. Es gibt etwas, was dieser Typus trotz all seines Optimismus fürchtet: Langeweile, Leid und wirklich tiefgreifende Begegnungen, und letzteres gilt nicht nur für die mit anderen, sondern auch für die Konfrontation mit sich selbst. Lieber läßt er sich von neuen, interessanten Erfahrungen und angenehmen Zerstreuungen ablenken, als etwas zu Ende zu führen.

Lieber verläßt er einen Menschen wieder, als Gefahr zu laufen, von ihm verlassen zu werden. Lieber geht er spielerisch und heiter mit seinem Leben – und dem anderer – um, als sich womöglich einem Schmerz ausgesetzt zu fühlen. Es reicht ihm aus, die Herzen anderer zu öffnen, und er freut sich daran, wenn ihm die Herzen zufliegen. Aber sein eigenes zu verschenken – das traut er sich dann doch nicht oder verschiebt es auf einen anderen Zeitpunkt.

Im seltenen Fall mag er sich selbst fragen, ob diejenigen, die ihm Gefühlskälte unterstellen, recht haben könnten. Er weiß ja, daß er trotz aller Geselligkeit ein Einzelgänger ist und daß er trotz aller Lebensfreude, die er verbreitet, auch Angst kennt: vor der Nähe zu anderen und vor der eigenen großen Verletzbarkeit.

Rollenbild

»Kommunikation« ist eines der Schlagworte unserer Zeit, und Kommunikatoren sind gefragt. Der Typus läßt sich keinem Geschlecht eindeutig zuordnen, auch wenn oftmals behauptet wird, Kommunikation sei ein Gebiet, auf dem sich Frauen besser bewährten als Männer. Die Rolle des Kommunikators in unserer Gesellschaft ist vielschichtig und schillernd: Moderatoren einer Talkshow, denen es völlig gleichgültig ist, mit welchem Thema sie es zu tun haben, vertreten sie ebenso wie ein Vermittler zwischen Tarifparteien, denen es sonst kaum gelänge, ihre institutionellen Grenzen zu überschreiten.

Fraglos gibt es in einer Zeit des Wandels, die auch viel Unsicherheit und Angst weckt, einen Nährboden für Vermutungen, Mißverständnisse und Gerüchte. Gute Kommunikatoren haben die Chance, hier vermittelnd und aufklärend zu wirken, Themen wie Diskutanten auf den Punkt zu bringen, die richtigen Fragen zu stellen wie Antworten zu provozieren, die über selbstgefällige Schlagworte hinausgehen.

Kommunikatoren obliegt eine Menge Verantwortung, und es ist nicht selbstverständlich, daß sie diese wahrnehmen. Mit wohlklingenden Worten lassen sich viele Täuschungsmanöver inszenieren, und eine Vermarktung mit Wortwitz garniert besagt noch nicht, daß es auch etwas Sinnvolles zu kaufen gäbe.

So kann dieser Typus in der Rolle eines Scharlatans ebenso auftreten wie als Garant für Echtheit, der die Schwingungen hinter dem Gesagten spürt und selbst eine Ausstrahlung hat, die seine Gesprächspartner zur Aufrichtigkeit bringt.

Stärken	Schwächen
Kontaktfreude	Bindungsscheu
Gewandtheit	Triebhaftigkeit
Optimismus	Oberflächlichkeit
Charme	Flucht vor Gefühlen
Phantasie	(Selbst-)Täuschung
Experimentierfreude	Abenteurertum
schnelle Auffassungsgabe	Rastlosigkeit
Aufgeschlossenheit	Angst vor Kontrolle
Beweglichkeit	Unbeständigkeit
Vielseitigkeit	Unersättlichkeit
Darstellungsgabe	Narzißmus
Begeisterungsfähigkeit	Großspurigkeit

Führungsstil

Den Typus des Kommunikators zum Vorgesetzten zu haben, ist zunächst einmal die reine Freude. Schlechte Laune gibt es in seiner Umgebung nicht, und er hat auch keinerlei Angst davor, seine Mitarbeiter könnten ihm über den Kopf wachsen oder an seinem Stuhl sägen. Generell läßt er allen ein hohes Maß an Freiheit, was den Eindruck vermitteln könnte, er führe an der »langen Leine«. Wer genauer hinschaut, merkt jedoch, daß er eigentlich überhaupt nicht führt – jedenfalls nicht im alten Stil.

Wenn es darum geht, ein Ziel zu definieren, dann erweist er sich als glänzender Coach seines Teams, und das Team ist es schließlich, das ein Ziel findet und sich darauf einigt. Der Kommunikator unterstützt seine Mitarbeiter dabei, das Beste aus sich herauszuholen und Freude an der eigenen Kreativität zu entfalten.

Es liegt ihm nichts daran, anderen etwas vorzuschreiben, Anweisungen zu erteilen und die Arbeitsergebnisse zu kontrollieren. Menschen, die sehr gerne selbständig arbeiten und auch im Angestelltenverhältnis unternehmerisch denken und handeln, kommt dies zugute. Wer es allerdings gewohnt ist, bei der Arbeit stärker betreut und auch in Details unterstützt zu werden, wird dies bei einem Kommunikator als Vorgesetztem vermissen.

Als Führungskraft zeichnet sich dieser Typus auch dadurch aus, daß er Projekte hervorragend in Gang zu bringen versteht. Er macht allen Beteiligten klar, worum es geht, und er weiß sie auch für die gemeinsame Sache zu motivieren. Alle Widerstände und Unsicherheiten kommen zur Sprache und werden ausgeräumt, bevor sie unangenehme Auswirkungen haben könnten. Jedem ist klar, wo sein Platz ist und worin seine Aufgabe besteht. Damit sind beste Voraussetzungen dafür geschaffen, daß das Projekt erfolgreich durchgeführt wird.

Kommt es dennoch zu Problemen, wird sich der Typus des Kommunikators diesen nicht verschließen, wenn er darauf angesprochen wird. Allerdings ist es ihm wesentlich lieber, sich neuen Aufgaben zu widmen, neue Projekte anzustoßen, als sich mit Details einer schon laufenden Angelegenheit auseinanderzusetzen. Alles, was allzu mühsam oder gar zur Routine zu werden droht, verdirbt ihm die Laune, und er überläßt die Bearbeitung lieber ausdauernden Naturen.

Kommunikatoren genießen es, wenn sie bei ihrer Umgebung ankommen, und als Chefs freut sie es, wenn es ihren Mitarbeitern gut geht. Bei aller Aufgeschlossenheit und Freundlichkeit, die sie im Umgang mit ihnen pflegen, gibt es doch einen Punkt, an dem sie sich gerne zurückziehen: allzu große Emotionalität oder gar Anhänglichkeit geben den Anlaß dafür. Für diesen Typus als Chef zu schwärmen oder ihm zu bedeuten, daß man möglichst immer und möglichst nah mit ihm zusammenarbeiten wolle, schlägt ihn in die Flucht. Wer sein Einfühlungsvermögen mit Fürsorglichkeit verwechsle und Geborgenheit am Arbeitsplatz suche, so seine Ansicht, solle sich lieber woanders hin orientieren.

Umgang mit Macht

Kommunikatoren haben kein Interesse an der Macht – zumindest auf den ersten Blick. Es ist gewiß nicht ihr Ziel, an der Front zu stehen und für eine Sache zu kämpfen, obwohl sie es als Redner und Moderatoren durchaus gewohnt sind, auf einer Bühne zu stehen und dort zu glänzen. Macht zu übernehmen – das würde für sie bedeuten, sich für ein Ziel zu entscheiden, sich dazu zu bekennen und ihre ganze Kraft daran zu setzen, dieses Ziel zu verwirklichen. Genau dazu haben sie aber wenig Lust, denn sie lassen sich nicht gerne festlegen und auf etwas Bestimmtes einschwören: Ihre Unabhängigkeit ist ihnen immens wichtig; sie brauchen das Gefühl, auch wieder gehen zu können, wenn es ihnen nicht mehr paßt oder wenn sie auf eine Weise gefordert sind, die ihre Kapazitäten an Verbindlichkeit überfordert.

Kommunikatoren haben jedoch an Menschen Interesse, die Macht haben, und sie haben durchaus ein Gespür für machtvolle Persönlichkeiten. Diese dabei zu unterstützen, an Macht zu gewinnen, sich in der Öffentlichkeit möglichst wirkungsvoll zu präsentieren und deren Ideen einleuchtend zu übersetzen: das können sie sich sehr wohl vorstellen. Auf diese Weise wären sie zwar an der Macht beteiligt, sie hätten sogar Einfluß auf sie, aber keiner würde sie zur Verantwortung ziehen, wenn es zum Scheitern dieser Macht käme.

So sitzen viele blendende Vertreter dieses Typus als Ghostwriter oder PR-Experten in den Chefetagen, ohne für sich selbst eine Führungsrolle zu beanspruchen. Sie stehen denen, die die höchsten Ämter bekleiden, nahe; und genau das ist es, was sie wollen. Wenn ihr Chef einen Fernsehauftritt hat, bereiten sie ihn minutiös darauf vor. Sie wissen, *welche* Fragen gestellt werden und *wer* welche Fragen stellt, und sie wissen auch, welche Antworten opportun sind, wann Spontanität angesagt ist und wann Nachdenklichkeit. Sie kennen sich auf der »Klaviatur« der Emotionalität aus, und sie ver-

mitteln ihre Kenntnisse gerne weiter – gut honoriert und geschätzt, weil man sie mehr braucht, als denen, die ihre Dienste in Anspruch nehmen, lieb ist.
Manchmal bekommen sie es zu spüren, daß sich ihr Chef von ihnen abhängig zu fühlen droht. Es kommt zu Gesprächen, die einem rhetorischen »Ping-Pong-Spiel« gleichen mögen, die aber nur eines zum Ziel haben: dem Kommunikator klar zu machen, wo die Musik der Macht spielt – bestimmt nicht bei ihm.
In solchen Situationen kommen sie sich vor wie Narren bei Hofe, und dann hilft es ihnen wenig, wenn sie wissen, daß ihr Chef in der nächsten Hauptversammlung nur deshalb soviel Erfolg haben wird, weil *sie selbst* ihm eine Rede geschrieben haben, die einfach Begeisterung auslöst. Eigentlich haben sie keine Lust mehr, sich weiter zum Narren halten zu lassen. Aber gibt es eigentlich noch eine andere Rolle, die sie überzeugend spielen könnten?
Diese Alternative dazu wäre *Echtheit*. Echtheit setzt aber voraus, daß sich die Kommunikatoren klar dazu bekennen, daß sie es mit Macht zu tun haben und daß ihnen auch daran gelegen ist. Die Frage ist nicht nur, ob sie selbst an der Front stehen wollen oder nicht, sondern welches Verhältnis zur Macht sie entwickelt haben. Es mit Macht zu tun zu haben muß nicht bedeuten, davon abhängig zu sein. Eigentlich vermögen nur diejenigen Kommunikatoren gute Dienstleister zu sein, die sich ihre Kraft, ihre Fähigkeiten und ihre Art, mächtig zu wirken, eingestehen.
Dieses Eingeständnis könnte zwei sinnvolle Konsequenzen haben: Einerseits würden sie ihre Dienste nur denen zur Verfügung stellen, deren Persönlichkeit sie respektieren, die sie achten könnten in der Art, wie sie ihre Macht zum Tragen bringen; und das in Verantwortung und nicht um der Selbstbestätigung willen. Glaubwürdigkeit und Verantwortlichkeit zu unterstützen ist etwas ganz anderes, als der Unaufrichtigkeit eine glänzende Fassade zu verleihen, die das Gegenteil

verheißen soll. Kommunikatoren, die sich ihrer Macht bewußt sind, haben kein Interesse mehr an der Gestaltung von Fassaden, sondern an wirklicher Mitwirkung für Echtheit.
Andererseits würden sich ihrer Dienste nur »Mächtige« versichern, die nicht an »Hofnarren«, sondern an Partnern interessiert wären – und an deren ehrlicher Meinung. Wer mit der Macht umgeht, läuft immer Gefahr, ihrer Faszination zum Opfer zu fallen oder den Kontakt zu denen zu verlieren, für die er sich verantwortlich fühlt. Kommunikatoren, die über ihren eigenen Willen zur Macht hinausgewachsen sind, können hier hervorragende Korrektive, Anreger und Vermittler sein.

Dialoge mit der Außenwelt

Kommunikatoren sind Meister der Dialoge – zumindest mit der Außenwelt. Wo immer ein Gespräch ins Stocken geraten ist, wo Mißverständnisse zu Konflikten geführt haben oder wo etwas Neues vermittelt werden soll, das keinem der Gesprächspartner so recht einleuchten will: Dieser Typus hilft wie kein anderer dabei, kommunikative Lösungen herbeizuführen.
Was ihm dabei ungemein zugute kommt, ist seine Überzeugung, für jedes Verständigungsproblem gebe es einen Ausweg. Er weiß, daß jeder Mensch einem Sachverhalt, über den er informiert worden ist, seine eigene Bedeutung beimißt und daß die jeweiligen Interpretationen eines Sachverhalts für viel Verwirrung sorgen können. Deshalb sieht er es als eine seiner Aufgaben an, sich in die Gesprächspartner einzufühlen und zu erkennen, welche Vorstellungen und Erwartungen sie haben, die sie dann natürlich mit dem Sachverhalt verbinden.
Sein Verständnis für die jeweilige Persönlichkeit und die Werte, an denen sie hängt, ist um so größer, als er in der Lage

ist, von eigenen Wertvorstellungen abzusehen, also nichts zu beurteilen und niemanden zu verurteilen. Diese »Wertefreiheit« führt dazu, daß er lieber offene Fragen stellt, als bestimmte Antworten herbeiführen zu wollen. Die Menschen, mit denen er umgeht, wissen genau diese Haltung zu schätzen und öffnen sich ihm gegenüber deshalb so vorbehaltlos, weil sie den Eindruck haben, daß er von jeder persönlichen Einflußnahme Abstand nimmt.

Als eine weitere Aufgabe erachtet er es, Personen zum Verständnis einer anderen Meinung – oder verschiedener anderer Meinungen – zu bringen, die sonst eigentlich überhaupt kein Verständnis füreinander haben. Er weiß, wieviel Emotionalität hinter jeder Meinungsäußerung steckt, und da er als Außenstehender von Emotionen frei ist, weil er kein bestimmtes Interesse vertritt, ist er in der Lage, die vorgebrachten Argumente in sachlicher Form zu wiederholen und damit überhaupt für eine Verständigungsebene zu sorgen. Auf diese Weise gelingt es ihm, Positionen zu verdeutlichen und auf Lösungen hinzuarbeiten, die schließlich von allen getragen werden.

Was ihm dabei zugute kommt, sind die Gelassenheit und Heiterkeit, die er ausstrahlt und die allein dazu beitragen, daß sich die Wogen unter den Gesprächspartnern recht schnell glätten. Und wenn er sie schließlich dazu bringt, ihrer Phantasie Spielraum zu gewähren, anstatt auf Prinzipien herumzureiten, dann kommen bisweilen Gesprächsergebnisse zustande, auf die keiner der Beteiligten zu hoffen gewagt hätte.

In Einzelgesprächen wirkt er ähnlich erfolgreich – jedenfalls solange es darum geht, daß er hinterfragt und ihm sein Gegenüber durch Aktionen und Reaktionen ein genaueres Bild über seine Persönlichkeit und ihre Wirkung vermittelt. Ein wenig anders sieht die Sache aus, wenn er eine eigene Meinung äußern soll, wenn ihm also mehr abverlangt wird als die Rolle eines Moderators oder Coaches. In einem solchen Fall kann es sich erweisen, daß er eigentlich gar keine bestimmte Ansicht vertritt. Das bedeutet nicht, daß er jedem nach dem Munde redet, sondern nur, daß es ihm innerlich eigentlich gleichgültig ist, was bei einem Gespräch herauskommt.

Damit erweist sich seine größte Tugend – seine Vorurteilslosigkeit – gewissermaßen als »Achillesferse«. Er vermag überall zu vermitteln, weil er für viele und vieles Verständnis aufbringt, aber es fehlt ihm an echter Anteilnahme, und diese Erkenntnis kann Menschen, die sich so gerne mit ihm unterhalten und die sich in seiner Gegenwart wohlfühlen, bisweilen erschüttern.

Dialog mit dem Selbst

Der Typus, der es so hervorragend versteht, Dialoge mit der Außenwelt zu führen und diese in einen kommunikativen Austausch zu bringen, kennt seine innere Stimme – und hat viel Kunstfertigkeit darin entwickelt, sie nicht hören zu müssen. Immer neue, mitreißende Erfahrungen, immer neue, spannende Begegnungen, immer neue Projekte und Herausforderungen – ein Kommunikator stellt sich allem und allen mit Interesse. Schließlich legt er großen Wert darauf, daß sein Leben abwechslungsreich bleibt, daß es keine Ruhepause gibt und schon gar keine Stille – denn dann würde sich wieder seine innere Stimme melden.

Er ahnt, daß sie ihm raten will, sich endlich Zeit für sich selbst zu nehmen, um in sich hineinzuhören, anstatt immer nur anderen zuzuhören. Aber gerade der Hinweis auf die Zeit verstört ihn und führt dazu, daß er wieder alle Ohren regelrecht zusperrt, um nur nichts zu hören. Er setzt darauf, noch viel Zeit in seinem Leben zu haben, und diese Hoffnung verhilft ihm immer wieder zu der Ausrede, er könne den Dialog mit seiner inneren Stimme noch etwas verschieben.

Es gibt zwei »Schicksalsschläge«, die gerade diesen Typus zu ereilen pflegen und die ihn mehr oder weniger dazu zwingen, in Kontakt mit seiner inneren Stimme zu treten. Zum einen kann es ein Unfall oder eine physische Erkrankung sein, die ihn zu einer Ruhepause zwingen und – auch kommunikativ – ziemlich außer Gefecht setzen. So hat er Gelegenheit, in sich hineinzuhören, nachzuspüren, was ihm eigentlich fehlt, und wahrscheinlich stößt er recht bald auf eine Leere in sich. Davor hat er sich schon immer gefürchtet, weil sie so ganz im Gegensatz zu der Fülle steht, aus der heraus er sein Leben bisher gelebt hat.

Zum anderen kann es eine Depression sein, die ihn plötzlich befällt: gerade ihn, der sich bislang durch soviel Heiterkeit und Lebensfreude ausgezeichnet hat. Noch mehr Erfahrungen zu machen, noch mehr Begegnungen zu haben, immer wieder Neues, Aufregendes und Herausforderndes zu erleben, das reicht ihm nun nicht mehr aus. Er ist der ewigen Abwechslung müde. Er hat keine Lust mehr, andere zu verstehen und bei anderen Verständnis zu erzeugen. Eigentlich möchte er jetzt endlich sich selbst begreifen. Wieder steht er vor seiner alten Befürchtung, da sei nur eine spiegelblanke Oberfläche und darunter die Leere.

Die Befürchtung, vor der er sich jetzt nicht mehr zu verstecken vermag, kann zur echten Qual werden – gepaart mit dem Bewußtsein, daß vieles, vielleicht alles in seinem Leben Oberfläche gewesen ist. Sicherlich ist es ihm gelungen, bei vielen Menschen Gefühle hervorzurufen, und viele mögen seine Heiterkeit, seine Freundlichkeit – zunächst – für gefühlvoll gehalten haben. Aber auf welche Menschen hat er sich denn schon einmal wirklich eingelassen, bei wem hat er Gefühle zugelassen? Es ist ihm ja sogar gelungen, die eigenen Emotionen zu verpassen – und sie durch eine Aktivität nach der anderen zu kompensieren.

Daß gerade er *Kommunikator* sei, also jemand, der in Verbindung tritt mit anderen, hält er nun eher für unpassend. Eigentlich ging es ihm doch nur um eines: jeder Verbindung

auszuweichen und sich dabei den Anschein des Gegenteils zu geben. Natürlich beherrscht er die Formen der Kommunikation, also Gestik, Mimik und Rhetorik – aber hat er sie nicht nur dazu benutzt, um bei sich und anderen die Oberfläche »blank zu polieren« und den Eindruck von Echtheit zu erwecken?
Kommunikation, so sagt ihm seine innere Stimme, sei immer eine Angelegenheit zwischen *zwei* Seiten und habe zur Voraussetzung, sich auf eine andere Seite bezogen zu fühlen. Was sich aus dieser Beziehung ergebe, sei nicht absehbar und auch nicht mit einer geradezu sprichwörtlichen Heiterkeit in allen Lebenslagen abzutun. Kommunikation in einer Beziehung – also in Bezug zu einer anderen Persönlichkeit – sei immer ein Abenteuer, weil keine Seite wisse, was dabei herauskomme, wenn sich beide einander annäherten, ihre Verschiedenheit deutlich machten und ihre Sehnsucht, einander zu verstehen und dadurch sich selbst zu erkennen.
Kommunikation, sagt seine innere Stimme, sei seine Lebensaufgabe, er sei prädestiniert dafür, sie zu verwirklichen, und er werde ihr endlich gerecht, wenn er ihr Richtung und Sinn verleihe. Das habe jedoch zur Voraussetzung, daß er für sich selbst herausfinde, was für ihn richtig und sinnvoll sei – und nicht allein mit Hilfe seines Verstandes, sondern auch auf der Basis seiner verschütteten Emotionalität.
In Wahrheit habe er Lebensfreude, die er so glänzend zu vermitteln verstehe, noch nie wirklich erlebt, sondern sich und anderen lediglich vorgespielt. Lebensfreude sei ein Gefühl, an dessen anderem Ende der Schmerz stehe – also die Empfindung, die ihn jetzt gerade so heftig bewege. Damit sei er ihr in Echtheit aber auch noch nie so nahe gekommen wie zum jetzigen Zeitpunkt. Es ist seine Entscheidung, das eine anzunehmen wie das andere, und beides läßt sich nicht voneinander trennen.

Erfolg durch drei: Die Triade der Dialog-Typen 4, 5 und 6

Der Typus des Stabilisators (Enneagramm-Punkt I) besitzt eine große Handlungsstärke, zu seinen Qualitäten zählen aber auch seine Integrität, seine Fürsorglichkeit, sein Pflichtgefühl und seine klare Orientierung an festen moralischen Werten. Was er für richtig hält, das setzt er erfolgreich um, aber er wird auch allem entschiedenen Widerstand entgegensetzen, was ihm als falsch erscheint.

In Zeiten des Wandels wirkt er auf der einen Seite stabilisierend, denn er trägt Sorge dafür, daß der Umbruch sich nicht allzu radikal vollzieht, sondern in überschaubaren, ausgewogenen Schritten. Was immer an neuen Perspektiven und Wegen sich auch eröffnet – Stabilisatoren begegnen jeder Veränderung mit Vorsicht und stellen dabei immer die Frage, ob die »Bausteine des Alten« es nicht schon aufgrund ihrer Tradition wert seien, übernommen und integriert zu werden.

Genau diese Vorteile drohen diesen Typus aber auch zum Verhinderer des Neuanfangs werden zu lassen. Sein Hang, an bestimmten Vorstellungs- und Handlungsmustern festzukleben, blockieren jede Offenheit dafür, die alten Normen und Konventionen kritisch zu überprüfen und möglicherweise ganz neu zu bewerten. Für ihn ist allein ausschlaggebend, was *er* für vernünftig hält – und mit ihm andere vernünftige Persönlichkeiten. Verstand und Erfahrung bzw. Überlieferung haben bei allen Erwägungen Vorrang, und auf alle Hinweise, die im entferntesten mit Gefühlen zu tun haben könnten, verzichtet der Stabilisator schon aus Prinzip.

In zweierlei Hinsicht kann er vom Typus des Philosophen (Enneagramm-Punkt IV) eine Menge lernen. Dieser hat es zwar schwer, sich für bestimmte Werte zu entscheiden, weil er stets auf der Suche nach der Wahrheit »an sich« ist, aber er verfügt über den Willen und die Intensität, das Alte wie das

Neue nach ihrem Sinn für die Menschen zu hinterfragen. Aus Prinzip und einer gewissen Vorsicht heraus der Vergangenheit einen höheren Stellenwert einzuräumen, das käme für ihn nicht in Frage.

Bei der Neuorientierung und der Neubewertung verläßt sich der Philosoph nicht nur auf seinen Verstand, wie dies beim Typus des Stabilisators der Fall ist, sondern auch auf seine tiefe Intuition. Schließlich ringt er nicht nur aus Vernunftgründen mit den »Ingredienzien« des Umbruchs, sondern aus einer großen persönlichen Betroffenheit heraus.

Eine ganz andere Energie kommt dem Stabilisator von seiten des Kommunikators entgegen: nämlich dessen Lebensfreude, die Fähigkeit, das Leben zu genießen und auf heitere, spielerische Weise damit umzugehen. Genau dieser Aspekt vermag den Stabilisator aus seiner Zwanghaftigkeit zu lösen und von seiner »Prinzipienreiterei« zu befreien.

Er erkennt nun, daß nicht nur das von ihm sanktionierte Ordnungs- und Wertesystem seine Richtigkeit haben muß, sondern daß es auch andere Systeme mit demselben Anspruch und derselben Berechtigung geben könnte. Sie zuzulassen, ohne gleich ein vernichtendes Urteil darüber zu fällen, weil sie dem Herkömmlichen nicht entsprechen: Das ist die Botschaft des Kommunikators an den Stabilisator.

Dem Typus des Philosophen (Enneagramm-Punkt IV) fehlt es nicht an Gefühlstiefe und der Aufgeschlossenheit für Veränderungen. Da ihm etablierte Systeme überhaupt nicht »heilig« sind, macht es ihm nichts aus, sie zu verwerfen oder zumindest einer Neubewertung zu unterziehen. Neue Ordnungen mögen faszinierender, tiefgreifender und sinnvoller sein, und dieser Typus wägt sie auch gegeneinander ab, bringt sie in Zusammenhang mit der Vergangenheit, zieht erste Schlußfolgerungen und kommt dann doch wieder zu der Ansicht, daß eigentlich nichts wahrhaftig genug sei, um vor seinem kritischen Bewußtsein Bestand haben zu können.

Von seiten des Stabilisators kommen ihm zwei Eigenschaften

zu Hilfe: Entschlußkraft und Handlungsstärke. In der Theorie mag es angehen, daß der Philosoph nie ein Ende seiner Suche nach dem Wahren und Sinnvollen findet – es bliebe aber seine persönliche Angelegenheit, ob und wie er mit dieser Tatsache zurechtkäme. In der Praxis ist es jedoch erforderlich, nach einer gewissen Zeit des Abwägens zu einer Entscheidung zu kommen – selbst wenn dabei in Kauf genommen werden muß, daß diese keinen endgültigen Charakter haben kann. Ohne Entscheidung für ein Wertesystem ist es nicht möglich, ein Ziel und die Wege dorthin zu definieren, und fehlt es dabei an allem, dann würde eine Gesellschaft wie ein Unternehmen zerbrechen.

Der Typus des Kommunikators fügt zwei weitere Qualitäten hinzu, die dem Philosophen fehlen. Wieder ist es auf der einen Seite die Lebensfreude, und damit ein Bekenntnis zur Leichtigkeit des Seins – eine Einstellung, die dem Philosophen zutiefst suspekt ist und die sich für ihn gerade wegen seiner profunden Abneigung dagegen anzuschauen lohnt. Er fühlt sich zwar als Vertreter humanitärer und universaler Interessen, aber sein Verhalten wirkte weitaus menschlicher, wenn es an Verkrampfung verlöre.

Auf der anderen Seite vermittelt der Kommunikator dem Philosophen das Talent zuzuhören – und nicht nur in die eigenen Tiefen hinein. In Gelassenheit, und ohne die eigene Bewertung oder die Suche nach Werten in den Vordergrund zu stellen, ebenso für Verständigung zu sorgen – dies erachtet der Philosoph nicht als erstrangig. Vom Kommunikator lernt er, daß es sich als enorm wichtig herausstellen kann, auch diese Kunst zu beherrschen. Denn schließlich gibt es eine Vielzahl anderer Persönlichkeiten als Philosophen, und auch diese verdienen eine ihnen adäquate Weise der Kommunikation.

Der Typus des Kommunikators (Enneagramm-Punkt VII) zeichnet sich durch sein Talent zur Verständigung, zum Vermitteln, zum Begeistern für eine Sache aus. Es fehlt ihm dabei aber an Ernsthaftigkeit, an dem Willen, sich für jemanden oder etwas verbindlich zu machen, und an der Konsequenz, eine Angelegenheit nicht nur anzustoßen, sondern auch zu Ende zu bringen.

Vom Typus des Stabilisators her lernt er es, Verantwortungsbewußtsein zu entwickeln, statt sich lieber aus allem herauszuhalten. Pflichtgefühl, Durchhaltevermögen und Fürsorglichkeit sind Tugenden, die dem Kommunikator auch nicht in die Wiege gelegt sind, die er aber integrieren sollte, um seiner Persönlichkeitsentwicklung Vorschub zu leisten. Gelingt es ihm, dann vermag er nicht nur zu begeistern, sondern auch anderen glaubwürdig Zuversicht und Vertrauen einzuflößen.

Vertrauen und der Glaube an feste Werte sind für den Kommunikator aber nicht nur in bezug auf andere Menschen wichtig. Wenn er hinter seiner eigenen Kraft stehen und ein tiefes Selbstvertrauen entfalten würde, hätte er nicht länger das Gefühl, vor sich und seinen Möglichkeiten davonzulaufen – und dies käme dann auch wieder der Verwirklichung seiner Lebensaufgabe zugute.

Von seiten des Philosophen erwachsen dem immer gut aufgelegten und allen Zerstreuungen aufgeschlossenen Charmeur Tiefsinn, Wahrhaftigkeit und Mut zur Emotionalität. Damit käme er in die Lage, sich selbst ernsthaft und selbstkritisch zu hinterfragen, auch einmal ein Scheitern zu riskieren und sich endlich aus tiefer Überzeugung heraus für etwas zu begeistern – für sich und andere. Vom Philosophen her empfängt er die Botschaft, nach Sinn zu suchen und auch einen so hohen Wert wie Glück für möglich zu halten, statt sich mit Surrogaten zufriedenzustellen und letztendlich zum Zyniker zu werden, der dem Idealisten in sich nicht mehr traut.

Dialog-Typ 7: Der Motivator

Porträt

Dieser Typus hat mit dem des Integrators vor allem eines gemeinsam: seine Unauffälligkeit. Motivatoren spielen sich nie in den Vordergrund, und nur für sich selbst scheinen sie überhaupt keine Bedürfnisse zu haben. Für andere da zu sein, Dinge in Ordnung zu bringen, zu unterstützen, wo es notwendig ist, mit Rat und Tat zur Stelle zu sein: das ist ihr Ziel, und in der Erfüllung dieser Aufgaben gehen sie auf. Niemand muß ihnen lange erklären, was zu tun ist und wo es gerade am meisten »brennt«, und es ist nicht einmal nötig, sie lange um Hilfe zu bitten – in gewisser Weise lesen sie anderen Menschen die Wünsche regelrecht von den Augen ab oder erfüllen sie, bevor sie den anderen überhaupt bewußt geworden sind.

Die Hilfs- und Einsatzbereitschaft von Motivatoren ist nahezu grenzenlos, und bisweilen kommt sie schon dann zum Zuge, wenn eine Unterstützung nicht in jedem Fall notwendig ist, auch von anderer Seite aus geleistet werden könnte oder die Betroffenen durchaus in der Lage wären, sich selbst zu helfen. So gibt es Menschen, die das permanente Entgegenkommen dieses Typus schon fast für aufdringlich halten, und es gibt andere, die seine ständigen Hilfsangebote kaltlächelnd ausnutzen, und schließlich gibt es auch »Hilfsbedürftige«, die über kurz oder lang jede Verantwortung an ihn abgeben und sich in die totale Abhängigkeit von ihm begeben.

Motivatoren sind bestürzt, wenn man ihnen klarzustellen versucht, daß sie ihrer Umgebung mit ihrem Maximum an Engagement nicht nur gute Dienste erweisen. Es bedrückt sie, wenn sie merken, daß ihre Hingabe anderen zur Last werden kann. Aber lieber beginnen sie in einem solchen Fall, sich tausendmal für irgend etwas zu entschuldigen, als aus ihrem Verhaltensmuster auszubrechen. Was sie daran hindert, ist ein extremer Mangel an Selbstwertgefühl. Es will ihnen nicht in den Kopf, daß sie akzeptabel sind, so wie sie sich geben, und unabhängig davon, wie hilfreich sie gerade für andere Menschen sind. Daß sie sogar liebenswert sein könnten, übersteigt ihre Vorstellungskraft um ein Beträchtliches, aber selbst, wenn ihnen dies jemand beteuerte, würden sie nicht daran glauben.

»Liebe deinen Nächsten wie dich selbst«, ist ein Satz, dessen zweiten Teil sie lieber überhören, um sich damit nicht auseinandersetzen zu müssen. Und doch charakterisiert dieser Satz, daß es des Gleichgewichts bedarf, um eine Hilfeleistung als ausgewogen und sinnvoll zu empfinden und ohne schlechte Gefühle geben und annehmen zu können. Ein Motivator, der sich so einfühlsam darauf versteht, Bezug zu einem anderen Menschen zu nehmen und zu einer Situation, die nicht die eigene ist, verletzt das Gleichgewicht, wenn er sich selbst in dieser Beziehung verliert, gar nicht mehr in ihr vorkommen will, es sei denn durch unentwegte Investitionen in den Gegenpol.

Nicht nur das Gegenüber wird sich in dieser Lage nicht wohl fühlen; dem Motivator geht es nicht besser. Je mehr er investiert, desto mehr Druck übt er aus und desto weniger erreicht er. Und bei all seinen Bemühungen hat er schließlich das ärgerliche Gefühl, zu kurz zu kommen. Immer nur einseitig der gebende Teil zu sein, mißfällt ihm mehr und mehr. Seine Laune wird vollends sinken, wenn er sich eingestehen muß, daß sein Gegenüber um das Übermaß an Zuwendung gar nicht gebeten hat und daß er es selbst eigentlich ist, der ein Entgegenkommen von der anderen Seite gar nicht zuläßt.

Dem Motivator in einem solchen Fall zu erzählen, er müßte nur an seinem Selbstwertgefühl arbeiten, um die Unausgewogenheit wieder ins Lot zu bringen, hilft wenig. Mehr Verständnis erweckt man bei diesem Typus, der so sehr auf Harmonie aus ist, wenn man ihm darstellt, wie wenig Entscheidungs- und Handlungsspielraum er anderen läßt. Immer alle Verantwortung übernehmen zu wollen, das setzt schließlich voraus, sie anderen gar nicht zuzutrauen. In diesem Punkt fühlt sich ein Motivator aber bei der Ehre gepackt, denn im Grunde sieht er sich nun als »Nächstenliebender« dazu herausgefordert, dem anderen beides zuzutrauen: die Bereitschaft *und* die Fähigkeit, Verantwortung zu übernehmen.

Hat er sich aber erst einmal tiefer auf diesen Gedanken eingelassen, dann kann er auch einen Schritt weitergehen: Er muß sein Gegenüber loslassen. Er muß ihm die Freiheit schenken, sein Hilfsangebot anzunehmen oder nicht. Diese Einsicht wirft ihn nun zwar (endlich) auf sich zurück, aber er empfindet dies – vielleicht zum ersten Mal – nicht als Zurückweisung, sondern als Chance, seine Hilfsbereitschaft in aller Freiheit dorthin zu lenken, wo sie wirklich willkommen ist.

Wenn Motivatoren ihre eigene Mitte gefunden haben, wenn sie es nicht mehr nötig haben, anderen zur Seite zu stehen, dann erweisen sie sich als Meister der sozialen Kompetenz. Was wirklich an Unterstützung angesagt ist, können sie dann am besten ermessen, wenn sie ihren eigenen Bedürfnissen Beachtung schenken. Je mehr sie in der Lage sind, Wünsche zu äußern, desto besser gelingt es ihnen, Wünsche anderer zu erfüllen. Je mehr eigene Standfestigkeit sie an den Tag legen, desto unaufdringlicher und wirkungsvoller kommt ihr Einfühlungs- und Anpassungsvermögen zum Tragen.

Als reife Persönlichkeiten haben sie ein tiefes Gefühl für den Sinn und die Belange einer Gemeinschaft. Sie verstehen, daß Menschen einander brauchen, wenn sie etwas gestalten wollen; sie wissen, daß ein Projekt nur dann zum Wohle aller gelingen kann, wenn *jeder* Verantwortung übernimmt und wenn sich alle aufeinander verlassen können – nicht aus Prinzip, was bei dem Stabilisator der Beweggrund wäre, son-

dern aus der Freude am gemeinschaftlichen Erarbeiten und schließlich aus der Freude über das miteinander Erreichte heraus. Davon zu überzeugen, dazu zu motivieren: dies versteht dieser Typus wie kein anderer.
Im Laufe seines persönlichen Entwicklungsprozesses lernt er, das Thema »Abhängigkeit« neu zu bewerten. Zunächst ist er in seinem Selbstwertgefühl abhängig davon, ob ihn andere akzeptieren, und weil er davon nicht ohne weiteres ausgeht, unterstützt er andere über alle Maßen, um seine Wertigkeit bei ihnen zu erhöhen. Die maßlose Hilfeleistung hilft ihm jedoch nicht weiter, denn entweder wenden sich die anderen davon völlig überfordert von ihm ab, oder sie werden von ihm abhängig. Letzteres führt aber dazu, daß er ihnen keine echte innere Wertschätzung mehr entgegenbringen kann und sie schließlich so sehr zu verachten droht wie sich selbst.
Der Sprung in die Selbstsicherheit und aus ihr heraus wieder in die Hilfsbereitschaft bedeutet, daß Abhängigkeit zur Verbundenheit wird: getragen vom Vertrauen in einen Gegenpol und auf der Basis des Vertrauens in die eigene Persönlichkeit und ohne Zweifel an ihrer Daseinsberechtigung.

Rollenbild

Der Typus des Stabilisators wird – wie vielleicht kein zweiter im Enneagramm – fast automatisch mit Frauen in Verbindung gebracht. Einfühlungsvermögen, Hilfsbereitschaft, die Tendenz zur Aufopferung: das paßt vom herkömmlichen Rollenverständnis her ganz und gar nicht zu Männern, aber gerade Männer schätzen diese Tugenden an Frauen ganz ungemein – auch im Management.
Unglückseligerweise scheitern Frauen, die diese Qualitäten besonders stark zum Ausdruck bringen und sich deshalb zunächst besonderer Wertschätzung erfreuen, letztendlich gerade daran, wenn sie in Top-Positionen gelangen wollen.

Auf den höheren Hierarchie-Ebenen sind – so immer noch oft die einhellige Meinung – Ellbogen angesagt und nicht die Eigenschaften einer »Mutter Theresa«.
Die Konsequenz: Frauen lassen diese Qualitäten möglichst bald unter den Tisch fallen, wenn sie merken, wie kontraproduktiv sie für die Karriere sind. Ein soft value wie soziale Kompetenz bleibt – wieder einmal – außen vor. Was Frauen auch nicht weiter hilft, ist die Tatsache, daß Männer, die mit den Eigenschaften eines Motivators ausgestattet sind, es auf der Karriereleiter nicht einmal so weit bringen wie ihre Kolleginnen, die mit vergleichbaren Qualitäten aufwarten können.
Was dem Management dabei verloren geht, ist der Sinn für die Gemeinschaft, und dabei ist er genau das, was die Unternehmen heute am meisten brauchen. Wer sich nicht einbezogen zu fühlen vermag, gibt sich auch nicht ein und wird weder unternehmerisch denken noch handeln. Der Bezug der Menschen im Unternehmen zum Unternehmen, seinen Produkten oder Dienstleistungen ist es aber, der den unternehmerischen Erfolg ausmacht.
Es machte Sinn, und es wäre an der Zeit, den Motivatoren einen höheren Stellenwert in den Unternehmen einzuräumen. Aus der eigenen – und unabhängigen – Kraft heraus und aus der Fülle des Selbstbewußtseins dienen zu können, wäre vielleicht die beste Voraussetzung für Dienstleistungen, die niemanden übervorteilen, jeden auf Anhieb überzeugen und alle bereichern.

Stärken	**Schwächen**
Einfühlungsvermögen	Identitätsverlust
Anpassungsfähigkeit	Harmoniesucht
Hilfsbereitschaft	Aufopferung
Verbindlichkeit	Neigung zu Manipulation

Mitgefühl	Abhängigkeit von Anerkennung
Großzügigkeit	Tyrannei
Demut	Märtyrertum
Geduld	Verlustangst
Standfestigkeit	Sturheit
Offenheit für Erfahrungen	Anbiederei
Vermittlungsfähigkeit	Intriganz
Organisationstalent	Tendenz zur Einmischung

Führungsstil

Dieser Typus ist als Führungskraft umgänglich, verständnis- und rücksichtsvoll. Wenn ein Ziel definiert ist, versteht er es hervorragend, es den anderen plausibel zu machen – und keineswegs im Sinne eines Überredungsversuchs. Würden Einwände gegen das Ziel oder bestimmte Lösungswege erhoben, dann nähme er sie auf jeden Fall ernst – nicht, weil er persönlich brennend an diesen Einwänden interessiert wäre, wie etwa der Typus des Philosophen, sondern aus dem Wunsch heraus, ein Gleichgewicht der Interessen zu schaffen.
Mangelte es den Mitarbeitern an bestimmten Voraussetzungen, die Lösungen in die Tat umzusetzen, dann trüge der Motivator Sorge, die notwendigen Grundlagen zu schaffen. Wäre eine Unterstützung von außen erforderlich, dann würde er keinen Augenblick zögern, sie einzuholen. Eines ist für ihn klar: Die Menschen, die ihm anvertraut sind, läßt er nicht im Stich. Was immer er dazu beitragen kann, damit sie sich wohlfühlen – und das erachtet er als Bedingung dafür, daß jemand gute Arbeit zu leisten vermag: Er wird es an nichts fehlen lassen.
Wenn jemand ein persönliches Problem hat, das gar nichts mit seiner Arbeit zu tun hat, dann freut sich dieser Typus sogar darüber, wenn er zu Rate gezogen wird – auch wenn er dann noch mehr Stunden im Büro verbringt, als er dies oh-

nehin schon tut. Er genießt es, wenn andere ihm Vertrauen entgegenbringen, und vor allem genießt er es, wenn sich alle gut miteinander verstehen und jeder den anderen unterstützt. Am liebsten ist es ihm, wenn Konflikte gar nicht erst entstehen oder sich spätestens dann auflösen, wenn an den guten Willen der Beteiligten appelliert wird.
Lassen sich die Konflikte aber nicht so leicht bereinigen, dann entsteht für diesen Typus ein Problem. Es beginnt schon damit, daß Konflikte seinem übergroßen Harmoniebedürfnis extrem zuwiderlaufen; er grämt sich darüber, er vermag überhaupt nicht locker damit umzugehen, und er bringt in einer solchen Situation auch keinen Funken von Humor auf. Konflikte zu lösen bedeutet für ihn, für eine Seite Partei ergreifen zu müssen, und das fällt ihm ebenso schwer wie dem Typus des Integrators oder dem des Visionärs – wenngleich aus anderen Beweggründen.
Während der Integrator sich nicht entscheiden kann, wer im Recht ist, und der Visionär die eine Seite so gut versteht wie die andere und sich deshalb einer Parteinahme grundsätzlich entzieht, hat der Motivator das Gefühl, jede Entscheidung für die eine Seite wirke sich automatisch negativ für die andere aus. Ausgewogene Urteile traut er sich nicht zu, und genausowenig Zutrauen hat er darin, daß sich die Konfliktparteien auch ohne sein Zutun auf einen Kompromiß einigen könnten. Seine übergroße Fürsorglichkeit, sein überdurchschnittliches Harmoniestreben und seine latente Konfliktscheu lassen bei seinen Mitarbeitern manchmal den Eindruck entstehen, ihm fehle es als Führungskraft an Durchsetzungskraft und Handlungsstärke. Sie wissen das Verständnis ihres Chefs zwar zu schätzen, aber sie neigen dazu, es auch als Schwäche auszulegen, wenn es sich als allzu groß herausstellt. So empfinden vor allem solche Menschen in der Umgebung dieses Typus, die die Tendenz dazu haben, seine Gutmütigkeit auszunutzen.
Als *schwach* wird er auch dann oft empfunden, wenn er sich

seine guten Argumente von selbstbewußteren oder oberflächlicheren Führungskräften aus der Hand nehmen läßt, wenn er sich bei Angriffen, selbst wenn sie rein taktischer Natur sind, nicht zur Wehr setzt und seine Interessen – und die seines Verantwortungsbereichs – eindeutiger und entschiedener durchsetzt. *Stark* ist er dann, wenn seine Umgebung weiß, was sie an ihm hat, und vor allem, wenn ihm selbst bewußt wird, wie viele Führungsqualitäten ihm zu eigen sind.

Umgang mit Macht

In der Öffentlichkeit an herausgehobener Stelle zu stehen, klare Richtlinien vorgeben und Entscheidungen treffen zu müssen, die nicht allen zugleich Vorteile bringen können, ist diesem Typus zutiefst zuwider. Deshalb drängt er auch nicht zur Macht, und daher hat er Schwierigkeiten, wenn ihm aufgrund seiner Verdienste Macht übertragen wird. Viel lieber arbeitet er *hinter* den Kulissen, viel lieber unterstützt er »machtvolle« Persönlichkeiten, und diese hätten es schwer, ihre Ziele zu verwirklichen, wenn nicht im Hintergrund und in pausenlosem Einsatz Menschen vom Typus des Motivators für sie tätig wären.
Was diese Persönlichkeiten leicht übersehen, ist die Tatsache, daß ein Motivator möglicherweise nicht ganz so selbstlos für sie arbeitet, wie es zunächst den Anschein hat. Dabei geht es nicht darum, daß dieser Typus besonderen Wert auf eine großartige materielle Entschädigung legte – seine Bescheidenheit legt eher das Gegenteil nahe. Allerdings ist ihm viel daran gelegen, daß seine Unterstützung wichtig ist und daß zumindest er den Eindruck hat, ohne ihn würde eigentlich nichts mehr reibungslos funktionieren.
Sein Hang dazu, sich bei jemandem, der Lust an der Macht hat, unentbehrlich zu machen, ist stark ausgeprägt. Aus diesem Grunde ist es ihm auch recht, ein übergroßes Maß an

Aufopferungsbereitschaft an den Tag zu legen. Würde er dagegen einen Teil seiner Aufgaben und seiner Arbeit delegieren, könnte dies – so seine heimliche Befürchtung – seiner Unentbehrlichkeit Abbruch tun. So passiert es leicht, daß die »mächtige« Persönlichkeit recht abhängig von dem »guten Geist« zu werden droht, der ihr so vorbehaltlos zu dienen scheint.

Fühlt sich der Typus des Motivators von der Persönlichkeit, der er so gute Dienste leistet, auf Dauer verkannt, zieht er möglicherweise Konsequenzen, mit denen keiner gerechnet hat. In diesem Fall kann er von einem Tag auf den anderen nicht nur buchstäblich »den Griffel fallen lassen«, sondern auch denjenigen, für den er über lange Zeit alles getan hat. Da er vorher noch dafür gesorgt hätte, daß ein anderer seinen Platz nicht so ohne weiteres einzunehmen vermag, führte sein Abgang wahrscheinlich zu großen Problemen – und das verschaffte ihm zumindest eine gewisse Befriedigung. Lange Zeit anhalten würde sie jedoch nicht, denn durch den Mangel an Anerkennung wäre das Selbstwertgefühl des Motivators nachhaltig gestört, und sein durchaus etwas »hinterhältiges« Gebaren wäre ihm Anlaß für heftige Selbstvorwürfe.

Ähnlich wie der Integrator hat es auch der Motivator schwer, sich für die Übernahme einer einflußreichen Position zu entscheiden. Voraussetzung dafür ist, daß er seinen Wert kennt, so daß er sich nicht abhängig von der Anerkennung anderer machen muß, es aber auch nicht nötig hat, andere von sich abhängig zu machen. Eine weitere Voraussetzung ist, daß er sich zu seinen Bedürfnissen bekennt, also verantwortungsbewußt und menschlich mit sich selbst umgeht. Ist er aber auf dieser Grundlage dazu bereit, eine »machtvolle« Aufgabe anzupacken, dann verfügt er als Führungskraft über außerordentlich humane Züge.

Dialoge mit der Außenwelt

Für sich zu bleiben, alleine zu sein: Das ist keine Situation, in der sich dieser Typus behaglich fühlt. Bezogen auf andere kann er sich entfalten und alle die Stärken zum Tragen bringen, die ihn auszeichnen. Der Bezug auf andere erfolgt im Rahmen einer umfassenden Kommunikation. Von seiten seiner Vorgesetzten wird er gerne über alle Geschehnisse im Unternehmen informiert. Einerseits ist er ausgesprochen vertrauenswürdig, andererseits versteht er es gut, schon im Vorfeld von Entscheidungen auf die Erwartungen und Bedürfnisse der Belegschaft aufmerksam zu machen. Daneben vermag er es wie kaum ein anderer, Menschen dazu zu motivieren, Ziele mit Elan zu realisieren.

Motivatoren sind nicht nur kontaktfähig, sondern sie stehen auch ständig in Kontakt, und zwar mit den verschiedensten Gruppierungen. Sie sind – wie schon erwähnt – ständig im Gespräch mit der obersten Führungsspitze und mit Menschen im Unternehmen – völlig unabhängig von der Hierarchie-Ebene. Da sie an Menschen und deren Vorstellungen grundsätzlich interessiert sind, kommunizieren sie aber auch gerne mit Zulieferern und Kunden, eigentlich mit jedermann, der ihnen begegnet. So sind sie jederzeit sehr gut darüber informiert, was ihr Umfeld, das sie sehr weit gesteckt haben, bewegt.

In Konferenzen drängen sie sich nicht in den Vordergrund, aber sie lassen sich auch nicht das Wort nehmen, wenn es darum geht, die Belange anderer zu vertreten. Wenn also eine Entscheidung ansteht, die ihnen sozial nicht verträglich erscheint, dann werden sie sich in die Debatte einmischen – zunächst verhalten; wenn es sein muß, jedoch auch durchaus kämpferisch und unbeirrbar.

Ganz anders verhalten sie sich, wenn ihre eigenen Interessen im Mittelpunkt stehen: Hier haben sie Schwierigkeiten, sich durchzusetzen, hier lassen sie sich schnell über den Mund fahren und ins Abseits drängen. Sie hoffen einfach darauf, daß man ihre Qualitäten und die Redlichkeit ihrer Absichten nicht in Frage stellt und sie deshalb würdigt, ohne daß sie dafür noch etwas Besonderes unternehmen müßten. Wird ihre Hoffnung nicht erfüllt, dann kann sich ihre Enttäuschung in lang anhaltendem Schweigen äußern, aus dem man sie nur schwer herauszuholen kann.

Im Einzelgespräch sind sie interessierte Zuhörer, die sich in die Belange ihrer Gesprächspartner sehr gut einfühlen. Es reicht ihnen aber nicht – wie dies bei den Visionären der Fall ist – aus, es beim Verständnis zu belassen und gute Ratschläge zu erteilen, die vielleicht eher privaten Charakter haben. Der Typus des Motivators hat immer alle Interessen im Auge, und wenn ihm ein Mitarbeiter von Problemen berichtet, dann wird er bei der Suche nach einer Lösung auch das Unternehmen und die Kollegen berücksichtigen, die davon betroffen sind.

In welchem Gespräch auch immer neigen Motivatoren dazu, immer etwas zuviel des Guten und an Verantwortung übernehmen zu wollen. Von der Rhetorik her kann das dazu führen, daß sie sich sehr anstrengen, sich über alle Maßen ereifern und im Zuge ihrer Argumentation auch einmal zur Unsachlichkeit tendieren – was ihnen im Rückblick sehr peinlich sein wird. Solange sie sich nicht ihres Wertes bewußt sind und eine entsprechende gelassene Haltung einnehmen, wirken sie deshalb leicht so, als stünden sie unter einem gehörigen Druck.

Dialog mit dem Selbst

Motivatoren sind Menschen von tiefem Mitgefühl, und sie sind sich sicher, daß sie auch zu Mitleid imstande sind. Der Einwand, im Grunde sei keiner in der Lage, wirklich mit einem anderen zu fühlen und zu leiden, denn jedes Gefühl und auch der Schmerz habe im jeweiligen Individuum immer eine eigene Färbung, gefällt ihnen gar nicht. Schließlich definieren sie sich aus dem Mitfühlen und der daraus resultierenden Hilfe, und wären sie dazu nicht fähig oder würden sie in diesen Hinsichten nicht gebraucht, wären sie ganz auf sich selbst zurückgeworfen – damit passierte genau das, was sie am meisten fürchten.

Ihre innere Stimme hören sie aber erst dann, wenn ihnen wirklich alle Möglichkeiten verwehrt sind, anderen Menschen ihr Ohr zu leihen. Natürlich gefiele es ihnen auch nicht, einsehen zu müssen, daß sie anderen so gerne zuhören, weil sie dann Gelegenheit haben, ihre innere Stimme zu ignorieren. Eigentlich sind sie der Meinung, sie folgten immer ihrer inneren Stimme, wenn sie auf Hilfe für andere aus seien. Doch auch hier befinden sie sich in einem großen Irrtum. In Wahrheit treibt sie ihr Kopf dazu, sich auszudenken, was für einen anderen Menschen gerade erforderlich sei und inwieweit sie persönlich imstande seien, diesen Erfordernissen nachzukommen. Dabei malen sie sich alles Mögliche aus und drohen in ihren Vorstellungen und Vermutungen oft zu weit zu gehen. Ihre innere Stimme dagegen, die sie so vehement ignorieren, signalisiert ihnen, daß der Mensch, den sie gerade so gerne mit ihrer Unterstützung beglücken wollen, eigentlich selbst ganz gut zurechtkomme oder daß es seine Aufgabe sei zu lernen, ohne Hilfe von außen in Anspruch zu nehmen.

Der Quertreiber der inneren Stimme dieses Typus ist die herrschende Moral bzw. Auffassung, daß es grundsätzlich sinnvoll, nützlich und anerkennenswert sei, Hilfe zu leisten. Auf diese Auffassung berufen sich Motivatoren, und sie dient ihnen zur Ausrede, die nicht dadurch besser wird, daß sie gesellschaftlich sanktioniert ist. Lernwillige und nächstenliebende Vertreter dieses Typus werden das schließlich einsehen und vor ihren nächsten Hilfeleistungen genau darauf zu achten versuchen, ob und in welchem Maße jemand ihrer Unterstützung bedarf. Sie werden sich bemühen, niemanden von sich und ihrer Opferbereitschaft abhängig zu machen, und sie werden alle diese Überlegungen in jeder Situation neu anstellen, um ihr und dem anderen Menschen wirklich gerecht zu werden.

Nun ist es ihnen also gelungen, ihr Engagement mit noch mehr Achtsamkeit zu verbinden, und innerlich hoffen sie, daß sie jetzt wirklich uneingeschränkte Anerkennung verdienten und daß diese »verflixte« innere Stimme endlich Ruhe gebe. Natürlich tut sie dies nicht, denn die Motivatoren haben ja nichts anderes getan, als weitere Überlegungen anzustellen und daraus Konsequenzen zu ziehen. Der Dialog mit dem Selbst beginnt dort, wo nichts mehr mitzuteilen ist, dort, wo keine Anerkennung von außen mehr kommt und wo dieser Typus nur einem helfen kann: sich selbst.

Das, was er so verzweifelt in einem Gegenüber gesucht hat, nämlich die Bestätigung seines eigenen Wertes und die Versicherung, daß er überhaupt einen solchen besitze, muß er nun in sich selbst ergründen. »Du bist zu gar nichts nütze«, sagt eine Stimme, »es wäre besser, du wärest gar nicht da«, eine andere, »du bist falsch«, eine dritte. All diese Stimmen kennt dieser Typus aus seiner Vergangenheit, in der er sich nicht anerkannt, niemals geliebt gefühlt hat.

Seine *wahre* innere Stimme, diejenige, die in die Zukunft ragt und die die Botschaft von der grundsätzlichen Chance für Veränderung mitbringt, sagt etwas anderes – und stellt eine Menge Fragen. So erkundigt sie sich danach, warum dieser Typus sich eigentlich so sicher sei, daß man ihn nicht geliebt habe und auch heute nicht liebenswert finde. Könnte es nicht sein, daß er die Signale von außen einfach mißverstanden hat und daß die Liebe eben nur nicht so ausgedrückt wurde, wie er es erwartet hat? Könnte es sein, daß er mittlerweile so mißtrauisch geworden ist, daß er Signale von Anerkennung und Liebe gar nicht mehr zu empfangen in der Lage ist oder stets dazu geneigt ist, sie nach dem alten, schmerzhaften Muster fehlzuinterpretieren?

Zuzulassen, daß er liebenswert sei, rät ihm seine innere Stimme. Was dabei herauskomme, sei nicht versicherbar, und es sei ganz normal, bei dem einen oder anderen Menschen nicht anzukommen. Gehe es ihm eigentlich anders? Fühle er sich gleich mit jedem emphatisch verbunden, der ihm begegne? Zolle er eigentlich jedem die gebührende Anerkennung? Und wenn dies so wäre, warum überschütte er eigentlich jeden mit seinen Hilfeleistungen? Denn eigentlich würde er doch immer wieder einmal erkennen, daß die Kräfte des Gegenübers durchaus ausreichten, um dessen Problem zu lösen – warum akzeptiere er dies nicht einfach?

An dieser Stelle merken die Visionäre, daß ihre innere Stimme ihnen viel Stoff zum Nachdenken mitgibt. Und wenn es ihnen gelingt, vom Denken ganz abzulassen, dann spüren sie zumindest einen Hauch von sich selbst. Dieses Selbst zum Standort zu erklären, von dem es dann auch einen Bezug zu einem Gegenpol geben kann, ist ihre Aufgabe. Solange sie auf sich als Ausgangspunkt verzichten, spannen sie gewissermaßen vom anderen aus eine Leine, die in nichts anderes führt als in die eigene Leere.

Eigentlich macht sie ihnen Mut, diese innere, unbequeme Stimme. Vielleicht sollten sie es doch einmal versuchen, die Welt und sich aus einer anderen Perspektive heraus zu betrachten. Vielleicht sollten sie sich endlich von ihren alten Vorstellungen darüber, wie man sie »immer schon« bewertet habe, trennen. Vielleicht sollten sie sich einfach ihrer eigenen Lebendigkeit hinter all den Unterstützungsaktionen, die sie immer wieder tätigen, hingeben. Vielleicht fällt ihnen dann ein, daß sie nicht immer aktiv helfen müssen, um für jemandem eine echte Bereicherung zu sein.

Dialog-Typ 8: Der Forscher

Porträt

Der Typus des Forschers hält sich nicht mit langen Reden auf, und er ist selten im lockeren Gespräch zu finden. Von Mutmaßungen oder Gerüchten hält er überhaupt nichts, und menschliche Probleme um ihn herum bewegen ihn nur bis zu einem gewissen Grade. Dabei vertritt er die Auffassung, im Prinzip sei alles lösbar, wenn man seinem Verstand folge und sich nicht von Gefühlsduseleien beeinflussen lasse.

Bei all dem Abstand, den er zu anderen hält, ist er keineswegs inhuman, aber aus seiner Sicht ist eigentlich nur eines wichtig: einer Fragestellung – aus welchem Bereich auch immer – minuziös nachzugehen, sich dabei aller schon vorhandenen Detailkenntnisse zu bedienen, keiner Denkvariante aus dem Wege zu gehen und eine von ihm oder anderen aufgeworfene Hypothese so lückenlos wie möglich zu verifizieren.

Mit seinesgleichen kommuniziert er gerne, denn schließlich könnten ihm von seiten anderer Forscher und Forschungsrichtungen wichtige Hinweise erwachsen. Eine Kontaktaufnahme über das Internet oder die Lektüre interessanter Studien schätzt er allerdings mehr als persönliche Begegnungen, bei denen es auch zu privaten Fragestellungen kommen könnte: Seines Erachtens lenkt so etwas nur unnötigerweise von der Sache ab.

Auf ein Forschungsziel läßt er sich mit all der intellektuellen Leidenschaft ein, die ihm zu Gebote steht, und wenn er sich diesbezüglich auf irgendeiner spannenden Fährte befindet, dann läßt er sich äußerst ungern davon ablenken. Ein leidenschaftliches Einlassen auf Gefühle ist ihm äußerst suspekt. Einerseits fürchtet er in so einem Fall von seinen Projekten, die er mit so großer Intensität vorantreibt, abgelenkt zu werden. Andererseits möchte er nicht auf ein Terrain geraten, auf dem er sich nicht auskennt und dessen »Erforschung« ihm deshalb so wenig geheuer ist, weil ihm sein brillanter Verstand da nicht weiterhilft.

Schließlich ist es ihm auch nicht besonders angenehm, wenn er – sicherlich nicht auf Anhieb – merkt, daß ihm von einer anderen Seite Gefühle entgegengebracht werden. Er bleibt von einer solchen Begebenheit zwar nicht ganz unberührt, und er möchte die andere Seite gewiß nicht verletzen, aber er stellt unmißverständlich klar, daß seine Anteilnahme und sein Verständnis und erst recht sein Entgegenkommen Grenzen haben, die er auf keinen Fall zu überschreiten gedenke.

So gewährt er dem emotionalen Anteil in sich einen gewissen Rahmen, der auf andere bisweilen wie eine Mauer wirkt. Gegen sie anrennen zu wollen birgt die Gefahr, daß der Typus des Forschers sich noch mehr gegen den Ansturm rüstet, und auf Abschotten versteht er sich großartig. Innerhalb des Rahmens richtet er sich mit seinen Gefühlen, soweit er sie zu beherrschen glaubt, ein, und hier läßt er auch andere Menschen zu: allerdings nur zu Gelegenheiten, die *er* bestimmt, und wenn sie dann einmal zustande kommen, von dem latenten Mißtrauen begleitet, diese seien heimlich darauf aus, seinen Rahmen zu sprengen.

Was aus seinen Forschungsergebnissen wird, wer sich ihrer bedient und für welchen Zweck, ist für Forscher bisweilen zweitrangig. Sicherlich sind sie nicht unbedingt darauf aus, sich mit einer Materie auseinanderzusetzen, wenn ihre wissenschaftliche Neugier unter ethischen Gesichtspunkten von vornherein unverantwortlich wäre. Andererseits fällt es ihnen schwer, ein solches Gebiet und dessen Erforschung unter den Tisch fallen zu lassen, das faszinierende Ergebnisse verspricht. »Wenn wir es nicht tun, machen es andere«, lautet eines ihrer Argumente, wenn sie davon abgehalten werden, sich mit einem »heißen Thema« zu beschäftigen. Da sie ihresgleichen kennen, wissen sie, daß irgendein Kollege es sich nicht nehmen lassen wird, der Sache auf den Grund zu gehen.

Was diesen Typus zutiefst langweilt, sind Vorbehalte und Einschränkungen, insbesondere bürokratischer Natur. Er legt durchaus Wert auf Gewissenhaftigkeit, und auf seinem Gebiet ist er ein Perfektionist, aber wenn ihm jemand mit Gewissensgründen kommt, unterstellt er ihm schnell, hier sei nicht nur eine möglicherweise überholte Moral am Werk, sondern ganz einfach die Angst vor einem Risiko. Die geistige Enge von Menschen, die sich auf Übereinkünfte berufen, ohne auch nur darüber nachdenken zu wollen, ob diese nicht vielleicht längst überholt seien, kann ihn regelrecht zur Weißglut bringen.

Auch auf Kontrolle von außen ist er nicht besonders erpicht. Er geht davon aus, daß er seine Forschungsanordnungen exakt aufbaut und dabei nichts, was wichtig wäre, übersieht. Notfalls ist er bereit, Kollegen zu Rate zu ziehen, weil er bei diesen voraussetzt, daß sie – wie er – von Wissensdurst motiviert seien und nicht von dem Bemühen, wichtige Erkenntnisse zu verhindern, weil sie irgendwelche Gesetze unterlaufen könnten. Geistige Beweglichkeit und Unabhängigkeit sind für sein Dasein, das eine Grenze zwischen Berufs- und Privatleben praktisch nicht kennt, unabdingbar.

Er bezieht sich grundsätzlich nicht auf Bedingtheiten, die für ihn keinen übergeordneten Wert haben – zumindest möchte er sich nicht darauf beschränken. Letztendlich sind nur die Gesetze der Natur für ihn ausschlaggebend. Entsprechend den Kräften und Ordnungen, die er dort findet, sucht er in jedem Forschungsprojekt jeweils ein kleineres Abbild jenes großen Ganzen – des einzigen, vor dem er wirklich Respekt hat.

Sich mit den Kräften der Natur immer wieder auseinanderzusetzen, beim Umgang mit den dort waltenden Energien immer wieder neue Erfahrungen zu sammeln, das schließt für ihn ein, auch einmal auf Irrwege zu geraten, getäuscht zu werden und zu Ergebnissen zu gelangen, die diese Ordnung durcheinanderzubringen drohen. Er legt Wert auf die Feststellung, daß dies keineswegs in seinem Interesse liege, sondern zu jenen »Opfern« gezählt werden müsse, die auf dem Weg zu neuen Erkenntnissen bisweilen nicht zu vermeiden seien.

Wirft ihm ein Mensch, der dem Typus des Stabilisators nahekommt, Verantwortungslosigkeit vor, wird der Forscher kontern, daß die Kräfte, mit denen er umgehe, dazu da seien, etwas zu bewirken, und daß diese Wirkung nicht von vornherein durch eine kleinliche Scheuklappen-Moral behindert werden dürfe. Klagt ihn ein anderer, der sich eher als Philosoph versteht, an, er vernachlässige es völlig, nach dem Sinn seines Tuns zu fragen und dieses wie sich selbst in Frage zu stellen, zuckt der Typus des Forschers möglicherweise mit den Achseln. *Erkenntniserweiterung* heißt für ihn nicht selbstverständlich *Bewußtseinserweiterung*, und da er ahnt, daß er darüber immer mit dem Typus des Philosophen streiten wird, geht er letzterem lieber aus dem Wege.

Rollenbild

Nüchternheit, der Hang zu Wissenschaft und Forschung, Defizite im Gefühlsbereich: allein diese »Ingredienzien« des Typus werden nach allgemeinem Rollenverständnis nicht mit einer Frau in Verbindung gebracht. Nachdem sich aber immer mehr die Erfahrung durchsetzt, daß auch das sogenannte »schwache Geschlecht« die Fähigkeit zum logischen Denken besitzt, und seitdem seine Repräsentantinnen nicht mehr dazu gezwungen sind, sich auf den häuslichen Bereich oder konventionell weiblichere Aufgaben zu beschränken, gibt es diesen Typus natürlich auch in Frauengestalt.

Gesellschaftlich anerkannt ist die Rolle des Forschers alle-

mal, und das um so mehr, als naturwissenschaftliche und technologische Entwicklungen in den Mittelpunkt des Interesses rücken. Wer auf diesen Gebieten Begabung und Innovationstalent besitzt, ist in Wirtschaft und Wissenschaft hoch willkommen, da Forscher in einer Zeit schrumpfender Ressourcen und multimedialer Vernetzung für die Gesellschaft eine Art Überlebensgarantie darstellen.
Da die Halbwertzeit des Wissens sinkt, die Komplexität zunimmt und die Produktzyklen immer kürzer werden, steigt der Bedarf an fähigen Vertretern dieses Typus unaufhaltsam. Mit dem Bedarf und dem Bewußtsein, daß Wissenschaft und Technik jene Grenzüberschreitungen erlauben, zu denen sich die Ökonomie immer weniger in der Lage sieht, wächst aber auch die Neigung, das Erforschbare zum Machbaren zu erklären, ohne sich um den Sinn und die Folgen zu kümmern. Der Typus des Forschers könnte in dieser Situation mehreren Gefahren erliegen: der Faszination, die Erkenntnis auf ihn ausübt, seiner Tendenz, die Verantwortung auf die »Macher« abzuschieben, und einer möglichen persönlichen Genugtuung darüber, als »Retter der Menschheit« immer mehr Respekt und Beachtung zu finden.

Stärken	**Schwächen**
Analytische Schärfe	Kopflastigkeit
Wissensdurst	Maßlosigkeit
Komplexes Denken	Segmentierung des Lebens
Innovationstalent	Besserwisserei
Nüchternheit	Gefühlskälte
Gewissenhaftigkeit	Pedanterie
Zielgerichtetheit	Verachtung
Unabhängigkeit	Abwehr von Kontrolle
Konzentrationsfähigkeit	Verschlossenheit
Sinn für Grenzüberschreitungen	Größenwahn

geistige Beweglichkeit	Rücksichtslosigkeit
Risikofreude	Verantwortungslosigkeit

Führungsstil

Der Typus des Forschers ist vorrangig an den Ergebnissen seiner Untersuchungen interessiert. Bei den Menschen, mit denen er zusammenarbeitet, legt er Wert auf Qualitäten wie Interesse am Arbeitsgebiet, Nüchternheit, Präzision, Zuverlässigkeit und Beharrlichkeit. Was die emotionale Komponente angeht, kalkuliert sie der Forscher zwar ein, geht aber gleichzeitig davon aus, daß »seine Leute« sich in dieser Hinsicht einigermaßen »im Griff haben«, so daß die Arbeitsabläufe nicht beeinträchtigt werden.

Am liebsten wäre Forschern der »gläserne Mitarbeiter«, der mit all seinen Fähigkeiten, mit seinen Schwächen und mit seinem Entwicklungspotential per Computer erfaßt werden könnte. Seine privaten Lebensumstände – etwa seine Bereitschaft zur Mobilität oder berufliche Ambitionen des Partners würden dabei ebenso eingegeben wie die erforderlichen und darüber hinaus denkbaren Weiterbildungsmaßnahmen.

Sozusagen auf Knopfdruck zu erfahren, ob der Mitarbeiter die vereinbarten Ziele erreicht habe und wie er deshalb insgesamt zu beurteilen sei, ob und wann er befördert werden solle und bei welchen Projekten er sich noch optimal einsetzen ließe, würde diesem Typus des Vorgesetzten gut gefallen. Langwierige Beurteilungsgespräche, zähe Debatten über angebliche Benachteiligungen oder Frustrationen und Diskussionen über Themen, die nur Vermutungen zur Grundlage haben, nicht aber Beweise, meidet er nach Möglichkeit oder versucht, sie an die Personalabteilung zu delegieren.

Ein »Management by walking around« hält er für Zeitverschwendung, es sei denn, der Fortgang eines Projekts mache es erforderlich. Alleine um der menschlichen Nähe willen

Kontakte zu suchen, Mitarbeiter zu ermuntern, Konflikte zu erkennen und zu schlichten, ihnen als Coach zur Seite zu stehen: Das alles liegt ihm nicht.
Lieber wirkt er in seinem Labor oder an seinem Arbeitsplatz allein und ungestört vor sich hin, und selbst wenn darin mehrere Personen arbeiteten oder wenn er in einem Großraumbüro untergebracht wäre, könnte er sich innerlich so gut abschotten, daß er selbst das Gefühl hätte – und anderen vermittelte –, er sei ganz für sich.
Bei Arbeitsbesprechungen legt er Wert darauf, daß alle pünktlich erscheinen und gut vorbereitet sind. »Selbstdarstellungs-Künstlern« wird er unmißverständlich das Wort entziehen und sie knapp dazu anhalten, zur Sache zu kommen. Haben sie dazu nichts beizutragen, merkt sich das dieser Typus genau, und kommt eine derartige Inkompetenz mehrfach zum Ausdruck, dann zieht er die Konsequenz. Daß das Projekt nicht gefährdet wird, ist ihm wichtiger als weitschweifige Erörterungen, ob eine Entlassung oder Versetzung unbedingt sozialverträglich sei.
Trotz seiner Kühle und Distanziertheit hat er als Vorgesetzter sehr angenehme Seiten, die vor allem von den Mitarbeitern geschätzt werden, die ähnliche Persönlichkeitsmerkmale aufweisen wie er. Launen, heftige emotionale Ausbrüche, Ungerechtigkeiten, Hinterhältigkeit und Intriganz dürften bei ihm so gut wie nie anzutreffen sein – mit so etwas hält er sich erst gar nicht auf. Sein Bemühen ist es, immer möglichst viel Objektivität an den Tag zu legen und dementsprechend gerecht zu sein.
Kommt es dennoch zu Mißverständnissen, so versucht er sie in der Sache zu klären – und hat unter Umständen große Schwierigkeiten damit zu begreifen, daß der Konflikt vielleicht gar nichts damit zu tun, sondern seine Ursache in jenem »Menschlich-allzu-Menschlichen« hat, mit dem er recht wenig vertraut ist.

Umgang mit Macht

Das Verhältnis dieses Typus der Macht gegenüber ist sehr ambivalent. Daran, eine einflußreiche Position zu bekleiden, im Mittelpunkt des öffentlichen Interesses zu stehen, Anhänger zu haben, möglicherweise einen Riesen-Apparat aufrecht zu erhalten oder viele Termine wahrnehmen zu müssen, die ihn von seiner eigentlichen Arbeit abhalten könnten, hat er kaum Interesse. Er ist im Prinzip nicht schüchtern, er versteht sich auch durchaus durchzusetzen – zumal er meistens die fundierteren Argumente zu haben glaubt –, und trotzdem ist er auf irgendeine Weise menschenscheu und sicherlich nicht ein Meister der Kontaktanbahnung und -pflege.

Wenn er allerdings mit seinen Forschungen beschäftigt ist, dann kann es durchaus sein, daß er in seinem tiefsten Inneren – und ohne darüber mit jemandem ein Wort zu wechseln – Macht fühlt. Er hat Umgang mit Dingen, von denen die meisten seiner Mitmenschen wenig oder nichts verstehen; sei es, daß sie nicht an Erkenntnissen interessiert sind, sei es, daß ihnen die intellektuelle Kapazität nicht zu Gebote steht, sei es, daß es ihnen an Ausdauer mangelt.

Für Forscher heißt das nicht, daß sie auf Personen, die mit Wissenschaft und Forschung wenig Berührungspunkte haben, grundsätzlich herabschauen. Es handelt sich bei den anderen um eine Spezies, mit der sie wenig gemein haben, und wenn sie sich auch nicht selbstverständlich als etwas Besseres empfinden, so doch als anders, und diese Andersartigkeit, verbunden mit dem Gefühl der Fremdheit und einer fast stilisierten Einsamkeit, verleiht ihnen doch den Charakter des Besonderen, eines Abstands, der gewissermaßen »adelt«.

Forscher fühlen Macht aufgrund der Materie, mit der sie umgehen. Die Auseinandersetzung mit Energien, die Beschäftigung mit Hochleistungstechnologien, das Bewußtsein, ein Stein in einer langen Kette von Persönlichkeiten zu sein, dank deren Einsatzes und deren Erfindungsgabe die Mensch-

heit seit Jahrtausenden überlebt und sich weiterentwickelt hat, verleiht ihnen schon vor sich selbst einen Rang.
Was sie tun und was sie unterlassen, das zeitigt erhebliche Folgen, und genau hier liegt die Schnittstelle ihres Machtbewußtseins. Daß sie sich nicht irgendwelchen belanglosen Spielereien hingeben, das ist ihnen klar, und das macht sie stolz. Was ist – beispielsweise – ein Kunstwerk gegen eine wissenschaftliche Entdeckung, die lebensrettenden Charakter hat? Was sie aber immer wieder zu verdrängen versuchen, ist die Tatsache, daß ihre Erfindungen und ihre Forschungsergebnisse in den allermeisten Fällen zwei Seiten haben, und zwar in der Auswirkung.
Hier genauer hinzuschauen und vielleicht sogar auf die Publikation eines herausragenden, bahnbrechenden Ergebnisses zu verzichten, weil die Folgen bei der Anwendung auch fatal und für die Menschheit verheerend sein könnten: Das fällt ihnen schwer. In solchen Augenblicken berufen sie sich schon vor sich selbst gerne darauf, schließlich »nur« Forscher zu sein, die es letztlich nicht in der Hand haben könnten, wer mit ihren Resultaten umgehe und auf welche Weise. So ist das Thema »Macht« bei ihnen eng verknüpft mit ihrer Bereitschaft, Verantwortung zu übernehmen. Das Thema stellt sich bereits mit einer neuen Fragestellung, die sie fasziniert und ganz und gar herausfordert, und den Überlegungen über eine wirksame Versuchsanordnung. Sie wissen, daß das gern angeführte Argument, wenn nicht sie sich der Fragestellung annähmen, täten es andere, weil die Fragestellung nun einmal an der Zeit sei und Lösungen provoziere, zwar einerseits richtig ist, aber immer auch den Charakter einer Ausrede hat.
Sie allein müssen die Verantwortung mit sich ausmachen, und wenn sie sie verdrängen, dann weniger, weil sie sich hätten überreden oder durch die Aussicht auf einen beachtlichen finanziellen Gewinn beeindrucken lassen. Beim Thema »Ruhm« mögen sie schon etwas ins Wanken gekommen sein,

denn gerade die Anerkennung unter ihresgleichen ist ihnen nicht gleichgültig. Was sie aber endgültig lockt, ist, dem Stofflichen einen neuen Aspekt abzuringen, ihre ganze Schöpferkraft ins Spiel zu bringen und sich als Gestalter der Materie zu erfahren: im vollen Bewußtsein ihrer Macht und möglichst entfernt von dem Gedanken an einen möglichen Mißbrauch.

Dialoge mit der Außenwelt

Der Typus des Forschers ist meistens ein eher schweigsamer Mensch, zumindest einer, der bestimmt nicht glaubt, zu allem und jedem Gesprächsbeiträge leisten zu müssen. Was in seiner Umwelt im allgemeinen oder besonderen vorgeht, ficht ihn nicht so sehr an; er befindet sich auf Lösungswegen zu seinen Studienzielen, und damit ist er im Grunde absorbiert.

Mit seinesgleichen diskutiert er gerne, weil er dann einerseits keine großen Vorerklärungen abgeben muß, sondern gleich auf den Punkt kommen kann und sich in diesem Punkt von seinen Gesprächspartnern verstanden weiß. Hinzu kommt, daß ihn mit seinesgleichen eine Fachterminologie verbindet, auf die er auch in Unterredungen mit Außenstehenden ungerne verzichtet.

Es mag am ständigen Gebrauch dieser Fachsprache liegen, mit der er in der für sein Wissensgebiet relevanten Literatur ebenso konfrontiert ist wie auf Tagungen und Kongressen, daß ihm ein lockerer Umgangston eher abgeht. Außerdem findet er Unterhaltungen, die ein Ziel vermissen lassen und niemanden so recht weiterbringen und mit denen die Beteiligten nur ihre Zeit totzuschlagen scheinen, weil sie davon offenbar zuviel besitzen, überflüssig und bisweilen sogar lästig.

Auf Konferenzen drängt er sich nicht in den Vordergrund, aber eigentlich ist er überzeugt davon, daß das, was er zu berichten habe, der wesentlichste Beitrag sei, der eigentlich in

den Mittelpunkt gerückt gehöre. Wenn es *ihm* nicht gelänge, die verschiedensten Auffassungen und Vorstellungen zu Hypothesen zu verdichten und sie dann zu erhärten oder zu verwerfen, dann sei überhaupt keine Sicherheit mehr zu gewährleisten. Die notwendigen Entscheidungen seien dann einem Zufall überlassen – dem *er* sich jedenfalls nicht einfach anvertrauen wolle.
Der Typus des Forschers ist – auch im Rahmen solcher Veranstaltungen – durchaus respektiert, aber er genießt nicht gerade uneingeschränkte Beliebtheit. Seine Nüchternheit, seine Exaktheit, die manche als hinderliche Pedanterie empfinden, seine Wortkargheit und seine Unfähigkeit, sich und die Ergebnisse seiner Arbeiten auf anregende oder gar mitreißende Weise darzustellen, machen es ihm und anderen nicht leicht, in einen unverkrampften Kontakt zu kommen. Ihm geht es nun einmal nicht um Selbstdarstellung, und manchmal würde er seine Resultate lieber schriftlich in eine Konferenz einbringen, anstatt darauf warten zu müssen, bis die anderen begriffen haben, daß eine Lösung eben nur in der ihm präferierten und fundierten Weise anzustreben sei. Allerdings möchte er auch vermeiden, daß man irgend etwas dessen, was er zur Verfügung stellt, aus Unverständnis oder mangelnder Geduld unter den Tisch fallen läßt, und so nimmt er an diesem so lange Platz, bis seine Kollegen zu einem Ergebnis kommen, dessen Zustandekommen er sich – still und heimlich – in hohem Maße auf die eigene Fahne schreibt.

Dialog mit dem Selbst

Der Typus des Forschers setzt auf das Prinzip des Intellekts, des Geistes – und glaubt damit alles im Griff zu haben. Andere mögen Opfer ihrer Emotionen werden oder es an Kühnheit, Präzision und Ausdauer vermissen lassen, um in die Komplexität des Unbekannten, das entdeckt werden will, vorzustoßen – er ist sich sicher, hierfür alle Voraussetzungen mitzubringen. Wissenschaft hat mit Exaktheit und Berechenbarkeit zu tun, mit dem Entwickeln einer Hypothese, die dann im Experiment erhärtet oder verworfen wird: Jeder Schritt ist logisch nachvollziehbar, einer folgt systematisch auf den anderen, am Ende ergibt sich eine Schlußfolgerung, die – so die Ansicht dieses Typus – nichts unberücksichtigt gelassen, alle bloßen Vermutungen aus dem Weg geräumt habe und an Eindeutigkeit nichts zu wünschen übrig lasse.

Forschung ist für ihn immer auch ein Abenteuer, zumal dann, wenn er zu Ergebnissen kommt, die das bislang Denkbare oder wissenschaftlich Erfahrbare sprengen, Horizonte hinausschieben und neue Dimensionen eröffnen. Dann, wenn sich solche Ergebnisse anbahnen, mag er immer noch glauben, einen kühlen Kopf zu behaupten: Das Gegenteil ist der Fall. Hinter all seiner Distanz zu den Dingen und seiner scheinbaren Ungerührtheit steckt eine Leidenschaft: die Begierde nach Erkenntnis, die Sehnsucht, sich dadurch über das Mittelmaß zu erheben, seinen Begrenzungen nicht mehr ausgeliefert, sondern Schöpfer zu sein und die Materie dank der eigenen Kraft zu formen.

Der Typus des Forschers als reiner »Triebtäter«: Er ist der Letzte, der dies einsehen wollte, denn gerade irgendwelchen Trieben glaubt er sich geistig überlegen. Doch auch er hat eine innere Stimme, die ihm – sofern er ihr Gehör schenkt – sehr deutlich sagt, wie es jenseits seines Intellekts um ihn bestellt ist. Diese Stimme taucht spätestens dann auf, wenn ihn jenes »Prickeln« erfaßt, das anzukündigen pflegt, daß er vor einem Durchbruch steht, daß er endlich weit genug gegangen und gekommen ist mit seinen Überlegungen und daß er sich nun von gar nichts mehr – und schon gar nicht von irgendwelchen kleinkarierten moralischen Erwägungen »kleiner« Geister – davon abhalten lassen will, den Durchbruch zu schaffen.

Was gut oder böse ist, das ficht ihn jetzt nicht mehr an; er ist fasziniert von dem, was sich als Ergebnis seiner Forschungen, als Erkenntnis enthüllt. Da gibt es allerdings diese innere Stimme in ihm, die ihn davor warnt, nach den Sternen zu greifen, die ihm klar macht, daß er hier (bewußt?) ein Risiko eingeht, weil anzunehmen ist, daß seine Erkenntnis, sobald sie veröffentlicht und in die Tat umgesetzt ist, Folgen haben wird – möglicherweise unabsehbare und vielleicht auch verheerende.

So könnte man diesem Typus raten, die Warnungen seiner inneren Stimme ernst zu nehmen, noch einmal innezuhalten vor dem Durchbruch und das Experiment – schon aus vernünftigen Erwägungen heraus – lieber abzubrechen, als irgendein Risiko einzugehen. Doch so einfach ist es keineswegs. Mit Recht wird der Forscher darauf hinweisen, daß es sehr wohl noch eine zweite innere Stimme in ihm gibt und daß diese ihm genau das Gegenteil der ersten einflüstert.

Sie sagt ihm, daß er nun die Chance habe, seine ganze Schöpferkraft zu entfalten und daß er sich daran unter keinen Umständen hindern lassen dürfe. Vor dieser Erkenntnis, vor dem Durchbruch zu ihr zu stehen, das ergebe Sinn; er liege völlig richtig mit seinen Ergebnissen, und es bestehe nicht der geringste Grund, sie der Welt vorzuenthalten. Schließlich sei ja überhaupt nicht erwiesen, ob sie letztendlich Schaden anrichteten. Es könne das Gegenteil eintreffen; sie könnten eine Menge Gutes bewirken und er solle einfach darauf vertrauen, daß dies der Fall sein werde.

Damit macht dieser Typus – vielleicht wegen seiner Gründlichkeit – eine entscheidende Erfahrung: Alles hat zwei Seiten: selbst die innere Stimme. Welche ist es denn aber, die nun wirklich recht hat? Welche ist gut und welche böse, und was ist eigentlich gut und was böse, und ist seine Erkenntnis, auf die er so stolz ist und die seine ganze Persönlichkeit ergreift, nicht auch beides?

Der Forscher steht vor der Einsicht, daß er die Wahl hat und daß diese ihm niemand abnimmt. Welcher Seite er sich verschreibt, bleibt einzig und alleine seine Entscheidung. Aber: Er ist dieser Entscheidung auch keineswegs ausgeliefert. Was ihn antreibt, den Durchbruch unter allen Umständen erzielen zu wollen, ist ein *Urtrieb*, etwas zutiefst Animalisches, Wildes, Unberechenbares. Diesen negieren zu wollen, wäre die Voraussetzung dafür, ihm anheimzufallen. Diese Kraft anzuerkennen, sie sich bei allem Bewußtsein und mit Hilfe dieses Bewußtseins klarzumachen, ist der erste Schritt dazu, die Entscheidung in Verantwortung fällen zu können.

Hat der Griff zu den Sternen nicht doch sehr viel mit seinem Ego zu tun? Signalisiert ihm seine Leidenschaft nicht auch, wie abhängig er davon ist, daß sein Ego bestätigt wird? Wie nötig hat er es wirklich für sich persönlich, daß er zu dieser Erkenntnis, zu dem Durchbruch gelangt?

Ist der Forscher im Dialog mit seinem Selbst an dieser Stelle angelangt, gewinnt er die Kraft zur Entscheidung. Ob sie richtig ist oder falsch oder beides: Er wird die Frage nicht lösen, aber er wird die Tragweite seiner Forschungsergebnisse und das Maß der Verantwortung, die auf ihm lastet, begreifen und damit umzugehen lernen, daß der Griff nach den Sternen seinen Preis kostet.

Dialog-Typ 9: Der Reformer

Porträt

Wenn der Typus des Reformers sich anschickt, ein Ziel in die Tat umzusetzen, ist er durch nichts und niemanden aufzuhalten. Was er sich einmal vorgenommen hat, was seiner Überzeugung entspricht, das setzt er durch – und zwar unabhängig davon, ob er dabei den Beifall der Menge findet oder nicht. Es ist ihm gleichgültig, was »man« über ihn denkt, ob ihn die anderen sympathisch finden und wie viele Menschen er hinter sich schart. Er will unumwunden wissen, wer für und wer gegen ihn ist, und so gibt es in seiner Umgebung begeisterte Mitstreiter und erbitterte Gegner. Den ängstlichen Mitläufern, die sich nicht gegen ihn wehren können, aber im Grunde abwarten, wie weit er mit seiner Dominanz kommt und ob sich nicht doch noch ein Stärkerer findet, kommt er schnell auf die Spur und verfährt mit ihnen härter als mit seinen Gegnern.

Stabilisatoren empfindet er als gleichrangige Gegner, und er schätzt den Widerstand, an dem sich seine Energien erst so recht entzünden. Ihre festen Wertvorstellungen und Kategorien, die Kraft, mit der sie Traditionen und alte Strukturen verteidigen, verführen ihn dazu, gegen dieses Gefüge aus Macht und Moral anzurennen und es im Sturm zu Fall bringen zu wollen.

Motivatoren und Integratoren gibt er die Gelegenheit, sich für seine Ziele zu engagieren, aber da er sie im Prinzip eher für schwache Charaktere hält, hegt er ihnen gegenüber ein latentes Mißtrauen und neigt dazu, sie immer wieder zu kontrollieren, um sicher zu gehen, daß sie nicht gegen ihn Partei ergreifen. Daß jemand gegen ihn ist, macht ihm eher Spaß; was er haßt, sind die heimlichen Widerstände und

Winkelzüge, an die er keine Lust hat, seine Kraft zu verschwenden.

Das »Gehabe« der Strategen findet nicht seinen Beifall, sein Werkzeug ist gewissermaßen nicht das Florett, sondern der Säbel. Wenn sie sich mit ihm für eine Sache einsetzen, dann soll ihm das recht sein, aber er ist nicht bereit, ihnen für ihre Leistung besondere Anerkennung zu zollen. Der Typus des Philosophen versetzt ihn in Ratlosigkeit; er selbst würde sich nie mit ähnlicher Intensität auf die Suche nach Sinn und Wahrheit begeben, denn beides glaubt er schließlich gefunden zu haben und längst zu verwirklichen. Dennoch hegt er den Philosophen gegenüber einen gewissen Respekt, weil er spürt, daß sie auf ihre Weise unbestechlich sind.

Forschern gegenüber fühlt er sich im Grunde seines Herzens unterlegen, da sie auch dann Beweisgründe anzuführen in der Lage sind, wenn sie ihn und seine Absichten damit ins Unrecht setzen. Wenn man immer bis aufs Letzte herauszufinden versuchte, was richtig und was falsch sei, so seine Ansicht, würde man die besten Gelegenheiten zu handeln womöglich verpassen.

Kommunikatoren findet er amüsant und nützlich, aber da sie persönlich so wenig Konsequenz an den Tag legen, stuft er sie nicht als potentielle, gleichrangige Gegner ein. Ziemlich außer Fassung bringen ihn Visionäre. Er weiß nicht, was er von Persönlichkeiten halten soll, die alles und jeden verstehen und die sich nicht entscheiden können, geschweige denn, daß sie das Zeug dazu hätten, ihre Entscheidungen in die Tat umzusetzen.

So wirkt das Weltbild des Reformers recht undifferenziert, aber er selbst gesteht gerne ein, die »Schwarz-Weiß-Malerei« und einen unübersehbaren Mangel an Tiefgang zu brauchen, um sich von seinen Zielen nicht abbringen zu lassen und um sie so machtvoll wie möglich umzusetzen. Unbequemlichkeiten und sogar persönliche Nachteile nimmt er in Kauf, und wenn er nicht gegen jemanden oder etwas kämpfen müßte,

fühlte er sich nicht so recht wohl in seiner Haut. Natürlich setzt er seine Energien *für* etwas ein, aber er bedarf der Reibung, um seine ganze Kraft entfalten zu können.
Daß der Weg das Ziel sei, hält er für eine Spitzfindigkeit, die sich nur Philosophen ausgedacht haben können. Ein Ziel ist für ihn ein Beweggrund, alle erforderlichen Schritte in die Wege zu leiten, es so schnell und so konsequent wie möglich zu erreichen. Rücksicht auf Verluste nimmt er dabei kaum, und trotzdem ist er deshalb nicht menschenverachtend oder bar jeglichen Verantwortungsbewußtseins. Wer zu seinen Schutzbefohlenen zählt, der kann sich seiner Unterstützung grundsätzlich sicher sein, aber da er nicht zimperlich ist, vermag er unter Umständen auch Menschen zu verletzen, die auf seiner Seite stehen.
Was ihn antreibt, ist seine ungeheure Dynamik, die ihn unentwegt dazu antreibt, Projekte in Angriff zu nehmen und im Sturm zu erobern, was sich ihm entgegenstellt. Alles, was ihm begegnet, stellt sich für ihn als Materie dar, die es zu beackern gilt, und er ist sich für keine Anstrengung zu schade, alles dafür zu tun, daß »die Saat aufgeht«.
Wenn er bei seinem Vorgehen Unruhe hervorruft, Unsicherheit oder gar Angst, dann hat er Schwierigkeiten damit, dies zu begreifen.
Zum einen kennt er solche Empfindungen bei sich selbst kaum, und zum anderen ist er überzeugt davon, daß *er* es sei, der im Chaos der Verhältnisse letztendlich für Stabilität und Ausgeglichenheit sorge. Wenn es im Zuge der Aufräumarbeit, die selbstverständlich auch geleistet werden müsse, zum Einsturz überkommener Strukturen und zur Auflösung von liebgewordenen Illusionen komme, dann sei dies eben einfach notwendig und kein Grund zum Nachtrauern und zur Klage.
Die Tapferkeit und der Mut dieses Typus suchen ihresgleichen, aber er hat es auch leichter als andere Persönlichkeiten, sie an den Tag zu legen. Das Hinterfragen des eigenen Handelns ist nicht seine Sache, und wenn ihn jemand allzusehr

damit behelligt, ihn zu mehr Maß aufzufordern, dann weiß er diesen Menschen im Zweifelsfall auch einzuschüchtern. *Bezwingen* ist sein Mittel zum Zweck, nicht die subtile Kunst der Überzeugung. Schließlich gibt er jedem Menschen Gelegenheit zu erkennen, woran er bei ihm ist und was es anzupacken gilt – gerne gemeinsam, aber auch ohne die Unterstützung von Nörglern und Zweiflern.

Rollenbild

Nach gängigen Vorstellungen ist der Typus des Reformers der »unweiblichste« überhaupt. Alle typisch weiblichen und gerade von Männern so geschätzten Tugenden wie Einfühlungsvermögen, Rücksichtnahme und Anpassungsfähigkeit werden hier konterkariert. Niemand möchte sich eine Frau vorstellen, die mit dem »eisernen Besen« regiert, eine derartige Dynamik an den Tag legt und sich liebend gerne dem Wettbewerb stellt – ob mit Männern oder mit ihresgleichen. Diese Art von »Unwiderstehlichkeit« paßt niemandem ins Bild, und vielleicht ist dies schon Anlaß genug, einmal darüber nachzudenken, ob Frauen Anteile dieses Typus grundsätzlich nicht besitzen, oder ob es für sie nur nicht opportun ist, sie in unserer Gesellschaft auszuleben.

Tatsache ist, daß Reformern in einer Zeit der Veränderung große Bedeutung zukommt. Bekannt werden sie meistens in der Rolle der Sanierer, die keine – falschen – Rücksichten nehmen, um den Weg für neue Strukturen und Verhältnisse freizumachen. Beliebt sind sie gewiß nicht – es sei denn bei Aktionären und Aufsichtsräten –, aber von Beliebtheit ihrer Kollegen und Mitarbeiter sind sie eben auch am wenigsten abhängig.

Ihr bisweilen brachial wirkendes Tun, ihre Tendenz dazu, entschiedene und unbeirrbare Macher zu sein, bringt den entscheidenden Schwung in der Endphase eines Veränderungs-

prozesses. Was immer im Verlauf des Prozesses an Altem, Überholtem mitgeschleppt worden sein mag – für viele konservative Geister sicher aus gutem Grund – »fegen« die Reformer endgültig aus, und damit bereiten sie den Boden dafür, daß sich wirklich etwas Neues und Bahnbrechendes ereignen kann.
In der Dynamik ihres »Hobelns« mögen manche Späne fliegen, anders als bei umsichtigeren und vorsichtigeren Charakteren. Dieser Typus wird deshalb immer der Kritik ausgesetzt sein – ob laut oder unausgesprochen. Letztendlich, wenn der Veränderungsprozeß einen vorläufigen Höhepunkt erreicht hat und der Wandel trotz aller Widerstände durchgesetzt ist, fällt ihm allerdings auch der Beifall zu – selbst wenn er im selben Maße denen zusteht, die – ob als Bedenkenträger oder »nur« als Helfer – ihre persönlichkeitsadäquaten Beiträge geleistet und für das Gelingen der Veränderung gesorgt haben.

Stärken	**Schwächen**
Entschlossenheit	Unsensibilität
Durchsetzungsfähigkeit	Aggressivität
Tapferkeit	Übermut
Eigenständigkeit	Eigensinn
Unabhängigkeit	Überheblichkeit
Offenheit	Rücksichtslosigkeit
Konsequenz	Skrupellosigkeit
Durchhaltevermögen	Überforderung
Großzügigkeit	Neigung zu Exzessen
Selbstbewußtsein	Selbstgerechtigkeit
Sinn für Stabilität	Herrschsucht
Illusionslosigkeit	Mißtrauen

Führungsstil

Wer mit diesem Typus zusammenarbeitet, sollte über ein gesundes Selbstvertrauen und gute Nerven verfügen, also physisch wie psychisch in einer hervorragenden Verfassung sein. Einfühlungsvermögen, Rücksichtnahme und Toleranz zählen nicht zu seinen Stärken. Allerdings wissen seine Mitarbeiter immer, woran sie bei ihm sind: Er macht niemandem etwas vor, er sagt mit aller Deutlichkeit, was er will und was er von den einzelnen erwartet. Daß ein Auftrag, der von seiner Seite kommt, schnellstmöglich erledigt wird, hält er für selbstverständlich, wobei er davon ausgeht, daß seine Umgebung über die gleiche Dynamik verfügt wie er selbst.

Auf diese Weise bringt er Menschen schnell an ihre Grenzen – mit unterschiedlicher Wirkung. Da er ein unglaubliches Tempo an den Tag legt und ständig neue Einfälle hat, die dann gleich in die Tat umgesetzt werden müssen, fühlen sich die einen in ihren Kapazitäten eigentlich ständig erschöpft und merken, daß es sie krank macht, ständig ihre letzten Reserven zu mobilisieren. Bei anderen eröffnet er dagegen beachtliche Potentiale an Einsatzvermögen und Begeisterungsfähigkeit, die sie selbst nicht für möglich gehalten hätten.

Etwas mit aller Kraft in Bewegung zu bringen: das macht ihm Freude, und die teilt sich allen mit, die mit ihm an einem Strang ziehen. Ob bereits alle Voraussetzungen dafür, daß ein bestimmtes Ziel umgesetzt wird, vorhanden sind, kümmert ihn wenig; auf Details legt er ohnehin keinen besonderen Wert. Wenn etwas gerichtet werden muß, dann packt er die Sache an: unbekümmert und mit all der Vitalität, die ihm zu Gebote steht.

Tauchen allerdings Widerstände auf, deren Überwindung Fingerspitzengefühl oder Geduld erfordern, dann kann ihn das wütend machen, und in einem solchen Fall empfiehlt es sich nicht, ihm über den Weg zu laufen. Auch einmal Dampf abzulassen gehört zu seiner Persönlichkeit, und wenn es dabei jemanden zu Unrecht trifft, macht ihm das keine großen Gewissensbisse. Er vermag sich in sensible Naturen, die unter seiner Art leiden, einfach nicht hineinzuversetzen, und er meint, ein aufmunterndes Schulterklopfen reiche als Entschuldigung aus.

Andererseits reagiert er ausgesprochen empfindlich, wenn er sich von jemandem hintergangen fühlt. Menschen, die sich ihm und der Sache, die er so energisch vertritt, nur halbherzig anschließen, finden seine Verachtung, und gegen Intriganten geht er ausgesprochen unbarmherzig vor. Wer einen Fehler gemacht hat, sollte ihm das offenbaren, bevor er von selbst darauf kommt: Mit einem Donnerwetter ist auf jeden Fall zu rechnen, aber dann ist die Sache für ihn auch erledigt.

In einem Team ist er die vorwärtstreibende Kraft, wobei es ihm nicht darum geht, seine Energie ziel- und planlos einzusetzen oder damit zerstörerisch zu wirken. Im Grunde fühlt er sich als Garant von Stabilität, auch wenn er bisweilen den gegenteiligen Eindruck vermittelt. Während der Stabilisator Wert darauf legt, Stabilität zu bewahren, ist der Reformer darauf aus, die Dinge wieder ins Gleichgewicht zu bringen, nachdem sie aus dem Ruder gelaufen sind oder wenn nach einer Phase tiefgreifender Veränderungen wieder eine gewisse Ordnung angesagt ist.

Er selbst hält sich für ausgesprochen gerecht, und er versteht nicht, daß eine Reihe seiner Mitarbeiter diese Auffassung nicht teilen. Sicher will er niemandem etwas Böses, aber die schon rein körperliche Kraftfülle, die er ausstrahlt, droht, ein Gegenüber, das nicht sein Format hat, »niederzuwalzen«, und deshalb wird ihm nicht nur ein hohes Maß an Aggressivität, sondern auch Brutalität nachgesagt. Vielen macht er einfach Angst, und sie fühlen sich von ihm als Führungskraft ständig überfordert.

Menschen, die vor ihm Angst haben, steht er achselzuckend gegenüber; er begreift sich nicht als Ursache, und er sieht auch keine Veranlassung, sein Verhalten zu hinterfragen oder gar zu ändern. Irgendwie fehlt es ihm an Bewußtsein für seine Wirkung, und genau das mag es sein, was ihn Hindernisse so erfolgreich ausräumen läßt: Er kennt einfach keine großen Bedenken oder Skrupel; er marschiert lieber geradlinig nach vorne, anstatt im Vorfeld lange und gründlich das Terrain zu sondieren.

Am besten leistet er seine Arbeit, wenn er auf eine Persönlichkeit stößt, die zwar sein Kaliber hat, aber im Grunde eine Art Gegenpol darstellt: gründlich, mit Sinn für Struktur und Ordnung und in hohem Maße verantwortungsbewußt und mit Verständnis für Hoffnungen und Befürchtungen von Menschen. Eine Führungskraft, die über genau die Qualitäten verfügt, die er eher vermissen läßt oder glaubt, vernachlässigen zu können, sorgt dafür, daß sein Handeln nicht entgleist und daß er mit seinen reformatorischen Absichten nicht »über die Ufer« tritt.

Sicherlich werden die beiden Gegenpole es schwer damit haben, einander zu verstehen; sicherlich werden sie sich aneinander reiben und immer wieder grundsätzlich anderer Meinung sein, aber wenn sie dann eine Einigung erzielen, ist eine gewisse Ausgewogenheit des Vorgehens zu erwarten. Allzulange im Gleichgewicht bleiben wird die Situation deshalb nicht, denn beide Kräfte werden versuchen, wieder die Oberhand zu gewinnen, und nicht merken, daß sie als Gespann eigentlich am meisten erreichen.

Umgang mit Macht

Die Macht, die der Typus des Reformers repräsentiert, ist grenzenlos, und genau darin liegt die Gefahr. Eine höhere Macht als sich selbst läßt er nicht gelten, es gibt kein Wertesystem, dem sich unterzuordnen er bereit wäre. Er verkörpert die Macht, und es fehlt ihm an Willen wie an Bewußtsein, mit seiner Macht verantwortlich umzugehen. Daß er seine

Macht auch mißbrauchen könnte, will ihm einfach nicht in den Kopf, und daß in seinem hemmungslosen Machertum die Gefahr liegt, andere dem Chaos und der Anarchie zu überantworten, sieht er ebensowenig ein. So ist er durchaus kein Vertreter einer sozialen Ordnung, sondern eher ihr Überwinder.

Wenn sich eine solche Ordnung als überholt herausstellt, wenn andere aus den für sie typischen Machtinteressen an alten Strukturen kleben und sie mit aller Gewalt erhalten wollen, dann vermag der Reformer sinnvoll zu wirken. Wie kein anderer ist er in der Lage, mit überkommenen Normen und Formen aufzuräumen; kraft seiner unglaublichen Dynamik sorgt er für Umwälzung und Umbruch. Gegen ihn haben die »alten« Machthaber keine Chance; wenn er auftritt, fliegen ihm die Herzen der Menschen, die schon lange gespürt haben, daß das System, in dem sie lebten, nicht mehr funktionierte, zu.

So mag es sein, daß er als Erlöser gefeiert wird, und er weiß es zu genießen, im Bad der Menge zu schwimmen, seine Macht handgreiflich zu spüren. Massen in Bewegung zu setzen liegt ihm wesentlich mehr, als einzelnen Menschen mit subtilen Überredungskünsten zu kommen. Anhänger zu haben hält er für selbstverständlich, wobei für ihn feststeht, daß diejenigen, die sich nicht klar *für* ihn entscheiden, *gegen* ihn sind und bekämpft werden müssen.

Ein neues System zu etablieren, für Ordnung und Stabilität zu sorgen, wieder Sicherheit einzuräumen: Das sind die Ziele, für die er seine Macht einsetzt, und damit gewinnt er eine Menge an Sympathie. Schließlich haben die meisten nicht das alte System als solches als unerträglich empfunden: Solange es reibungslos funktionierte, waren sie damit sogar sehr einverstanden.

Nicht verkraftet haben sie dagegen dessen immer offensichtlicher werdende Brüchigkeit und die damit einhergehende Verunsicherung. Es waren die verlorenen »Pfeiler der Stabi-

lität«, der Verlust bestimmter Vorteile und Privilegien, die sie darauf hoffen ließen, daß endlich einer kommen möge, um die Trümmer der alten Ordnung hinwegzufegen.
Welche neue Ordnung die für sie und ihre Zeit wirklich sinnvollste sein könnte, ist nicht Gegenstand ihrer Überlegungen. Ihr Interesse ist nur eines: wieder das Gefühl der Sicherheit zu gewinnen, wieder Entscheidungen abgenommen zu bekommen und aus der neuen Ordnung wieder so viele Vorteile und Privilegien wie möglich für sich herauszuschlagen. Dafür sind sie auch bereit, Opfer zu bringen: zum Beispiel das ihrer Freiheit.
Wenn der Reformer nun die Absicht hätte, eine neue Herrschaftsform zu etablieren, die ihm die meiste Macht verliehe, dann wären sie bereit, ihm auch hier Folge zu leisten, weil sie hofften, an seiner Macht zu partizipieren. Seine Art, Machtfülle zu dokumentieren, würde sie keineswegs abschrecken, sondern geradezu begeistern, weil sie nun endlich wieder wüßten, auf welchen Lenker sie stolz sein könnten.
Käme es dazu, dann wäre zu vermuten, daß sich in dem von einer solchen Macht getragenen neuen System bald Widerstandskräfte fänden – zum Beispiel Menschen vom Typus des Reformers, die er geradezu dazu provozierte, ihn und seine Ordnung zu stürzen und ihrerseits die Macht zu übernehmen. Irgendwann würde ihnen das wahrscheinlich gelingen, spätestens dann, wenn sein System die ursprüngliche Lebendigkeit verloren hätte, Risse aufwiese und seine Anhänger immer mehr Vorteile und Privilegien verlören.
Damit ginge das Spiel um die Macht weiter, und wieder wären es die »Untertanen«, die stets auf Sicherheit und Recht und Ordnung pochen, die den neuen Machthabern den Weg ebneten und sich zu deren Anhängern erklärten. So ist eigentlich gar nicht dieser Typus, der so viel in Bewegung zu setzen versteht, das Problem, sondern es sind die Menschen, die ihn blindlings gewähren lassen, solange er bestimmte Bedürfnisse befriedigt, denen sie höchste Priorität einräumen.

Herauszufinden, welche neue Ordnung, welche Struktur die sinnvollste sein könnte, bedeutet, eine Phase der Verunsicherung und der Verluste von Vorteilen und Privilegien in Kauf zu nehmen – und zwar bewußt. Was richtig oder falsch ist, das steht in der Phase der Neuorientierung noch keineswegs in allen Bereichen fest. Eines könnte jedoch der Grundpfeiler eines neuen Systems sein: die Verständigung der Menschen darauf, daß sie nicht mehr beherrscht und entmündigt werden wollen, daß sie in Zukunft ihre Macht selbst in die Hand nehmen, sie miteinander und füreinander einbringen wollen. Eine solche Gemeinschaft in Freiheit gäbe sicherlich auch dem Typus des Reformers wieder Raum – aber unter völlig anderen Umständen und mit völlig anderen Ergebnissen. Seine Kraft würde gebraucht, aber ihr »Zuviel« würde von Menschen, die jederzeit bereit wären, Verantwortung zu übernehmen, die keine Lust hätten, ihre Freiheit abzutreten und die sich als Mitgestalter des Neuen verstünden, sinnvoll gebremst und in die richtigen Bahnen gelenkt.

Die Definition der »richtigen Bahnen« obläge nicht einem allein – zum Beispiel dem Typus des Reformers – und auch nicht einer kleinen Gruppierung, sondern der Gemeinschaft der Freien. Jeder brächte die ihm eigenen Energien ins Spiel, und alle Kräfte gemeinsam sorgten für ein Gleichgewicht, auf dessen Basis niemand zu kurz käme.

Auch der Typus des Reformers wäre jetzt im Sinne des Allgemeinwohls tätig – mit all der Kraft, die ihm zur Verfügung steht. Im Wertekatalog des Allgemeinwohls stünden jetzt aber nicht mehr Sicherheit, Vorteile und Privilegien für einzelne Gruppierungen an oberster Stelle, sondern Freiheit, Teilung der Macht in Verantwortung und Offenheit für sinnvolle Veränderungen.

Dialoge mit der Außenwelt

Wenn der Typus des Reformers das Wort ergreift, sollte sich niemand der Hoffnung hingeben, er höre so schnell wieder auf zu reden. Darauf, daß er sich in eine Debatte einmischt, braucht auch niemand lange zu warten, oft ist er der erste Redner der Runde, und ihr Wortführer bleibt er allemal. Seine Rhetorik ist nicht unbedingt geschliffen, sein Vokabular nicht gerade umfassend. Dennoch weiß er allem, was er sagt, Nachdruck zu verleihen, so daß viele den Eindruck gewinnen, das, was er zu sagen habe, sei auf jeden Fall von Bedeutung.

Seine Gestik und Mimik sind ausdrucksvoll, er redet sozusagen unter Einsatz seines ganzen Körpers, und es hält ihn selten an einem Platz. Wer ihn öfter erlebt hat, weiß, daß er gerne vom Tisch aufspringt oder dann, wenn er vor einem Publikum spricht, gar nicht erst ans Rednerpult tritt, sondern hin und her geht und immer wieder ein paar Schritte auf sein Publikum zumacht. Seine Hände sind ständig in Bewegung, sie untermalen das, was er sagt, und es käme ihm nicht in den Sinn, von einem Manuskript abzulesen.

Am Anfang seiner Rede weiß er selbst noch nicht, was er im einzelnen sagen wird, obwohl ihm durchaus klar ist, auf welches Thema er aus ist und welches Ziel er verfolgt. Während er spricht, läßt er sich von der Atmosphäre, auch von den Menschen, die ihm zuhören, inspirieren; immer wieder nimmt er Blickkontakt auf, sucht in den Gesichtern vor ihm oder um ihn herum nach Bestätigung. Personen, von denen er Widerstand erwartet, fixiert er gerne und lange, bis sie seinem Blick verlegen ausweichen und die Augen niederschlagen.

Seine Sprache ist sehr plakativ; sie lebt von Bildern und Beispielen, in die sich seine Zuhörer hineinversetzen, mit denen sie sich identifizieren können. Dabei neigt er durchaus zu Simplifizierungen und Verallgemeinerungen, was ihm der eine oder andere gelegentlich gereizt vorwirft. Dem Typus des Reformers sind derartige Vorwürfe gleichgültig; er weiß, daß er sein Publikum mit genau dieser Redeweise auf seine Seite zieht und daß er die Lacher auf seiner Seite hat, wenn er auf Kosten anderer Personen – Anwesende durchaus eingeschlossen – »seine Witze reißt«.

Einwände wischt er gerne vom Tisch, feinsinnige Erörterungen lassen ihn kalt, langwierige Analysen langweilen ihn zu Tode. An einer Redeschlacht mit gleichrangigen Gegnern hat er aber durchaus seinen Spaß, solange er nicht den Eindruck hat, letztendlich der Verlierer zu sein. So wirkt er, wann immer er in einer Runde oder vor einem Publikum das Wort ergreift, auf die meisten Menschen belebend und erheiternd, auf viele mitreißend und begeisternd.

Keinen oder wenig Beifall findet er bei Personen, die bei ihm mangelnden Tiefgang und Bauernfängerei beanstanden; einige darunter packt aber ganz einfach der Neid, wenn sie miterleben, wie er überzeugt und mit seiner Rede genau das Ziel erreicht, das er sich vorgenommen hatte.

Im Einzelgespräch wirkt er auf seinen Gesprächspartner oft erdrückend; seine Präsenz ist derartig dicht, daß für sein Gegenüber praktisch kein Raum bleibt. Wer von ihm etwas will, sollte sich nicht mit langen Vorreden aufhalten, da er in einem solchen Fall seine Aufmerksamkeit sehr schnell entzieht. Wenn jemand dagegen kurz und knapp zur Sache kommt, dann kann er auch mit einer schnellen Entscheidung von seiner Seite rechnen. Diese Entscheidung ist nie das Ergebnis ausgewogener Überlegungen, sondern erfolgt eher »aus dem Bauch« heraus. Ihn dazu bewegen zu wollen, einen einmal gefaßten Beschluß rückgängig zu machen, wäre zwecklos.

Zwecklos ist es auch, den Typus des Reformers zum Schweigen bringen zu wollen; es ist schon einiges erreicht, wenn er einem anderen konzentriert zuhört. Das Schweigen ist überhaupt nicht seine Sache, und er ist auch nicht der Typ, der

sich gerne in die Einsamkeit zurückzöge, um in Ruhe über den Lauf der Dinge nachzudenken oder zu meditieren.
Ein Reformer braucht und sucht den unmittelbaren Kontakt – und nicht nur durch Worte. So gefällt es ihm, sein Gegenüber auch körperlich zu berühren, der einen legt er die Hand auf die Schulter – was nicht jede Frau als angenehme joviale Geste empfindet –, dem anderen boxt er burschikos in die Seite, einem dritten schüttelt er ausdauernd die Hände. Herzlichkeit und Nähe möchte er ebenso vermitteln wie Solidität und Vertrauen.
Am liebsten sähe er in seinem Publikum, unabhängig davon wie groß es ist, »Kumpels«, Menschen, mit denen man sich schnell duzen kann, mit denen man gelegentlich auch streiten und mit denen man hinterher »einen trinken« gehen kann.

Dialog mit sich selbst

Auf irgendeine innere Stimme zu hören, das fiele dem Typus des Reformers im Traum nicht ein. Ständig gibt es etwas für ihn zu tun, ständig sucht er nach neuen Herausforderungen, an denen er seine Kraft messen kann. Und deshalb kann es sein, daß er seiner inneren Stimme im Traum, oder aus einem Traum heraus hochgeschreckt, begegnet. Was sie ihm sagen will, ist zunächst schwer festzustellen. Was er spürt, ist ein undefinierbares Gefühl von Angst: vor einem Chaos, vor etwas Bedrohlichem und Unentrinnbarem.
Ein Manager erzählte einmal von einem häufig wiederkehrenden Alptraum, in dem er immer wieder einen Herzinfarkt durchlebte – verbunden mit dem Gefühl einer ungeheuren Triebkraft, die er gleichzeitig als Sog in eine Leere empfand. Er hatte den Eindruck, dieser Emotion völlig ausgeliefert zu sein, und der Gedanke daran verfolgte ihn mittlerweile dermaßen, daß er sich in seiner Tatkraft beeinträchtigt sah.

Dieser Manager war seiner inneren Stimme begegnet, und diese läßt sich in diesem Fall deshalb so schwer als »Stimme« bezeichnen, weil sie sich nicht in Worten oder klar faßbaren Gedanken äußert. Sie kommt aus dem Unbewußten und manifestiert sich in einem inneren Vulkanausbruch an Gefühlen: Wut mischt sich in die Angst hinein, etwas Gewaltiges und Gewalttätiges macht sich breit und scheint etwas im Körper sprengen oder sich aus dem Körper förmlich »heraussprengen« zu wollen.

Für den Reformer ist diese Ausdruckskraft der inneren Stimme typisch, weil genau diese Triebkraft sein Handeln bestimmt. Natürlich ist er daneben auch ein vernünftiger, logisch denkender, für sich und andere berechenbarer Mensch, und dennoch gibt es eine andere Seite in ihm, und die zeigt sich durchaus nicht immer als Schatten, sondern als Motiv für seine Schaffenskraft.

Wenn sie aber als Schatten, zum Beispiel in Form eines Alptraums, auftritt, dann signalisiert das eine wichtige Erkenntnis: Das, was den Typus des Reformers so positiv auszeichnet, hat diese andere Seite, und erst dann, wenn er sich beide bewußt macht, hat er die Chance, verantwortungsvoll mit seiner Kraft umzugehen. Solange ihn sein Trieb, unbedingt etwas anpacken, bewegen, verändern zu müssen, beherrscht, ist er nichts weiter als ein Opfer seines Triebes, obwohl er fest davon überzeugt sein mag, als Tatkräftiger weit darüber zu stehen.

Aggressivität, Skrupellosigkeit, Abwehr jeglicher Kontrolle, die Tendenz zur (Selbst-)Zerstörung: Auch diese Eigenschaften sind seiner Persönlichkeit zu eigen, und wenn er diese Tatsache verdrängt, dann gelangen sie auf eine Weise in sein Bewußtsein, die er nicht mehr in den Griff bekommt. Erst im Verlauf des Bewußtwerdens wird er in die Lage versetzt, diese Schattenseiten in sich klar zu erkennen, sie als Teil seines Selbst anzuerkennen, um damit umzugehen zu lernen.

Allein schon die Behauptung, er sei in seinem Alptraum seiner Schattenseite, seiner ihm innewohnenden Gewalttätigkeit begegnet, versetzte den oben angesprochenen Manager in Rage.

Was ihm schwer zu vermitteln war, war die Bitte, erst einmal von seiner Bewertung abzusehen und einfach als Naturgesetz anzuerkennen, daß sich jede Energie zwischen zwei gegensätzlichen, voneinander abhängigen Polen manifestiert. Der Typus des Reformers bewegt sich – um es an einem Beispiel deutlich zu machen – auf einer Polaritätsachse, deren Endpunkte »der Hund« und »der Wolf« darstellen.

Der Wolf verkörpert die ursprünglichen, animalischen Kräfte, die nur vom rein Triebhaften beeinflußt werden. Gleichzeitig ist der Wolf aber auch Ahnherr des Hundes, der vom Menschen in generationenlanger Arbeit domestiziert und in seine menschliche Umwelt integriert worden ist. Dabei ist nicht zu übersehen, daß es auch das »Hündische« gibt – also die negativ degenerierte und pervertierte Form der domestizierten Wolfskraft.

Es tritt überall dort in Erscheinung, wo die ursprüngliche Instinktwelt des Menschen verdrängt worden ist, wo sich der Mensch nicht mehr ehrlich zu seinen Trieben und Bedürfnissen bekennen darf, sondern darauf angewiesen ist, ihnen im Verborgenen nachzuspüren.

Menschliche Kultur kann nur entstehen, wenn der Wolf gebändigt wird, wenn seine ursprünglichen animalischen Triebkräfte von den ungehemmten und unkontrollierten Trieben und Instinkten des Unbewußten losgelöst und dem bewußten menschlichen Willen unterstellt und nutzbar gemacht werden. Das kann jedoch nur gelingen, wenn die Wolfskraft als solche wahrgenommen wird. Die Wahrheit – die bewußte Zügelung der Wolfskraft, um sie für die Verwirklichung sinnvoller Ziele einzusetzen – liegt in der Mitte. Und die innere Stimme der Reformer hat nichts anderes zum Ziel, als dazu beizutragen, daß auch dieser Typus seine innere Mitte findet.

Erfolg durch drei: Die Triade der Dialog-Typen 7, 8 und 9

Einfühlungsvermögen, Hilfsbereitschaft, Anpassungsfähigkeit und Ausdauer prägen den Typus des Motivators (Enneagramm-Punkt II). Er legt keinen Wert darauf, sich in den Vordergrund zu drängen, sondern er fühlt sich wohl dabei, andere Menschen zu unterstützen, ihnen Verständnis entgegenzubringen und für die richtigen Maßnahmen zu sorgen, damit sie es leichter haben, mit ihren Fähigkeiten zur Verwirklichung des gemeinsamen Zieles beizutragen.
In Zeiten des Wandels sind auch Motivatoren unentbehrlich, denn sie verstehen sich auf all die Unsicherheiten und Ängste, die auftreten, wenn das, was Menschen vertraut ist und in dessen Rahmen sie ihr Leben eingerichtet haben, nicht mehr möglich ist. Sie einfach dazu zwingen wollen, sich für etwas Neues, dessen Chancen und Risiken sie nicht abschätzen können, vorbehaltlos zu öffnen, das ist für viele eine Überforderung.
Jemanden zu finden, der diesen Zustand nachfühlen kann und nicht darauf aus ist, den ohnehin starken Druck noch zu vermehren, stellt schon eine große Erleichterung dar. Jemanden zur Seite zu haben, der es nicht beim Verständnis beläßt, sondern der einem mit Rat und Tat über die ersten großen Klippen hinweghilft, hat etwas Tröstliches und Ermutigendes zugleich.
All die wunderbaren Eigenschaften der Motivatoren drohen ihnen – und anderen – aber zum Verhängnis zu werden, wenn sie darauf angewiesen sind zu helfen, weil nur dadurch ihr kaum entwickeltes Selbstwertgefühl bestätigt wird. Wenn sie davon abhängig werden, ihren Mitmenschen zu helfen, dann kann es passieren, daß ihre Hilfeleistung ohne Sinn und Verstand erfolgt – sei es, daß sie sich anderen mit Hilfsangeboten aufdrängen, die völlig fehl am Platze sind,

sei es, daß sie andere manipulieren und von sich abhängig machen.
Vom Typus des Forschers (Enneagramm-Punkt V) kann der des Motivators lernen, etwas mehr Abstand zu gewinnen und aus dieser Distanz heraus zu erwägen, ob eine Hilfeleistung wirklich notwendig ist, und wenn ja, welche sich dann als wirklich sinnvoll erweist. Die Nüchternheit, die Forschern zu eigen ist, bringt den Typus des Motivators dazu, die ihm eigene Gefühlstiefe nicht in »Gefühlsduselei« und falsches Mitleid ausarten zu lassen.
Unabhängigkeit – auch eine typische Tugend der Forscher – ist etwas, was der Motivator fürchtet und wonach er sich zugleich sehnt. Abhängigkeit verwechselt er nur zu leicht mit Geborgenheit, und er ist schnell bereit, für ein gewisses Maß an Geborgenheit seine Unabhängigkeit zu opfern. Auf der anderen Seite läuft er Gefahr, denjenigen, denen er Geborgenheit vermittelt, ihre Unabhängigkeit zu nehmen – und das keineswegs ausdrücklich, sondern im Verlauf eines schleichenden Prozesses, der beiden Seiten nicht so recht bewußt ist. Sich dieses Musters bewußt zu machen: Dazu verhilft die Energie von seiten des Forschers.
Um dieses Muster aber verändern zu können, bedarf der Typus des Motivators aber noch einer anderen Energie, und die erwächst ihm von seiten der Reformer. Deren Entschlossenheit verhilft den für ihre eigenen Belange nicht so sehr engagierten Motivatoren dazu, die für sie notwendige Entwicklung anzupacken und bis zum Ende durchzuführen.
Eigenständigkeit – und auch das ist eine Qualität des Reformers – tut dem Motivator, der mit seinen Unterstützungsaktionen manchmal geradezu an anderen zu kleben droht, not. Nur aus der Eigenständigkeit heraus, die sich mit einem entsprechenden Selbstwertgefühl paart, gelangt er in ein inneres Stadium von Unabhängigkeit und Freiheit: die wesentlichen Voraussetzungen dafür, daß er als Helfer uneingeschränkt von Nutzen ist.

Der Typus des Forschers (Enneagramm-Punkt V) wird im wesentlichen von seiner Intellektualität, seinem scharfen Verstand, bestimmt. Etwas herauszufinden ist sein Ziel, und so entwirft er immer neue Fragestellungen, sucht nach Lösungen, entwirrt Komplexität, um wieder in das Chaos einzudringen. In Zeiten des Wandels sind auch seine Qualitäten sehr begehrt, denn er ist ja derjenige, den sein Wissendurst mitten in das Neue, Unbekannte hineinführt, das so viele Menschen verunsichert.

Daß er den Mut hat, sich mit unbekannten Materien auseinanderzusetzen, verschafft ihm Respekt, daß es ihm gelingt, Rätsel zu lösen und mit gesicherten Erkenntnissen aufzuwarten, nicht minder.

Dennoch gibt es Züge an ihm, die Ausgangspunkt und Ursache dafür werden können, daß er sein Wissen und seinen Innovationsgeist in den Dienst der falschen Sache und Seite stellt. Dabei handelt es sich einerseits um seine emotionale Kälte, die in enger Verbindung mit seinem Mangel an Einfühlungsvermögen steht, sowie seine Tendenz dazu, auf das Ergebnis eines möglicherweise brisanten Forschungsprojekts mehr Wert zu legen als auf die Berücksichtigung der Konsequenzen.

Vom Gefühlsüberschuß des Motivators kann er sich – mindestens – eine Scheibe abschneiden und nicht nur von dieser Qualität. Für die Motivatoren steht der Mitmensch an erster Stelle, und sie setzen nicht nur ihren Verstand ein, um zu begreifen, was der andere braucht und was ihm gut tut. Sie sind dazu bereit, und sie verstehen es, sich ganz auf jemanden einzulassen, tief mitzuempfinden und auch Nähe zuzulassen.

Wäre der Typus des Forschers hier offen zu lernen, verlöre er seine Kopflastigkeit und seine Distanziertheit. Käme er anderen Menschen aber näher – insbesondere auf dem emotionalen Sektor –, könnte er auch besser Verantwortung empfinden und die Rücksichtslosigkeit seiner Vorgehensweise, die ihn an die Grenzen der Unmenschlichkeit führt, einsehen. Damit

wäre die Voraussetzung dafür geschaffen, auch bestimmte Denk- und Verhaltensmuster, die seine Persönlichkeit charakterisieren, zu verändern.
Lernen kann er aber nicht nur in bezug auf seine Gefühle, sondern auch hinsichtlich seines Handelns. Als Meister des Denkens ist bei ihm die Phase des Versuchs eigentlich nie abgeschlossen. Am liebsten würde er auf der Suche nach immer weitergehenden Erkenntnissen seine Versuche nie beenden und sich in seinen Labors oder vor den Bildschirmen regelrecht »einnisten« – in der Hoffnung, von niemandem gestört zu werden, und in der Vermutung, daß es wenige gebe, die in der Lage seien, ihm geistig Folge zu leisten.
Es sind der Realitätssinn und die Handlungsstärke des Reformers, die der Kopflastigkeit des Forschers Paroli bieten und ihn aus seiner Außenseiterrolle herausholen. Die Lust daran, die Wirklichkeit auch handelnd zu gestalten, sich nicht nur vom Intellekt leiten lassen, sondern auch aus der Freude an der Fülle heraus: Das sind die »Botschaften« des Reformers, und der Typus des Forschers verliert durchaus nicht an professionellem Profil, sondern gewinnt an menschlichem Format, wenn er sie beherzigt.
Der Typus des Reformers (Enneagramm-Punkt VIII) überzeugt durch seine Entschlossenheit, seinen Mut und seine Vitalität. Gäbe es seine Energien nicht, dann blieben viele Angelegenheiten und Projekte unerledigt liegen – sei es, weil es den Beteiligten zu unbequem war, sie zu vollenden, sei es, daß zuviel Angst vor den Konsequenzen im Spiel war. Da die Risikofreude dieses Typus aber größer ist als irgendwelche Ängste, gibt es für ihn kein Zurück, wenn er einmal auf dem Wege ist, und gleichzeitig gibt es keine Hindernisse, durch die er sich aufhalten ließe.
In Zeiten des Wandels hat der Reformer – wie alle anderen Typen auch – seine spezifische und wichtige Aufgabe. Mit ihm und durch ihn gewinnt ein Veränderungsprozeß, in dessen Verlauf viele Kräfte sinnvoll gewirkt haben, kurz vor

der Vollendung noch einmal an entscheidendem Schwung, so daß auch die allerletzten Bedenken und Ängste keine Blockaden mehr darstellen können.
Von der eigenen Begeisterung über diesen Schwung und der Tatsache, daß das Ziel fast erreicht ist, fortgerissen, ist es aber durchaus denkbar, daß der Reformer entscheidende Fehler begeht, die das ganze Werk zunichte machen könnten. Um hier für genügend Klarheit und Bewußtsein zu sorgen, sind die Stärken des Forschers sinnvoll – seine Gewissenhaftigkeit und Schärfe bei der Analyse der Situation, aber auch seine Nüchternheit, mit der er die Sachlage und die handelnden Personen unter die Lupe nimmt.
Darüber hinaus ist aber auch wieder die Menschlichkeit des Motivators gefragt, der keinen sozialen Gesichtspunkt unberücksichtigt ließe und sich vorbehaltlos für die betroffenen Menschen einsetzen würde, wenn er sie in ihren Interessen bedroht sähe. Unverzichtbar wäre seine Rolle hier schon deshalb, weil der Typus des Reformers wie der des Forschers – wenngleich jeder auf seine Weise – in Extremsituationen zu einer gewissen Verantwortungslosigkeit neigen, und die könnte sich bei einer Verbindung ihrer Schwachpunkte als äußerst unangenehm herausstellen.

6
Das Management der Beziehungen – die Dialog-Typen im Veränderungsprozeß

Der Einblick in die Denk- und Handlungsstrukturen, in die Gefühlslagen und die Eigenarten der neun Dialog-Typen hat ganz unterschiedliche Schwerpunkte aufgezeigt. In Wirklichkeit pflegen Menschen meist *mehrere* dieser Schwerpunkte in ihrer Persönlichkeit zu vereinigen. Die Kombination dieser Persönlichkeitsanteile kann sich im Laufe eines Lebens verändern; sie hängt von der physischen und psychischen Verfassung eines Menschen ebenso ab wie von den Erfahrungen, die er macht und für die er sich öffnet.

Ziel einer möglichst umfassenden Persönlichkeitsentwicklung wäre es, die spezifischen Problemstellungen aller neun Grundtypen in sich zu erfahren und schließlich alle ihre positiven Möglichkeiten auszuleben. Auf dem Weg dorthin gilt es, die jeweiligen Anteile immer deutlicher wahrzunehmen: bei anderen wie bei sich selbst. Kommen diese Anteile eher in persönlichen Schwächen zum Ausdruck, so kann die Erinnerung daran, daß damit auf der Gegenseite besondere Stärken verknüpft sind, dazu verhelfen, verständnisvoller und toleranter damit umzugehen.

Betrachtet man die Stärken der neun Dialog-Typen als unterschiedliche *Energien*, die sie vermitteln, dann wird deutlich, daß diese Energien, je nachdem in welcher Situation sie zum Einsatz kommen, völlig unterschiedliche Wirkungen auslö-

sen – in der einen sehr sinnvolle und in einer anderen unter Umständen höchst unpassende. So ist die Dynamik eines Reformers zum Beispiel im Rahmen eines »Turn around« irgendwann unverzichtbar, während ein Stabilisator hier eher dazu tendieren würde, den Umbruch zu verschleppen. Andererseits ist die ordnende und Werte schaffende Energie eines Stabilisators in einer Aufbauphase durchaus notwendig und keinesfalls durch Energien des Reformers ersetzbar.
Überträgt man diese Erkenntnis auf ein Unternehmen, so sind auch dort in bestimmten Situationen und Phasen ganz bestimmte Energien angesagt, um sie zu meistern, während andere Energien sich als kontraproduktiv erweisen könnten. Gerade in den heiklen Phasen eines Veränderungsprozesses, der immer Unsicherheiten und Verunsicherungen mit sich bringt, ist es sinnvoll, sich jederzeit bewußt zu machen, welche Energien gerade erforderlich sind und ob diese mit denen, die gerade wirken, identisch sind.
Träger dieser Energien sind die Führungskräfte des Unternehmens, und so hängt der Verlauf des Veränderungsprozesses ganz entscheidend davon ab, wie dieser von ihnen gemanagt wird. Im Idealfall wäre die Persönlichkeit jeder einzelnen Führungskraft so umfassend entwickelt, daß jede – in welcher Phase des Veränderungsprozesses auch immer – die dafür jeweils sinnvollsten Energien zu erkennen und zu mobilisieren imstande wäre. Da ein solcher Zustand aber nicht der Normalfall ist, bietet sich eine andere Lösung an: das *Management der Beziehungen.*
Voraussetzung dafür wäre, daß alle Beteiligten keinerlei Wert mehr darauf legten, Macht um jeden Preis – auch den zeitweiliger Inkompetenz zu Lasten des Ganzen und seiner Entwicklung – zu besitzen. Statt dessen wäre jeder einzelne daran interessiert, seine oder ihre besten Kräfte in jeder Unternehmensphase so sinnvoll wie möglich zum Einsatz zu bringen. Damit es dazu käme, wäre ein hoher Bewußtheits- und Verantwortungsgrad aller Beteiligten nötig – und ihre Be-

reitschaft, die Macht miteinander zu teilen bzw. ihre besten Kräfte in Beziehungen einzubringen.
Für den Machtverlust tauschten sie die Möglichkeit ein, immer wieder Freiräume für ihre Kreativität, so unterschiedlich sie sich ausdrücken mag, zu finden – und damit eben nicht nur den Prozeß und das Unternehmen optimal voranzubringen, sondern auch die eigene Persönlichkeit und deren Entwicklungspotential. So erwiese sich das Management der Beziehungen als eine Bereicherung – für alle Seiten und für alle Beteiligten.
Niemand müßte sich mehr überfordert fühlen – und alles daransetzen, sich von dieser Überforderung auf keinen Fall etwas anmerken zu lassen. Eines wäre allen klar: Niemand vermag alles, alle sind aufeinander angewiesen, wenn ein Ziel erreicht werden soll. Sich auf dieses Ziel hin zu einigen, so daß nun alle in gemeinsamer Sache arbeiten, ist die eine Seite. Sich auf die lebendige Form des Beziehungsmanagements zu verständigen, ist die andere. Beides böte nicht nur die Chance gelingenden Arbeitens, sondern auch gelingenden Lebens. *Arbeit in Lebensfreude* hieße nun die Devise, die nicht nur jedem ein hohes Maß an Verantwortung einbrächte, sondern auch die Freiheit einräumte, sich selbst im Sinn des Ganzen so kreativ wie möglich zu verwirklichen.

Phase 1: Aufbruch zu neuen Ufern: Auftrag für Visionäre

Eine Vision entsteht nicht von ungefähr; sie hat nicht nur den Charakter eines Ideenflugs »völlig ins Blaue«. Ausgangspunkt dafür ist das Gefühl, mit einer Situation, mit bestimmten Verhältnissen oder Vorgehensweisen nicht mehr zufrieden zu sein, und für dieses Gefühl gibt es eine Reihe von Beweisen. So werden bestimmte Ziele nicht mehr erreicht – etwa die Marktführerschaft zu halten oder ein Produkt so schnell zu entwickeln, daß die Wettbewerber das Unternehmen nicht zu überholen drohen. Daß jetzt etwas verändert werden muß, ist klar, doch bevor die neuen Voraussetzungen dafür geschaffen werden können, ist es notwendig, Vorstellungen darüber zu entwickeln – in größtmöglicher kreativer Freiheit.

Die handlungsorientierten Typen sollten jetzt nicht an erster Stelle stehen, obwohl sie es von ihrer Mentalität her schwer damit haben dürften, dies einzusehen. Der Typus des Stabilisators hat Bedenken, zuviel Zeit zu verlieren und immer gründlicher ins Hintertreffen zu geraten. Lieber wäre es ihm, es doch noch einmal mit den alten Strukturen und Rezepturen zu versuchen, schließlich haben sich diese – so seine Meinung – über lange Zeit bewährt, und nun müsse man eben alles daransetzen, auch noch das Letzte aus ihnen herauszuholen, um die (drohende) Schieflage wieder in den Griff zu bekommen. Ein Zuviel an Vision macht ihn ohnehin skeptisch, und so wird er die Visionäre dazu drängen, in ihren Phantasien nicht zu weit zu gehen und sich nicht zuviel Zeit zu lassen.

Druck übt auch der Typus des Reformers aus – wenngleich unter umgekehrtem Vorzeichen wie der Stabilisator. Auch ihm kann es nicht schnell genug damit gehen, Veränderungen umzusetzen, aber er ist sich sicher, daß es in den alten Strukturen und mit den überholten Rezepturen nicht mehr geht. Deshalb ist er geneigt, sich schon mit einem »Zipfel« der neuen Vorstellungen zufriedenzugeben, um seiner Dynamik endlich freien Lauf lassen zu können.

Der Typus des Strategen klebt nicht an alten Werten, aber auch nicht an dem Drang, so schnell wie möglich einen radikalen Umbruch herbeiführen zu wollen. Er wäre auch mit einer Teillösung zufrieden, wenn sie ihm einigermaßen prak-

tikabel erschiene, aber das Warten auf die Vollendung der Vision ist ihm ebenso unangenehm wie den beiden anderen Handlungs-Typen.
Drängen und unter Druck setzen sind jedoch Energien, die dem Typus des Visionärs, der in dieser Phase im Mittelpunkt steht, zuwiderlaufen; er braucht einen Freiraum, in dem er seine Ideen entfalten kann, ohne von vornherein von Hindernissen in Form von Bedenken und Unsicherheiten, Rücksichtnahmen oder Hyperaktivismus gebremst zu werden. Seine Kunst besteht gerade darin, alles an Vorstellungen über neue Ziele und Lösungen zuzulassen – völlig ohne Vorurteile und getragen von einer unstillbaren Neugierde.
Dabei sieht es dieser Typus durchaus nicht als Aufgabe an, »das Rad« neu zu erfinden oder die Vision für sich alleine zu entwickeln. Im Gegenteil: Da es ihm so gut gelingt, andere zum Träumen und Reden zu bringen, weil er niemandem Angst macht, ist er in der Lage, Ideen auf die Spur zu kommen, die vielleicht schon länger in dem einen oder anderen Kopf herumgeistern. Er hat einerseits ein untrügbares Gespür für gute Einfälle, und er besitzt die Begabung, sie weiterzuentwickeln, *noch* grenzenloser damit umzugehen.
Natürlich hätten die Visionäre große Lust, ihrer Gabe so lange freien Lauf zu lassen wie möglich, aber das verhindern – auf sinnvolle Weise – die *Typen des Denkens*. Hier ist es insbesondere der Typus des Forschers, den die Unbestimmtheit einer Vision absolut nicht kalt läßt. Was sich schon an Daten sichern läßt, das nimmt er auf, stellt es in überschaubare Zusammenhänge oder rechnet es hoch. Manchen sehr kühnen Ideen mag dies vorzeitig Abbruch tun, aber er verhindert auch, daß die Visionäre den Kontakt zur Realität und zum Machbaren verlieren.
Der Typus des Philosophen wird zwar jede neue Idee gleich wieder grundsätzlich in Frage stellen, aber er ist im Prinzip fasziniert von der Möglichkeit, etwas Besseres herauszufinden als das, was im Unternehmen der Fall war und ist und

was er längst als unzulänglich erkannt hat. Mit der ihm ebenfalls eigenen Neugierde und seiner Begeistungsfähigkeit wird er die Visionäre unterstützen und dank seines Tiefsinns jede Oberflächlichkeit der Vision zur Sprache bringen.

Auch der Typus des Integrators ist daran interessiert, daß man zu besseren Zielen und Lösungswegen kommt, aber er macht es sich nicht leicht damit, intensiv abzuwägen, ob die neuen Gedanken, die nun entwickelt werden, in bezug auf die etablierten Inhalte und Strukturen wirklich eine Verbesserung darstellen. Auch von seiner Seite ist also dafür gesorgt, daß die Vision handfeste Grundlagen bekommt und allzu blühenden Phantasien Grenzen gesetzt werden.

Echte Hilfe und Unterstützung empfangen die Visionäre von seiten der *Gefühls-Typen*, die ihnen von der Persönlichkeitsstruktur ohnehin am ähnlichsten sind. Der Typus des Motivators läßt nichts unversucht, um die Freiräume für die Visionäre zu sichern und ihnen – fachlich wie emotional – alle Unterstützung anzubieten, die sie brauchen. Kommt es zu Auseinandersetzungen mit den *Handlungs-Typen* oder droht eine Allianz der Handlungstypen mit den Denkern, dann treten die Motivatoren beherzt auf den Plan, und da sie nicht nur Verständnis und Einfühlungsvermögen besitzen, sondern auch das Talent zur Vermittlung, gelingt es ihnen, Eskalationen vermeiden zu helfen und sogar zu einer gewissen Begeisterung zu verhelfen.

Auch dem Typus des Kommunikators fällt eine wichtige Rolle in dieser Prozeßphase zu. Einerseits ist er hervorragend dazu geeignet, für gegenseitiges Verständnis zu sorgen. Eine Vision auf den Punkt zu bringen, Mißverständnisse darüber auszuräumen, überhaupt mit ihr vertraut zu machen: das ist die eine Seite seiner Kunst. Auf der anderen Seite vermag er in dieser Phase der heftigen Bewegung, der herrschenden Unsicherheit und auch der Auseinandersetzungen, Leichtigkeit zu vermitteln: die Zuversicht, daß alles ein gutes Ende nehmen werde, daß es einfach noch etwas Geduld und Vertrauen brauche, um das Unternehmen wieder auf Erfolgskurs zu bringen. Auch wenn diese Einstellung die Handlungs-Typen nicht unbedingt besänftigt und bei den Denker-Typen für das eine oder andere Stirnrunzeln sorgt, so gewinnen doch auch immer wieder Lebensfreude und Optimismus die Oberhand, die die Kommunikatoren ins Spiel bringen.

Phase 2: Neubewertung der Vergangenheit und Planung neuer Ziele: Auftrag für Stabilisatoren

Wenn sich aus der Vision, die zunächst noch unbestimmt gewesen sein mag, eine Idee herauskristallisiert – zum Beispiel die eines neuen Produktes oder einer bahnbrechenden Dienstleistung –, dann wird in der Regel zunächst nur ein kleiner Kreis davon überzeugt sein und die notwendige Risikofreude mitbringen, die Idee auch in die Tat umzusetzen. Widerstände sind besonders dann zu erwarten, wenn Idee oder Dienstleistung den Charakter des Noch-nie-so-Dagewesenen tragen oder wenn sie für das Unternehmen und seine Mitarbeiter erhebliche Veränderungen mit sich bringen.
Diese Veränderungen können sich auf verschiedene Weise manifestieren – etwa in Form von Umstrukturierungen, Umgruppierungen oder notwendigen Weiterbildungsmaßnahmen. Das alles als Herausforderung oder als für das Unternehmen überlebensnotwendig anzusehen, dazu sind viele davon Betroffene (noch) nicht in der Lage – sie empfinden die Wende eher als bedrohlich oder zumindest als lästig, weil sie den gewohnten Rahmen sprengt.
Natürlich ist auch jetzt keine Zeit zu verlieren, und deshalb darf den Widerständen zunächst kein allzu großes Gewicht

beigemessen werden, weil sie sonst den Schwung des Neuanfangs allzusehr zu blockieren drohen. Handeln ist nun angesagt, und das ist um so schwerer, als es noch keine eindeutigen Ziele gibt, und erst recht noch keine klar umrissenen Lösungswege.

Auf den ersten Blick mag es sinnvoll erscheinen, jetzt die Energien des Reformers in den Blickpunkt zu rücken, denn schließlich hat er als Typus die wenigsten Probleme damit, Maßnahmen zu ergreifen, ohne dabei allzuviel Rücksicht zu nehmen. Welche Umstände bisher geherrscht haben, wer welche Rolle gespielt oder welche Funktion innegehabt hat, würde ihn nicht anfechten, und mit Sicherheit brächte er viel Bewegung ins Spiel. Auf den zweiten Blick könnten die Dynamik und die Dominanz, die Grenzenlosigkeit seiner Vorgehensweise und seine Rücksichtslosigkeit aber in der jetzigen Phase mehr Porzellan zerschlagen, als unbedingt erforderlich ist. Er hätte übrigens nicht nur die Bedenkenträger, die Bequemen und die Ängstlichen gegen sich, sondern auch einen anderen Typus des Handelns: den Stabilisator.

Im Grunde ist dieser Typus keineswegs »Feuer und Flamme« für das Projekt – gerade er hängt an Traditionen und ist nicht bereit, sie so ohne weiteres aufzugeben. Allerdings trägt er nicht nur Bedenken, sondern er fühlt auch Verantwortung, und so ist er trotz seines anfänglichen Widerwillens bereit, sie in dieser Situation zu übernehmen. Da er im Unternehmen als ein Garant für Integrität, für Stabilität und Ordnung gilt, gibt er jetzt kraft seiner führenden Rolle den Mitarbeitern Vertrauen zurück, soweit ihnen dies in Anbetracht der Umbruchsituation möglich ist.

Der Typus des Stabilisators geht – trotz des Zeitdrucks – mit größtmöglicher Gründlichkeit vor. Mindestens ebensoviel Energie wie auf die Definition der Ziele investiert er darin zu überprüfen, ob nicht Teile der alten Strukturen und Vorgehensweisen durchaus noch brauchbar sind, anstatt sie im Schwung des Neuanfangs möglichst alle über einen Haufen zu werfen. Was von Wert war, und erst recht, wenn dies über eine längere Zeitphase der Fall war, lohne es – so seine Ansicht –, genau darüber nachzudenken und immer wieder zu erwägen, ob es nicht in die neuen Verhältnisse integriert werden solle.

Bei seinen Überlegungen helfen dem Typus des Stabilisators der Reformer und der Stratege. Der Reformer macht einfach Druck und sorgt dafür, daß Vorsicht und Zögern nicht überhand nehmen. Der Typus des Strategen dagegen, der sich so gut auf das Festlegen auf Teilziele, das Erarbeiten der dafür notwendigen Strategien und das Schließen von Kompromissen versteht, unterstützt den Stabilisator auf sehr pragmatische Weise. Gerade im Zuge der engen Zusammenarbeit mit ihm gehen alte Denk- und Handlungsmuster nicht verloren, aber sie versperren auch nicht den Zugang in das Neue, weil sie im Rahmen des Veränderungsprozesses umgedeutet, neu bewertet und damit verwandelt integriert werden.

Die Typen des Denkens, der Philosoph, der Forscher und der Integrator stehen den Bemühungen der Handlungs-Typen eher mit Mißtrauen gegenüber. Für den Forscher ist noch viel zu wenig bewiesen, um überhaupt schon erste Schritte wagen zu können, und er rät dazu, lieber erst weitere Berechnungen anzustellen, um eine einigermaßen solide Basis herzustellen. Der Typus des Philosophen merkt, daß sich die Macher unter seinen Kollegen nun anschicken, sich auf Ziele festzulegen, und das behagt ihm gar nicht. Ob es nicht noch ein viel besseres Ziel gäbe, ist für ihn die Frage, und eigentlich hatte er die ursprüngliche Vision als faszinierender, reichhaltiger und vielversprechender empfunden. Auch er rät deshalb dazu, sich lieber noch ein wenig Zeit zu lassen, anstatt in etwas hineinzugeraten, was sich dann letztendlich vielleicht doch nicht als sinnvoll erweise.

Die Integratoren setzen alle ihre Hoffnungen auf den Typus des Stabilisators, von dem sie erwarten, daß er so sorgsam wie möglich vorgehe und bloß nicht zuviel risikiere. Sie erkennen an, daß das, was einmal als richtig und richtungweisend gegolten hat, teilweise mit den neuen Denk- und Handlungsmustern verknüpft wird, aber gleichzeitig haben sie den Eindruck, es gäbe in dieser Phase des Umbruchs und Neubeginns eigentlich nur Halbes und nichts Ganzes, und diese Wahrnehmung macht sie unruhig.

Ganz anders ergeht es den *Typen des Fühlens*. Der Visionär erfreut sich daran, daß seine Ideen als »bewegend« genug erachtet werden, sie zu bearbeiten und zu realisieren. Schließlich genießt er den Respekt gerade der Handlungs-Typen unter seinen Kollegen nicht zu jeder Zeit. Dem Kommunikator macht es einfach Spaß, bei einem Projekt mitzuwirken, bei dem noch nicht alles festgelegt ist. Routine ist etwas, was diesem Typus so gar nicht gefällt, und deshalb kann er seiner Lebensfreude freien Lauf lassen – was in dieser Phase der Unsicherheit zwar nicht immer auf Verständnis stößt, das eine oder andere Mal aber doch erleichternd wirkt.

Die Motivatoren überlegen wieder einmal nicht lange, was richtig oder was falsch ist, und selbst wenn sie Gefühle der Verunsicherung in sich spüren sollten, so geben sie diesen nicht zuviel Raum. Sie merken einfach, daß es kaum jemanden im Unternehmen unbehelligt läßt, daß sich vieles verändern soll und daß noch niemand so recht weiß, wo der »Zug hingeht«. Es ist ihnen klar, daß viele Menschen in ihrer Umgebung des Verständnisses und der Ermutigung bedürfen, und sie sind froh darüber, gebraucht zu werden und helfen zu können.

Phase 3:
Offenheit nach außen und innen: Auftrag für Motivatoren

Das Feld, auf dem der Typus des Motivators unterstützt, ist weit, und es reicht über die persönliche Ermutigung des Umfeldes weit hinaus. Motivatoren haben ein gutes Gespür dafür, wenn bestimmte Führungskräfte sich abzuschotten beginnen und zu viele Kontakte meiden. Dies geschieht einerseits, weil sie sich nicht in ihren schwierigen Überlegungen stören und hineinreden lassen möchten, und andererseits, weil sie mit konkreten Ergebnissen an die Mitarbeiter herantreten möchten und nicht mit vorläufigen Erwägungen – so etwas löse doch nur *Unsicherheit* aus.
Motivatoren wissen jedoch, daß Menschen sich um so unsicherer fühlen, je weniger sie miteinbezogen werden. Die Unkenntnis über die wahren Sachverhalte und Planungen führen zu einer Unmenge an Vorstellungen, die sich dann in zahllosen Gerüchten niederschlagen – und erst recht zur Verunsicherung beitragen. Deshalb versteht sich dieser Typus als Vermittler zwischen den Entscheidern und allen Betroffenen im Unternehmen.
Den Entscheidern macht er deutlich, auf welchen »Boden« ihre Überlegungen und Entschlüsse fallen werden, und trägt so zu einer nochmaligen Abwägung aller Fakten bei – und damit zu mehr Umsicht in der Vorgehensweise. Der Motivator weist aber auch darauf hin, daß es sich lohnen könnte, die Mitarbeiter in Entscheidungen mit einzubinden. Das bedeutet nicht, die Verantwortung völlig an sie zu delegieren, wohl aber, ihre Kreativität herauszufordern und zu nutzen. Im Endergebnis werden diejenigen, die nach ihrer Meinung gefragt worden sind und die sich damit ernstgenommen fühlen, die Entscheidung viel besser mittragen und umsetzen können.

Den Mitarbeitern steht dieser Typus einerseits mit Verständnis zur Seite, und dank seines Einfühlungsvermögens bringt er nicht nur mehr oder weniger verborgene Ängste, sondern auch so manches schlummernde Ideenpotential ans Tageslicht. Andererseits macht er die Menschen im Unternehmen, die sich nur als Opfer der Entscheidungen »von oben« fühlen, darauf aufmerksam, daß *sie selbst* es sind, die in der Passivität verharren und damit in der Bequemlichkeit. Auf »die da oben« zu schimpfen und davon auszugehen, die Leitenden machten ja doch, was sie wollten, und das sei sicher wieder gegen die Interessen der Belegschaft, sei eine Haltung, die jegliche Chance einer kreativen Verständigung zugunsten einer gemeinsam herbeigeführten Entscheidung ausschließe.

Die Offenheit dieses Typus richtet sich aber nicht nur auf Stimmungen und Möglichkeiten innerhalb des Unternehmens. Während die Handelnden ängstlich darauf bedacht sein mögen, daß von ihren Überlegungen und erst recht von dem Veränderungsprozeß, in den das Unternehmen eingetreten ist, niemand etwas erfahre – weder die Kunden, noch die Zulieferer, auch nicht die Wettbewerber und schon gar nicht die Presse –, sehen Motivatoren die Chancen, die durch einen kreativen Austausch erwachsen.

Warum sollte man von den Wettbewerbern, die ja oft in ähnlichen »Verfassungen« stecken, nicht viel lernen können? Ist es nicht viel besser, Kunden und Zulieferern den Eindruck zu vermitteln, es bewege sich etwas im Unternehmen, als starre Etabliertheit vorzutäuschen? Ist es für den Veränderungsprozeß und dessen Gelingen nicht viel sinnvoller, deren Wünsche und Erwartungen mit zu berücksichtigen? Und vermag nicht auch ein Gespräch mit dem einen oder anderen vertrauenswürdigen Journalisten eine Chance zu sein, von dessen Auffassung zu profitieren? Im Grunde wird doch das Interesse der Medien, »Geheimnissen« der Entwicklung des Unternehmens und seiner Geschäfte auf die Spur zu kom-

men, erst recht geweckt, wenn die Geschäftsführung aus allem ein Geheimnis macht.
Bei all ihren Bemühungen in dieser Phase des Veränderungsprozesses werden die Motivatoren von den Visionären und den Kommunikatoren – also den beiden anderen Typen des Fühlens – unterstützt. Grenzenlose Offenheit ist schließlich auch bei den Visionären der Fall, und da diese von ihrem Naturell her kein Interesse daran haben, als Urheber einer Idee zu gelten und dafür Sorge zu tragen, daß möglichst von niemandem an ihrer Idee gerührt werde. Im Gegenteil: Visionäre finden es großartig, wenn sie und ihre Vorstellungen im Mittelpunkt einer Bewegung stehen und möglichst viele in Bewegung versetzen.
Den Kommunikatoren macht es ihrerseits Freude, wenn in dieser Phase möglichst viel Austausch stattfindet, und dank ihres Talents, andere zum Sprechen zu bringen, und auf der anderen Seite ihrer Begabung zum echten Zuhören, sind sie hier ganz in ihrem Element. Dabei kommt nicht nur ihre Kontaktfreude zum Einsatz, sondern auch ihr Optimismus, der andere in Schwung bringt und ihnen zu der Überzeugung verhilft, ihre Meinungen seien wichtig und ihre Wünsche stießen auf Interesse und Berücksichtigung.
Den Typen des Handelns, also den Stabilisatoren, den Strategen und den Reformern, ist das Treiben der Typen des Gefühls nicht ganz geheuerlich. Zuviel Offenheit, zuviel Toleranz anderer Ansichten und Bewertungen – so ihre Meinung – schaffe eher Verwirrung und halte davon ab, Entschlüsse zu fassen und umzusetzen. Der Stabilisator, der auf feste Ordnungen setzt und alles tut, um möglichst bald wieder zu sicheren und verläßlichen Fundamenten zu gelangen, wird an die Grenzen seiner Toleranz gebracht. Der Stratege hat Mühe, die Leistungen der Motivatoren und ihrer Helfer als solche anzuerkennen, denn ihm geht es um Konkretes, um Ziele und Lösungen, und wenn deren Vorbereitung seines Erachtens zuviel Zeit kostet, wird er unruhig. Der Reformer

vermag am wenigsten einzusehen, warum den Meinungen anderer soviel Gewicht zugemessen wird; auch er möchte – auf seine Weise – endlich Taten sehen und sie am liebsten gleich herbeiführen: ohne weitere Umstände und Umständlichkeiten.

Die Typen des Denkens stehen zwischen den beiden »Lagern« im Unternehmen und sorgen für eine gewisse Neutralität. So sind die Forscher damit beschäftigt, den Input von außen und innen systematisch zu verarbeiten. Es geht ihnen bei ihrer Arbeit vor allem darum, es nicht beim bloßen Eindruck zu belassen, sondern den Eindruck auf einen konkreten, nachweisbaren und nachvollziehbaren Nenner zu bringen, und dies beruhigt die Typen des Handelns und des Fühlens gleichermaßen.

Den Philosophen gefällt es, daß in dieser Phase des Veränderungsprozesses gesucht und gerungen wird und daß nicht einfach Anweisungen erteilt werden, denen dann blindlings Folge geleistet werden muß. Daß es im Rahmen der Suche Widersprüche gibt, findet dieser Typus eher anregend, und selbst dann, wenn jetzt Kritik – nicht zuletzt an der Vergangenheit – geübt wird, erachtet er dies als Herausforderung und Bereicherung, und nicht als Einschränkung.

Den Integratoren kommt es darauf an, daß alle die Meinungen, Vorstellungen und Erwartungen – ob sie nun von außen kommen oder aus der Kommunikation mit der Belegschaft erfolgen – in ein Gleichgewicht gebracht werden. So sind sie vor allem daran interessiert, daß bei aller Offenheit auch wieder Stabilität eintritt, daß es zu faßbaren Ergebnissen kommt und daß dafür Verantwortung übernommen wird. Damit ist dieser Typus ein wichtiger Vorbereiter für die nächste Phase des Veränderungsprozesses, in der es darum geht, das Wahrgenommene zum ersten Mal konkret in die Tat umzusetzen.

Phase 4:
Umsetzung von Teillösungen:
Auftrag für Strategen

Strategen haben nicht die Absicht, die Welt zu verändern – dazu sind sie viel zu pragmatisch. Für sie stellt sich dagegen die Frage, was als nächstes zu tun sei, und mit dieser Ausrichtung sind sie die Protagonisten der vierten Phase im Veränderungsprozeß eines Unternehmens. Die Erwägungen und Planungen haben jetzt einen kritischen Punkt erreicht: Es besteht die Gefahr, sie immer weiter fortzusetzen, um ein Höchstmaß an Effizienz zu erreichen. Andererseits zeigt sich deutlich, daß jetzt nicht mehr damit gezögert werden darf, konkrete Maßnahmen zu treffen – also damit zu beginnen, die bestehende Struktur zu verändern, ein Produkt in die Erprobung zu bringen, Teile der neuen Dienstleistung zu praktizieren.
Für viele Beteiligten im Unternehmen stellen diese ersten Schritte zur Realisierung eine große Erleichterung dar. Endlich passiert etwas, endlich weicht das quälende Gefühl, die Zeit renne einem davon, endlich besteht wieder die Möglichkeit, in die Dynamik des Handelns zu kommen. Das empfinden natürlich besonders die Typen sehr stark, die sich an der Tat orientieren. Der Stabilisator atmet zum ersten Mal regelrecht wieder auf, weil er den Schwebezustand kaum noch ertragen hat. Langsam hatte er den Eindruck, daß das Unternehmen zu einer Art Beratungsfirma in eigener Sache werde; er sah die Disziplin der Beteiligten ebenso gefährdet wie ein gesundes Maß an Vernunft.
Wenn der Stabilisator den Strategen dabei unterstützt, Veränderungen manifest zu machen, dann setzt er sich für eine Neuorientierung ein, die er selbst für endgültiger hält, als dies bei dem Strategen der Fall ist. Genau das ist aber der Grund dafür, daß dem Stabilisator in dieser Phase nicht das

Schwergewicht der Führung zufallen sollte. Zu sehr ist er an einer dauerhaften Festigung interessiert, zu sehr liegt ihm daran, die Wertvorstellungen, die nun angesagt sind, für allgemeinverbindlich zu erklären. Zu sehr droht er auch der Gefahr zu erliegen, die Maßnahmen, die nun angesagt sind, für die *endgültige* Lösung zu halten, und darin könnten ihn die ersten Erfolge, die nun erzielt werden, bestätigen.
Der Typus des Reformers ist zwar begeistert darüber, daß nun wieder *Aktion* statt *Reflektion* angesagt ist, aber an Endgültiges glaubt er ohnehin nicht. So wird er das strategische Vorgehen aus seinem Prinzip heraus dynamisieren – womöglich mehr, als es dem Teilziel, dessen Verwirklichung nun ansteht, zuträglich ist.
Hilfreich wirken nun die Typen des Denkens. Die Philosophen durchkreuzen den Absolutheitsanspruch des Stabilisators und die Unbändigkeit des Reformers, weil sie wissen, daß jeder Versuch, jetzt konkrete Ziele zu erreichen, scheitern könnte, sie davor ihrerseits aber keine Furcht haben. Sie sind begeisterungsfähig und spontan genug, die Aktion der Strategen mitzutragen, und das in dem Bewußtsein, daß es nun gilt, eine wichtige Etappe auf dem Weg in Angriff zu nehmen. Da sie der Überzeugung sind, daß der Weg das Ziel sei und Ziele damit immer nur relativ und vorübergehend, sind sie die richtigen Unterstützer in dieser Etappe.
Für die Forscher ist der Weg als Ziel keine Frage des tiefsinnigen Grundsatzes, sondern eine Konsequenz ihrer Berechnungen. Nach umfassenden Analysen sind sie zum Ergebnis gekommen, daß jetzt die Zeit dafür reif sei, um aus der Planung in die Erprobung zu kommen, wobei sie auch in der Lage sind, die Vorläufigkeit dieser Phase in Rechnung zu stellen. Im übrigen sind sie froh, daß bloße Eindrücke, diffuse Gefühle und diverse Rücksichten nun wieder in konkretes Handeln münden.
Ebenso ergeht es den Integratoren. Das Entweder-Oder der vorangegangenen Phase hat schließlich erheblich an ihren

Nerven gezerrt, und nun kehrt für sie – trotz der vielen Aktionen, die nun an vielen Stellen im Unternehmen greifen – wieder eine Zeit ein, in der sie sich auf Greifbares konzentrieren können. Im Gegensatz zum Typus des Stabilisators, der sich so gerne auf Dauer einrichtet, spüren sie aber genau, daß es nicht bei den ersten Erfolgen bleiben wird und darf, und so ist die Erleichterung, die die Teillösungen ihnen verschaffen, eher eine relative.

Nicht so wohl bei der Sache ist den Typen des Fühlens. Die Motivatoren erkennen zwar die Wichtigkeit der Aktion, weil sie von vielen Mitarbeitern als wegweisend in einer Zeit der Verunsicherung empfunden wird. Andererseits merken sie natürlich, daß nicht allen Vorstellungen und Bedürfnissen Rechnung getragen werden konnte und daß manches Kreativitätspotential, so interessant es gewesen sein mag, »Schiffbruch« erleiden mußte, um die Teillösung überhaupt zu ermöglichen. Das erfüllt sie mit einem gewissen Bedauern, aber auch dem Bestreben, dafür zu sorgen, daß das Etappenziel möglichst sozialverträglich umgesetzt wird.

Die Kommunikatoren fühlen sich in ihrem Elan eher gebremst, denn jetzt gilt es, in die Detailarbeit einzutreten, ohne darüber vorerst weitere Worte zu verlieren. Jede weitere Diskussion würde die Aufmerksamkeit mindern und das Teilziel in Frage stellen, aber obwohl sie das im Grundsatz natürlich einsehen, empfinden sie es eher als langweilig, da zu ermuntern, wo ohnehin keine Alternative zur Umsetzung bestimmter Beschlüsse besteht.

Die Visionäre haben das Gefühl, ihre Ideen, die auf soviel Interesse und Veränderungsbedarf gestoßen waren, seien nun auf ein Mindestmaß zurückgestutzt, und eigentlich handele es sich bei den nun getroffenen Maßnahmen und ihrer Umsetzung gar nicht mehr um das, was aus der unbegrenzten Fülle ihrer Vorstellungen erwachsen sollte. Jede Erinnerung daran, jede Anregung, die nun von ihrer Seite aus erfolgt, wird eher zurückgewiesen, um sich nicht von der Erreichung des Teilziels abhalten zu lassen – und dafür haben sie sicherlich (wie für alles) Verständnis, aber diese Situation fördert auch nicht ihre gute Laune, und erst recht nicht ihr Selbstwertgefühl. Daß die Vision nun Gestalt annimmt und gewissermaßen »erwachsen« wird, vermögen sie nicht so recht einzusehen, sondern bei ihnen überwiegt das Gefühl, eine unendliche »Spielwiese« sei nun wieder gnadenlos eingezäunt.

Phase 5: Bearbeitung von Widerständen: Auftrag für Philosophen

Die fünfte Phase des Veränderungsprozesses wird insbesondere von den Typen des Handelns als ausgesprochen schwierig empfunden. Die Umsetzung der ersten Maßnahmen auf dem Weg zum Ziel hat eindeutige, nachweisbare Fortschritte erbracht. Die Umstrukturierungen haben ihre Wirkungen gezeitigt, die Umsätze haben sich wieder erhöht, das Ansehen des Unternehmens hat auch in der Öffentlichkeit gewonnen – auf der ganzen Linie scheinen Erfolge erzielt. Das ist für den Stabilisator, den Strategen und den Reformer nun kein Grund, die Hände in den Schoß zu legen. Andererseits sind sie nun froh, einen Ausweg aus der Krise gefunden zu haben, und sie sehen eigentlich keinen Anlaß, diesen wieder zu verlassen.
Vom Typus des Stabilisators her erfolgt dieser Impuls ganz besonders stark, denn da er auf soviel Ordnung und Sicherheit wie möglich und sowenig Veränderung wie nötig setzt, ist er zufrieden damit, daß das Unternehmen wieder auf der Erfolgsschiene gelandet ist, und möchte diese nun unter keinen Umständen wieder verlassen. Der Stratege schreibt sich

den Erfolg, den er in dieser Phase weniger als Teilerfolg erachtet, durchaus auf die eigene Fahne. Er hat wenig Lust, das »Ruder« wieder aus der Hand zu geben, und er sieht dafür auch keinerlei Notwendigkeit, da die Fahrt so zügig weiterzugehen scheint.

Der Reformer erkennt zwar deutlich, daß das Gesamtziel noch keineswegs erreicht ist, aber vertraut seiner Dynamik und darauf, daß der Schwung, den der Erfolg in der Regel verleiht, schließlich auch die anderen Beteiligten noch zu ganz neuen Ufern mitreißt. Allen Handlungs-Typen gemeinsam ist der Wunsch, daß jetzt, da man auf dem richtigen Weg sei, möglichst nichts in die Quere kommen dürfe, und sie sind festen Willens, alle Hindernisse aus dem Weg zu räumen, die sich ihnen entgegenstellen sollten.

Daß diese Hindernisse im Unternehmen selbst erwachsen könnten, ziehen die Handlungs-Typen keineswegs in Erwägung: Schließlich sei – so ihre Ansicht – nichts erfolgreicher und beflügelnder als der Erfolg, und an dem partizipiere schließlich das ganze Unternehmen. Was sie nicht berücksichtigen, ist die Tatsache, daß Erfolge, zumal dann, wenn sie als »endgültig« gefeiert werden, bei vielen Trägheit auslösen. Nun hat man sich eine Zeit lang förmlich die Beine aus dem Leibe gerissen – da wird es erlaubt sein, sich für eine kleine Weile ein wenig zurückzulehnen und auszuruhen. Doch diese Ruhepause ruft nicht nur die Wettbewerber von außen auf den Plan, die nun nachzuziehen und vielleicht sogar vorbeizuziehen drohen, sondern auch die alten Ängste und Widerstände im Unternehmen.

Die Motivatoren pochen nun wieder auf die Rechte der Mitarbeiter, sie möchten angesichts der Unternehmenserfolge möglichst viele der alten Vorteile und Sicherheiten wieder einführen, und sie sind der Meinung, daß weitere soziale Härten absolut unverträglich seien. Sie sehen die Belastbarkeit der Menschen im Unternehmen eher erschöpft, und darüber verständigen sie sich natürlich mit den Kommunikatoren.

Diese sind mit der Situation aber eigentlich aus ganz anderen Gründen unzufrieden, denn sie haben das Gefühl, daß die Zeit der kreativen Auseinandersetzung mehr und mehr vorbei sei und wieder die von ihnen so gefürchtete Routine greife. Von Vielseitigkeit und Beweglichkeit, von Aufbruchstimmung und Entdeckungslust kann nach ihrem Empfinden überhaupt nicht mehr die Rede sein, und so sind sie nun geneigt, sich mehr oder weniger in einen »Schmollwinkel« zurückzuziehen oder sich mit dem Gedanken zu tragen, das Unternehmen lieber zu verlassen und sich eine neue Herausforderung zu suchen.

Die Visionäre wiederum haben den Eindruck, daß ihre ursprünglichen Vorstellungen gänzlich dem vorläufig Machbaren zum Opfer gefallen seien, und ihre Lust daran, sich weiter dafür zu engagieren, schwindet, zumal ihr Bedürfnis, für ihr einstiges Anliegen zu kämpfen, ohnehin nicht ausgeprägt ist. So richten sie ihre Aufmerksamkeit eher auf die Menschen im Unternehmen, die in dem Konflikt stehen, im Rahmen der Umstrukturierung eine Menge aufgegeben zu haben, sich nun aber mangels weiterer Herausforderungen eher unterfordert sehen – und das, obwohl ihnen mehr Einsatz in weniger Zeit zugemutet wird.

Daß in dieser Phase des Veränderungsprozesses der Typus des Philosophen die entscheidende Rolle spielt, mag auf den ersten Blick keineswegs einleuchten, denn er bringt das allenthalben »köchelnde« Mißtrauen und die latente Unzufriedenheit »auf den Siedepunkt«. So fragt er kritisch nach, ob das nun erreichte Ziel, die bislang erzielten Erfolge, die einschneidenden Maßnahmen der Veränderung, überhaupt notwendig gemacht hätte.

Inwieweit sei denn schon wirklich eine Veränderung erzielt, und habe man es nicht in vielem doch beim Alten belassen? Welchen Sinn mache die Veränderung denn überhaupt für die Betroffenen – Mitarbeiter, Kunden, Zulieferer und die Gesellschaft insgesamt? Wolle man sich wirklich mit dem Er-

reichten begnügen? Oder habe man nicht in den äußeren Strukturen – des Anscheins halber – viel zuviel verändert, nur um darüber hinwegzutäuschen, daß man in Wirklichkeit die letzten Konsequenzen der Veränderung scheue?
Ein solches Denken verärgert die Handlungs-Typen, ruft aber die Integratoren auf den Plan, die schon immer geahnt haben, daß es mit dem bislang Erreichten nicht sein Bewenden haben könne. Das Teilziel, das ihnen eine Zeitlang Sicherheit vermittelte, ist erledigt und kann im Grunde nicht einfach fortgeschrieben werden – das ist ihnen klar, und so beginnen sie gegen die »Autoritäten« zu opponieren, die nun um jeden Preis an diesem Teilziel festzuhalten geneigt sind und nichts besseres wissen, als auf die Erfolge zu pochen, die seine Realisierung für das Unternehmen gebracht habe.
So spitzen sich in dieser kritischen Phase des Veränderungs-Prozesses die Unzufriedenheiten, die erneuten Unterstellungen und Vermutungen, die neu erwachten Unsicherheiten und Gerüchte zu – auf den ersten Blick entmutigend und zu Frustration, Resignation und Stagnation Anlaß gebend. Auf den zweiten Blick erlösen die Typen des Denkens, allen voran die Philosophen, aber aus der drohenden Lethargie und bereiten den Boden für den Typus, der nun in den Vordergrund tritt: den Forscher.

Phase 6: Feinabstimmung von Zielen und Lösungen: Auftrag für Forscher

In der fünften Phase des Veränderungsprozesses hatte sich der Typus des Forschers sehr zurückgehalten, obwohl die Ereignisse im Unternehmen bei ihm eher ein heftiges Kopfschütteln hervorgerufen haben. Alles grundsätzlich in Frage zu stellen, das liegt ihm zwar auch, aber er bleibt dabei lieber auf dem Gebiet des Faktischen, des logisch Nachvollziehbaren. Was richtig und was falsch ist, läßt sich nach seinem Ermessen durch eine scharfe Analyse herausfinden, und während sich die Menschen im Unternehmen noch die Köpfe heiß reden, ist er schon dabei, nach weiterführenden Lösungen zu suchen.

Was er dabei im Auge zu behalten versucht, ist das *endgültige* Ziel, wobei er es nicht versäumt, alle Variablen, auf die er aufmerksam wird, in sein Programm zu integrieren. Damit schließt er nicht aus, daß sie das Endziel entsprechend verändern, und zulassen kann er diese Möglichkeit nicht zuletzt deshalb, weil ihn die Veränderung emotional am wenigsten tangiert. Insofern läßt er sich von persönlichen Irritationen der Menschen in seiner Umgebung auch nicht beeindrucken; er bleibt unbestechlich und seinen Forschungen gewissenhaft auf der Spur.

Daß nun Schwierigkeiten aufgetreten sind, schreckt ihn nicht, sondern fasziniert ihn eher und fordert seine geistige Beweglichkeit heraus. Wo immer sich jetzt jemand Illusionen oder falsche Hoffnungen macht – er wird sie zerstören. Wer immer jetzt neue und unwägbare Risiken fürchtet – er wird sie auf den Punkt bringen und überprüfen. Im Grunde findet er es äußerst anregend, das Ziel des Veränderungsprozesses noch einmal unter ganz neuen Gesichtspunkten betrachten zu können und möglicherweise zu noch nicht in Betracht gezogenen Erwägungen und Ergebnissen zu kommen.

Unterstützung erwächst ihm von seiten der Integratoren, denn diese sind zutiefst daran interessiert, daß sich die aufgetretenen Widersprüchlichkeiten endlich auflösen. Das ewige Hin und Her, die vielen Mißverständnisse und ungelösten Fragen haben sie mittlerweile recht nervös gemacht und ihren Wunsch nach Aufklärung und Befriedung verstärkt. Konflikte sind etwas, mit dem sie schwer umgehen können, sie möchten loyal sein und möglichst genau wissen, für wen und für

was sie sich so verhalten. Insofern empfinden sie das Vorgehen des Forschers als ausgesprochen nützlich und sinnvoll.
Eben dieses Gefühl teilen sie mit dem Typus, von dem man das in dieser Phase vielleicht am wenigsten erwartet hätte: dem Philosophen. Schließlich liegt ihm nicht daran, destruktiv zu wirken, sondern es geht ihm einzig und allein darum, etwas in Frage zu stellen, was keine Eindeutigkeit hat oder daran verloren hat. Seine Sehnsucht nach Klarheit und Tiefe führt aber nicht dazu, daß er dem Forscher letztendlich vertraute, da er dessen Vorgehensweise immer mit Mißtrauen verfolgt. Um *das Ganze* im Auge zu haben – so der Philosoph –, dazu gehöre mehr als wissenschaftliche Berechnung, aber diese ist ihm immer noch lieber als das Diktat der Handelnden.
Diese wiederum nehmen in dieser Phase des Veränderungsprozesses mit Erleichterung zur Kenntnis, daß wieder eine gewisse Ordnung eintritt, die ihnen die Basis dafür liefern könnte, endlich weiter zu agieren. Die Stabilisatoren, die so erleichtert gewesen waren, mithilfe der Strategen zu neuen Ordnungen, Denk- und Handlungsmustern gekommen zu sein, hatten die Philosophen zum Äußersten ihres Verständnisses und ihrer Toleranz gebracht. In Anbetracht gerade erwiesener Erfolge Chaos anzuzetteln – so ihr Eindruck – grenze nicht nur an Verantwortungslosigkeit, sondern habe die erträglichen Grenzen überschritten. Insofern sind sie gerne bereit, dem Typus des Forschers freie Hand zu lassen, da er für sie einen Garant für Zuwachs an Sicherheit und Ordnung darstellt.
Auch die Strategen nehmen erleichtert zur Kenntnis, daß der Forscher seiner Aufgabe waltet. Sie hatten ja nie für sich in Anspruch nehmen wollen, für das endgültige Ziel verantwortlich zu sein, und so hat es sie ziemlich erschüttert zu bemerken, daß die Philosophen daran gingen, alles in Frage zu stellen – selbst den von den Strategen nachweislich erzielten Erfolg.

Dem Typus des Reformers ist die Arbeit des Forschers immer ein wenig zu gründlich vorgekommen, seines Erachtens braucht es keine Detailanalysen, um zu einem tragfähigen Ergebnis zu gelangen. Da der Forscher aber nun offenbar den Boden dafür vorbereitet, daß es endlich weitergeht, ist auch der Reformer bereit, ihn gewähren zu lassen – auch wenn ihn selbst immer häufiger Ungeduld überfällt.

Auf Skepsis stößt das Vorgehen des Forschers in dieser Phase allerdings bei den Typen des Fühlens. Die Motivatoren sind überzeugt davon, daß er alles daran setzen werde, um der Sache gerecht zu werden, aber sie befürchten, daß er es an Verantwortung für die Menschen im Unternehmen fehlen lassen werde. Ihre Befürchtung ist um so größer, als sie aus Erfahrung wissen, wie unschlagbar die Argumente des Forschers sind, wenn es darum geht, ein Ziel und die dazu erforderlichen Lösungswege exakt zu definieren. Was das für die Betroffenen im einzelnen bedeutet, ist ihm recht gleichgültig, und dieser Wesenszug hat sie schon immer aufs äußerste beunruhigt.

Den Kommunikatoren ist der Typus des Forschers ohnehin nicht so ganz geheuer. Das, was ihn befriedigt – nämlich exakt nachweisbare Erkenntnis –, entspricht so gar nicht ihrer Auffassung von Lebensfreude, und trotz ihres Talentes zur Verständigung finden sie es im Grunde trostlos, Zahlen und nüchterne Fakten vermitteln zu müssen, die – so ihre Erfahrung – letztendlich niemanden begeistern, weil sie eben nur den Kopf ansprechen und nichts weiter.

Die Visionäre schließlich verstehen zwar, daß man die Forscher braucht, um zu Zielen und Lösungen zu kommen, aber sie haben das Gefühl, mit ihren Berechnungen und ihrer Kälte nähmen sie der ursprünglichen Idee, die soviel Schwung und Begeisterung vermittelte, förmlich »jeden Wind aus den Segeln«. Zum reinen Zahlenwerk verdammt wollten sie ihren Entwurf nicht sehen, und so neigen sie in dieser Phase eher zum Rückzug in eine Art *innere Emigration.*

Phase 7: Aufbau einer neuen Unternehmenskultur: Auftrag für Integratoren

Der Typus des Integrators hat die Anstrengungen des Forschers mit Aufmerksamkeit und Respekt beobachtet, und er konstatiert nun – wie alle anderen Führungs-Typen –, daß Ziel und Lösungswege noch differenzierter vorliegen und auf Verwirklichung warten. Vom Kopf her ist also alles klar – und doch weiß der Integrator, daß immer noch nicht alles stimmt und daß der Realisierung immer noch einiges im Wege steht. Es gibt im Unternehmen Interessenskonflikte und Bedenken, die der Forscher einfach nicht aufzulösen vermochte. Seine Konzepte mögen unbestechlich sein und jeden Widerspruch erübrigen, aber es gibt Widerstände, die nicht mit purer Logik in den Griff zu bekommen sind. Integratoren verfügen über ein untrügliches Gespür für Unausgewogenheiten, für Tendenzen zu Mißtrauen und Angst, und sie sind sich bewußt, daß ein Gelingen nicht möglich ist, solange diese Tendenzen Wirkungen haben.

Natürlich drängt die Zeit, das Produkt muß nun endlich zur Reife gebracht, die Dienstleistung zu Ende entwickelt werden. Natürlich ist es notwendig, Prioritäten zu setzen und die ewigen Bedenkenträger und Zauderer in ihre Grenzen zu verweisen, damit der Veränderungsprozeß endlich seinen Fortgang nimmt. Natürlich ist es nicht möglich, *allen* Erwartungen gerecht zu werden und *alle* widersprüchlichen Interessen ins Gleichgewicht zu bringen und dennoch: Die Menschen im Unternehmen müssen die Veränderung und ihre Ergebnisse mittragen – zumindest im wesentlichen. Es ist das Werk der Integratoren, dies bewußt zu machen und für ein gemeinsames Bewußtsein im Sinne einer für alle tragfähigen Unternehmenskultur zu sorgen.

Bei den Stabilisatoren gilt es, an ihren Idealismus, an ihr Verantwortungsgefühl und ihren Sinn für übergeordnete Werte zu appellieren, denn alle drei Qualitäten sind entscheidend für die Gestaltung der neuen Unternehmenskultur. Das bedeutet aber gleichzeitig, sie von jeder Art der Selbstgerechtigkeit und Besserwisserei, von ihrer Pedanterie und ihrer Angst vor dem Risiko abzubringen.

Was die Motivatoren anbelangt, wird sie der Typus des Integrators auf ihr Einfühlungsvermögen, ihre Hilfsbereitschaft und ihre Belastbarkeit ansprechen – auch diese Tugenden sind für den Aufbau der neuen Unternehmenskultur unverzichtbar. Gehen damit allerdings ein Mangel an Selbstvertrauen, der latente Versuch, andere in Abhängigkeit von der Unterstützung bringen zu wollen, und die Angst vor Verlusten einher, dann sind die Integratoren gefordert, hier für Klarheit und Abhilfe zu sorgen.

Bei den Strategen sind es ihre Leistungsbereitschaft, ihr Pragmatismus und ihre Konsequenz bei der Durchführung eines Ziels, die beim Aufbau einer neuen Unternehmenskultur als bereichernde Elemente wirken. Um diese Qualitäten nicht zu beeinträchtigen, sind auch bestimmte Schwächen dieses Typus zu berücksichtigen: seine Neigung zur Gleichgültigkeit Menschen gegenüber, die Gier nach Ansehen und Einfluß und der Hang zur Beschönigung.

Die Philosophen braucht man mit ihrem Sinn für Wahrhaftigkeit, ihrem Instinkt für Widersprüche und Außerordentliches und mit ihrer Kunst, die richtigen Fragen zur richtigen Zeit zu stellen, denn mit diesen Eigenschaften halten sie jede Kultur lebendig. Als potentielle Hinderungsfaktoren von ihrer Seite sind ihre Labilität, die Tendenz zur Verschlossenheit und Depressivität zu berücksichtigen.

Die Forscher tragen Entscheidendes für die Kultur durch ihre Nüchternheit, ihre intellektuelle Schärfe und ihren Wissensdurst bei, und so sind auch sie auf ihre ganz individuelle Weise Garanten dafür, daß die Kultur des Unternehmens nie zu erstarren droht, sondern sich immer wieder in neuen In-

halten und Strukturen äußert. Einschränkungen dieser Qualitäten drohen durch die Kopflastigkeit, das Verdrängen möglicher unangenehmer Konsequenzen und die Angst vor Verbindlichkeit, die diesem Typus auf der anderen Seite zu eigen sind.
Die Kommunikatoren fördern die neue Kultur durch ihre Aufgeschlossenheit, ihren Optimismus und ihre außergewöhnliche Fähigkeit, Kontakte herzustellen und auf verschiedenen Seiten Verständnis zu erwirken. Der entscheidende Beitrag, den sie damit leisten, könnte aber durch eine gewisse Oberflächlichkeit, die Tendenz, sich eher nicht auf eine Sache oder auf Menschen einzulassen, und ihre Unrast beeinträchtigt werden.
Was die Reformer angeht, so bedarf es ihrer unverblümten Dynamik, ihrer Durchsetzungsfähigkeit und ihres Mutes, um einer Kultur ein neues und unverwechselbares Profil zu verleihen. Die unverzichtbaren Anstöße, die von ihrer Seite aus erfolgen, würden aber an Kraft verlieren, wenn sie andere sinnlos zu überfordern drohten, ihnen nichts als Angst einjagten oder von purer Herrschsucht geprägt wären.
Die Visionäre würde der Typus des Integrators auf ihre Vorurteilslosigkeit, ihre Intuition und ihre Experimentierfreude ansprechen – alles wiederum Qualitäten, die eine Kultur fördern, verwandlungs- und entwicklungsfähig halten. Einschränkungen gäbe es höchstens durch gewisse Schwachpunkte dieses Typus, also seine Unentschiedenheit, seine Passivität und seine gelegentliche Realitätsflucht.
Wesentliche Aufgabe des Integrators in dieser Phase des Veränderungsprozesses ist es, noch einmal alle Stärken der Beteiligten ins Bewußtsein zu rufen und darauf hinzuweisen, daß sie naturgemäß mit bestimmten Schwächen in Verbindung stehen. *Aller* dieser Stärken bedarf es, um eine Unternehmenskultur zu erzeugen, die jeder Stärke den entsprechenden sinnvollen Spielraum eröffnet. Findet auch nur eine Qualität keine Berücksichtigung oder unterliegt sie irgend-

welchen Machtverhältnissen, gerät das fragile Gebilde ins Ungleichgewicht. Wird dagegen allen Spielarten der Kreativität Rechnung getragen, dann erweist sich das entstehende Spannungsfeld als hervorragende Voraussetzung dafür, den Möglichkeiten und dem Willen aller Beteiligten zur Gestaltung einer gemeinsamen Sache freien und erfolgreichen Lauf zu lassen.

Insofern geht es in dieser Phase nicht nur um den Aufbau einer Unternehmenskultur, nach deren Implementierung alle – auch die Integratoren – wieder in eine Art »Winterschlaf« verfallen könnten. Die Kultur ist für die Veränderung Basis und Motor zugleich, weil sie von der Haltung und der Richtung aller geprägt wird, die den Prozeß tragen und dazu beitragen, daß jeglicher Stagnation ein Riegel vorgeschoben wird.

Phase 8: Kontaktaufnahme mit der Öffentlichkeit: Auftrag für Kommunikatoren

Wenn der Typus des Kommunikators jetzt die Hauptrolle übernimmt, steht ihm etwas zur Verfügung, was sich im Verlauf aller vorangegangenen Phasen entwickelt hat: die Persönlichkeit des Unternehmens. Es geht also nicht nur darum, daß nun ein bestimmtes Produkt oder eine Dienstleistung vermarktet wird, sondern Ziel ist es auch darzustellen, welcher Geist dahinter steht. Voraussetzung dafür ist, daß sich mittlerweile möglichst alle Menschen im Unternehmen – mit Sicherheit aber seine Führungskräfte – als *Beteiligte* empfinden.

Wenn sie für sich persönlich und zugleich über die eigene Persönlichkeit hinaus einen Sinn darin sehen, sich als Mitgestalter zu engagieren, hat dies einen Einfluß auf alles, was im

Unternehmen geschieht: auf den Umgang der Menschen miteinander, auf die Produkte oder Dienstleistungen, auf das Verhältnis zu Kunden und Zulieferern. Öffentlichkeitsarbeit bedeutet, diese Ausstrahlung von Authentizität und Echtheit zu vermitteln.

Der Typus des Kommunikators schafft Vertrauen in die Leistungen des Unternehmens – nach innen wie nach außen –, indem er den Kurs des Unternehmens repräsentiert. Durch seine Wirkung appelliert er an den Verstand, aber auch an das Gefühl aller, die mit dem Unternehmen in Kontakt treten. Was immer jetzt in den Bereichen Marketing, Werbung und Vertrieb entsteht, ist vom Geist des Unternehmens, von seiner individuellen Persönlichkeit, geprägt.

Auch in dieser Phase gibt es im Unternehmen keine heile Welt völlig ohne Widerstände, Mißverständnisse und Auseinandersetzungen. Neben den Stärken der beteiligten Mitarbeiter und Führungskräfte treten auch immer wieder deren Schwächen zutage und haben entsprechende Wirkungen. Dennoch ist es jetzt auch in Konfliktfällen möglich, sich auf das zu besinnen, was den Geist des Unternehmens ausmacht und als sinnvoll empfunden wird. Es sind neben dem Typus des Kommunikators die beiden anderen Typen des Gefühls, die dies am besten zu vermitteln verstehen.

Die Motivatoren wissen nun genau, wofür sie ihre Umgebung begeistern – nämlich dafür, einer gemeinsamen Sache zu dienen. Da dieser Typus sich in seiner entwickeltsten Form nicht mehr in der Opferrolle fühlt, vermag er anderen am besten darzustellen, daß Dienstleistung zwar mit »Dienen« zu tun hat, daß Dienen aber eine positive Wertigkeit für die Dienenden haben kann. Voraussetzung dafür ist, daß es im Unternehmen keine »diktatorisch« bestimmte Hierarchie und damit weder Herrschende noch Untergebene gibt. Jeder hat die Chance, am Ganzen mitzuwirken – an seinem Platz, nach seinen Möglichkeiten und auf seine Weise mitverantwortlich.

Die Visionäre sorgen durch ihre spezifischen Energien für

Offenheit und Grenzenlosigkeit von Entwicklungsmöglichkeiten. So zeigen sie immer wieder auf, wie Dinge und Menschen sein könnten, und damit tragen sie dazu bei, daß es nicht mehr zu erstarrten Strukturen und verhärteten Fronten kommt. Grundsätzlich recht zu haben oder zu behalten, das ist nicht das Ziel der Beteiligten, sondern gemeinsam voranzukommen. Ständig im Fluß zu bleiben mag auf den ersten Blick anstrengend wirken. Was die »Mitschwimmer« damit versöhnt, ist die Möglichkeit, immer wieder Neuland zu entdecken: im Unternehmen, über dessen Grenzen hinaus und für die eigene Persönlichkeit mit ihrem Entwicklungspotential.

Damit alles im Fluß bleibt, ist es immer wieder notwendig, zu hinterfragen, Inhalte und Strukturen zu verwerfen und neue zu entwerfen, alte Denk- und Handlungsmuster neu zu bewerten und möglicherweise umzugestalten oder zu ersetzen. Hier sind nun die Typen des Denkens gefragt, und auch sie wirken in dieser Phase nicht mehr als Kräfte *gegen* etwas oder jemanden, sondern ebenfalls im Dienst der gemeinsamen Sache für alle.

Auf dieser Basis haben es die Philosophen nicht mehr nötig, sich gegen Autoritäten aufzulehnen, etwas grundlos zu verkomplizieren, über Schwierigkeiten zu resignieren oder Angst vor Abgründen zu haben. Indem sie alte Ordnungen mit neuem Geist zu erfüllen und auch im Chaos Sinn und Struktur zu erkennen in der Lage sind, haben sie einen belebenden und erweiternden Einfluß.

Die Forscher können nun darauf verzichten, Grenzen um jeden Preis überschreiten zu wollen und damit Destruktivität in Kauf zu nehmen. Im Gefühl der Mitverantwortung für die gemeinsame Sache liegt ihnen daran, Risiken einzuschätzen, Probleme und Lösungen immer wieder unter den verschiedensten Gesichtspunkten zu betrachten und damit geistige Beweglichkeit zu gewährleisten.

Den Integratoren obliegt es, alle Unausgewogenheiten zu korrigieren, aber nicht im Sinne der Besserwisserei, sondern aus der Überzeugung heraus, daß auch widersprüchliche Interessen in ein Gleichgewicht gebracht werden können – zumal dann, wenn den Beteiligten das Gemeinwohl *über* die Befriedigung ihrer Einzelinteressen geht. Mit dieser Haltung und in der Wahrnehmung ihrer Aufgabe gelingt es diesem Typus, seine Befürchtung zu überwinden, Fehlentscheidungen zu treffen, nicht mehr allen Seiten gerecht werden zu können und möglicherweise auf die falschen Autoritäten zu setzen. Er selbst besitzt nun die Autorität, sich für die gemeinsame Sache einzusetzen.

Auch die Typen des Handelns haben sich in dieser Phase des Veränderungsprozesses gewandelt. Der Stabilisator strahlt nun Zuversicht aus, weil er auf dem Weg zu immer neuen Zielen nicht mehr bloß auf die Werte der Vergangenheit baut. Da er an innerer Sicherheit gewonnen hat, vermag er auch die Fehler anderer zu tolerieren, und da ihm Vertrauen nun wichtiger geworden ist als Kontrolle, traut er Verantwortung nun auch anderen zu, und nicht nur sich selbst.

Die Strategen haben jetzt ihre »Masken« abgelegt, und sie definieren sich nicht mehr allein über ein glänzendes Image aufgrund kurzfristiger Erfolge, die sie vorher zu immer neuen Höchstleistungen getrieben haben. Da sie in der Lage sind, eigene Gefühle wahrzunehmen und gelten zu lassen, verfügen sie auch über ein hohes Maß an Einfühlungsvermögen in andere Menschen.

Den Reformern liegt nicht länger daran, ihre Kraft um ihrer selbst willen zu demonstrieren, seitdem sie diese in den Dienst der Allgemeinheit gestellt haben. Lösungen brachial umzusetzen und dabei sinnlos Verluste in Kauf zu nehmen ist ebensowenig ihr Ziel, wie andere durch ihre Dominanz einschüchtern zu wollen. Statt dessen schaffen sie es, die Kraftpotentiale ihrer Umgebung herauszufordern und zu fördern, verborgene Ängste aufzulösen und für die Veränderung, die sie so dynamisch voranbringen, zu begeistern.

Jedem der neun Typen ist es gelungen, seine jeweiligen Qualitäten zu entfalten, weil das Selbstbewußtsein auf ein gemeinsames Ziel ausgerichtet ist und Selbstbestätigung immer auch der gemeinsamen Sache dient. Die daraus resultierende Ausstrahlung ist die wesentlichste Grundlage für jede Kommunikation, für die Dialoge nach außen wie nach innen. Jeder der neun Typen ist ein Muster für Glaubwürdigkeit und Authentizität, und damit wird jeder – ob im Unternehmen oder in der Öffentlichkeit – auf eine Resonanz stoßen, die keine Technik hervorrufen könnte. Jedes Produkt, jede Dienstleistung des Unternehmens ist das Resultat gemeinsamer Arbeit der Menschen, die dahinterstehen. Ihre Haltung – sich selbst, ihrem Umfeld, ihrem Unternehmen und der Welt gegenüber – strahlt aus und prägt den Wert ihrer Angebote.

Phase 9: Vollendung des Prozesses: Auftrag für Reformer

Am Ende des Entwicklungsprozesses haben alle Beteiligten an Kraft gewonnen, so daß der Typus des Reformers, der zunächst über die stärkste Dynamik von allen verfügte, etwas repräsentiert, was nun allen zu eigen ist. Auf der anderen Seite kann der Reformer nur dann sinnvoll wirken, wenn ihm alle Energien zuteil werden, die von seiten der anderen Typen erwachsen. Am Ende des Prozesses steht die Einsicht, daß der Prozeß weitergeht, denn wäre dies nicht der Fall, dann wäre Entwicklung nicht möglich. Entwicklung bedeutet aber nun nicht mehr Anpassung an sich ständig verändernde Verhältnisse, sondern deren aktive Mitgestaltung.
Aus der Fülle seiner jeweiligen Kraft heraus kann nun jeder Typ die Kräfte der anderen zulassen, weil diese seine verstär-

ken, anstatt sie zu brechen. Indem jeder die Kräfte der anderen zuläßt, hat er die Chance, sie genauer kennenzulernen und daraus für sich zu lernen. Damit wird das Unternehmen zu einem Netzwerk kraftvoller Beteiligter, die wissen, daß das Ganze immer mehr ist als die Summe seiner Teile, und die sich immer wieder auf dieses Wissen hin verständigen.
Aus den vielen Dialogen auf den verschiedensten Ebenen und in die unterschiedlichsten Richtungen wird immer wieder deutlich, wann eine Neuorientierung ansteht und wann der Prozeß damit in einen neuen Zyklus eintritt. Wer in dieser Phase eine Hauptrolle spielt, spielt dann keine Rolle mehr, wenn alle wissen, daß jeder auf jeden angewiesen ist.
Das Netzwerk trägt, wenn es den Beteiligten gelingt, von dem einstigen Kampf zwischen verschiedenen Interessen und wechselseitiger Konkurrenz zur Integration von Gegensätzen und zur Kooperation zu gelangen. Das Netzwerk kennt keine Funktionäre, sondern glaubwürdige und aufrichtige Vertreter verschiedener Richtungen, die ihre jeweiligen Positionen immer wieder zu neuen Sichtweisen, zu neuen und tragfähigen Denk- und Handlungsmustern verbinden.
Das Netzwerk ist eine »Koalition der Evolutionäre« – Männer sind darin ebenso vertreten wie Frauen, weibliche Anteile in Männern ebenso erwünscht wie männliche Anteile in Frauen. Was sie alle auszeichnet, ist die Bereitschaft, ihre jeweiligen Interessen immer wieder in Frage zu stellen und im Sinne der Weiterentwicklung auch einmal darauf zu verzichten – keineswegs aus Schwäche, sondern aus dem Gefühl für die gemeinsame Verantwortung heraus.
Im Netzwerk und aus dem Netzwerk heraus wird kreativ gestaltet, und Sicherheit erwächst aus der Tatsache, daß die Beteiligten damit bei sich selbst anfangen. Denn neue Richtungen können nur Persönlichkeiten vermitteln, die nicht damit aufhören, an der eigenen Richtung zu arbeiten, die Freude daran haben, sich zu entwickeln, und die den Mut zum Richtungswechsel haben, wenn es dafür an der Zeit ist.

Auf dem Weg zu immer neuen Zielen verhilft die Einsicht, daß alle aufeinander angewiesen sind, zu einer neuen Unabhängigkeit – und zwar aus der Erleichterung darüber, die Verantwortung nicht mehr alleine (er)tragen zu müssen und den eigenen Teil um so lieber wahrzunehmen. In einer Partnerschaft der Verantwortlichkeit ist es leichter möglich, sich von Altem und unbrauchbar Gewordenem zu trennen, aus der Vielfalt des Möglichen flexibel zu schöpfen und damit zu einer Nachhaltigkeit zu kommen, die jedes starre System verhindern würde.

In einer Partnerschaft der Verantwortlichkeit verwandelt sich nicht nur der Typus des Reformers zum Transformator. Wenn die Transformation zum eigentlichen Ziel wird, ist jeder Typus mit den Energien, die er vertritt, und der Kraft, die ihm zu eigen ist, ein Spiegel dieses Ziels und der Wege dorthin.

Register